메코시코주쿠　유학생 대학수험 총서

일본유학시험　（EJU）
실전문제집　전10회수록

일본어

청독해 · 청해 Vol.2

JAPANESS AS A FOREIGN LANGUAGE

글로벌 인재 육성, 1984년 설립 ——
(주)해외교육사업단

監　修	豊原 明（東京大学 PhD） 陳 茇（東京大学）
編　著	柏原 節子（早稲田大学大学院） 横谷 千佳（立教大学） 倉井 香矛哉（早稲田大学大学院）
音声ナレーション	打田マサシ（Timely Office） 宮崎 繪（ワイスプロダクション）
音声編集	さくまゆき

Published by MEKO EDUCATION GROUP Co.,Ltd
Dai-san Yamahiro Bldg. 2F, 4-1-1, Kita-Shinjuku, Shinjuku, Tokyo 169-0074, Japan
ISBN978-4-909907-13-4
First published 2022

머 리 말

일본유학시험(EJU)은 외국인 유학생이 일본의 대학에 입학함에 있어 일본어 및 기초학력 평가를 목적으로 2002년부터 실시하고 있는 시험입니다. 2022년 현재, 6월과 11월에 연 2회 실시하고 있으며 일본에서만이 아니고 아시아를 중심으로 많은 나라에서 수험할 수 있습니다.

일본유학시험의 시험 과목은 일본어, 이과(물리·화학·생물), 종합과목과 수학으로 크게 4과목으로 나뉘어져 있으며 이과는 물리·화학·생물의 3과목에서 2과목을 선택하고, 수학은 코스 1과 코스 2 중 하나의 코스를 선택합니다. 각 과목의 시간 배분은 일본어가 125분, 일본어 이외의 과목은 80분입니다. 배점은 일본어가 450점 만점, 다른 과목은 각 200점 만점입니다. 각 과목에는 전문 용어도 다수 쓰이고 있기 때문에 어휘력, 또한 문제에 따라서는 독해력도 필요합니다.

메코시코주쿠에서는 일본유학시험의 경향, 분석 등의 연구를 평소 철저히 실시하고 있습니다. 본교에서 작성한 실전 문제를 수업에 도입한 결과, 실제 시험에서 고득점을 얻은 본교의 학생으로부터 "수업에서 푼 실전 문제가 많은 도움이 되었다."라는 의견이 있었습니다. 그러한 경위에서 한 사람이라도 더 많게 일본유학시험을 수험하는 분에게 힘이 되고 싶다는 생각에서 이 책을 출판하였습니다.

이 책은 과거 일본유학시험의 출제 내용에 기초하여 작성하였고 각 과목마다 과거에 출제된 문제에 매우 가까운 내용으로 구성되어 있습니다. 난이도나 출제 범위의 경향도 확실히 파악하고 매년 조금씩 변화해 가는 경향에도 대처하고 있습니다.

학습에 있어서는 마크시트 출제 형식에 익숙해지는 것과 더불어 틀린 문제는 반복해서 풀어 봅시다. 단순히 암기하는 것만이 아니라 "왜 이러한 답이 되는가?"라는 해답의 의미까지 확실하게 이해합시다.

이 책으로 공부하신 여러분이 실제 시험에서 고득점을 달성하여 목표로 하는 대학으로 진학하는 꿈을 실현할 수 있도록 마음 속 깊이 응원하고 있습니다.

2022년 4월

메코시코주쿠

이 책의 특징과 활용법

　이 책을 구입한 수험생 여러분은 일본의 일류 대학에 진학을 목표로 하고 첫 관문으로써 일본유학시험을 수험하는 것이겠지요. 어떻게 하면 시험에서 고득점을 얻을 수 있는가? 무엇을 공부하면 좋은가? 등에 대한 답은 이『실전문제집』입니다.

　이 책에는 일본유학시험의 경향에 입각하여 작성된 10회분의 실전 문제와 해답이 수록되어 있습니다. 조금씩 풀어가도 좋지만 가능하다면 실제 시험을 상정하여 풀도록 하고, 쉬지 않고 계속해서 듣는 연습을 해 두는 것이 좋습니다. 실제 시험 때 고득점을 얻기 위해서는 높은 집중력으로 음성을 들어야 함은 절대적으로 필요합니다. 한 순간 긴장의 느슨함이 실점으로 연결될 수 있습니다.

　그리고, 다 풀었다면 자기 채점을 하여 지금 자신의 레벨과 실제 시험 레벨과의 차이를 인식하는 것이 중요합니다. 또한 QR코드로 접속할 수 있는 Web페이지에서 다른 수험생들과 득점 비교도 가능하므로 자신의 학습 진척도를 확인하는 데에 활용해 주시기 바랍니다.

　아래에 일본유학시험「청독해」「청해」의 분석과 각각에 대한 학습 어드바이스를 기재해 둡니다. 실전 문제에 몰두함과 더불어 시험공부의 마음가짐이 되길 바랍니다.

일본유학시험 「청독해」·「청해」

【묻고 있는 점】
　1.　강의나 강연, 학습과 생활상의 상담 등에 대한 내용을 정확히 이해하는가
　2.　들은 내용을 이해하고 그 내용의 구체화나 추상화가 되는가
　3.　들은 내용을 이해하고 그 이해를 바탕으로 다음의 전개를 추측할 수 있는가
　※청독해는 도표나 문자 등의 시각정보와 음성이 주어지므로 이 두가지를 연관 지어서 생각할 필요가 있습니다. 이것에 대해 청해는 음성만 주어집니다.

【출제되는 문장】
　강의, 강연, 연습, 학습과 학생의 생활상의 상담 등, 대학에 입학하여 듣게 될 내용. 그리고 혼자 말하는 형식과 회화 형식이 있습니다. 강의 등의 구체적 내용은 아래와 같습니다.

　인문과학…심리, 교육, 문화 등
　사회과학…마케팅의 제반 이론, 소비자의 행동과 기업경영, 지방자치, 생활의 안전 등
　자연과학…과학기술, 동물과 식물의 생태, 실험 등

그리고 이들 분야의 중간 영역인「학제적」인 화제도 자주 출제됩니다. 예를 들면 AI에 관한 이야기는 과학 기술의 진보에 관한 이야기이며, 사회 변혁과 인간 삶의 이야기에도 연관되어 갑니다.

【어드바이스】

청독해

청독해는 음성으로서 듣는 내용은 청해 보다는 볼륨이 있으며, 또한 내용도 고도하고 도표와 문자 등의 시각 정보와 비교하거나 대조하면서 이해하면 됩니다. 설문도 4개의 선택지도 시각 정보로써 미리 주어지므로 음성을 들으면서 메모를 하거나 "이것은 다르네"라고 미리 판단되는 것에는 ×표를 하는 등, 즉시 체크를 해가면 음성을 모두 들은 시점에는 해답에 망설임이 적어 집니다. 청해와 달리 청독해에서는 소거법으로 답을 찾는 문제가 적지 않습니다.

그렇지만, 청독해에 익숙치 않은 수험생은 시각, 청각 양쪽을 발휘하여 정답을 찾는 일은 매우 어려운 일입니다. 청독해에서 득점을 늘리기 위해서는 연습량이 절대적이어야 합니다. 일본유학시험의 청독해는 약간 특수한 영역이므로 의식하여 연습을 반복하는 것이 필요합니다. 그러므로 필히 이 책을 활용해 주시기 바랍니다.

청 해

청해는 문자 정보가 아무것도 주어지지 않습니다. 조금이라도 주의가 산만해지면 듣기를 놓치게 되어 내용을 알 수 없게 되므로 높은 집중력이 요구됩니다. 음성이 나오기 시작하면 먼저 화제와 설문을 확실하게 파악할 필요가 있습니다. 설문은 기본적으로는 본문 전체를 모두 듣지 않으면 답을 도출해 내기 어렵게 되어 있습니다. 따라서 전체를 주의 깊게 듣지 않으면 안되지만, 특히「なのは〜」「〜よりも〜がだ」「〜ではなく〜だ」「〜ではないでしょうか」「〜すべきだ」「つまり〜ということだ」이와 같은 말이 나오면 그것이 정답과 매우 깊게 연관되어 있음을 염두에 둘 필요가 있습니다. 듣고만 있으면 기억이 흐려질 수 있으므로 청해와 마찬가지로 메모를 하는 등의 방법을 동원하면 좋습니다.

마지막으로 평소에 주의할 점을 추가로 제시해 둡니다. 그것은 청독해, 청해에 필요한 리스닝 능력의 향상을 위해서 평소에도 일본어에 의한 뉴스나 교육방송 등, 일정한 질과 양을 시청하는 것이 좋습니다. 또한 아카데믹한 용어나 설명에 익숙해지기 위해서는 각 학문 분야의 입문서 등을 읽는 것이 효과적입니다.

● STEP 1

먼저 각 회의 실전문제
표지 오른쪽 아래에
있는 QR코드를 스
마트폰으로 읽습니다.

● STEP 2

읽히게 되면 음성의
재생과 해답용지가
표시됩니다.
정답이라고 생각하는
번호를 클릭하여
진행해 봅시다.
마지막까지 다 풀었
다면 화면 아래에 있는
「제출과 정답표」버튼
을 누릅니다.

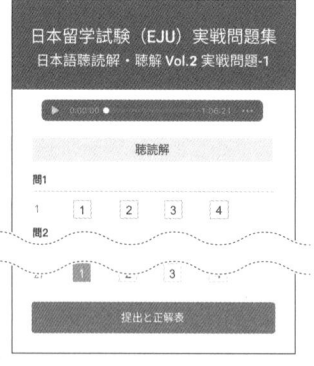

● STEP 3

정답표가 표시됩니다.
여기서 틀린 문제는
정답번호가 빨갛게
표시되므로 확실히
복습합시다. 「해설」
버튼을 누르면 해설을
확인할 수 있습니다.
또한, 화면 아래쪽의
「득점분포를 본다」라는
버튼을 누르면 자신의
득점과 전체 수험자
중에서 자신의 위치를
확인할 수 있습니다.

※ 확인하기 위해서는
등록과 로그인이 필
요합니다. (→ 조작방
법은 STEP 4에서 확
인하실 수 있습니다.)

● STEP 4

「득점분포를 본다」라는
버튼을 누르면
「등록화면으로」가
표시되므로 그 버튼을
누릅니다. 필수항목을
모두 기입하면 「등록」
버튼을 눌러주십시오.

● STEP 5

자신의 득점 및 득점
분포도가 표시됩니다.

※ 실전문제는 몇 번이든지
수험할 수 있습니다만
득점과 득점분포의
산출은 1인당 1회만
가능합니다.

※ 일본유학시험과 거의
동일하게 항목 반응 이
론에 의한 득점등화를
실시하고 있습니다.

※ 수험자수가 증가함에
따라서 득점기준이 변
화하는 점을 양해 바
랍니다.

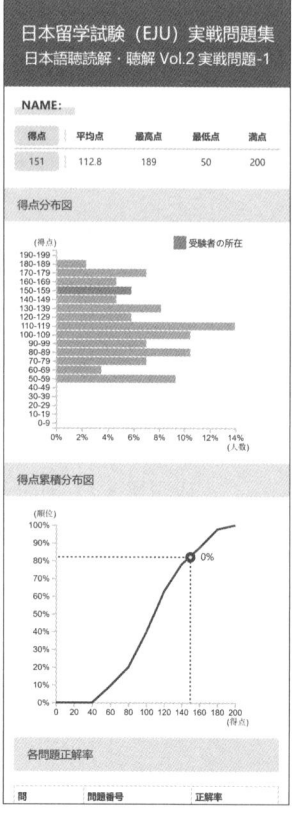

일본유학시험(EJU) 실전문제집
일본어 청독해·청해 Vol.2

CONTENTS

実戦問題

解答時間 **55**分

聴読解問題
説明

　　聴読解問題は，問題冊子に書かれていることを見ながら，音声を聴いて答える問題です。

　　<u>問題は一度しか聴けません。</u>

　　それぞれの問題の最初に，「ポーン」という音が流れます。これは，「これから問題が始まります」という合図です。

　　問題の音声の後，「ポーン」という，最初の音より少し低い音が流れます。これは，「問題はこれで終わりです。解答を始めてください」という合図です。

　　選択肢1，2，3，4の中から答えを一つだけ選び，聴読解の解答欄にマークしてください。

1番

　先生が，経営学の授業で，企業経営について話しています。この先生によると，企業経営で特に重要なのは図のどの部分ですか。　　　　　1

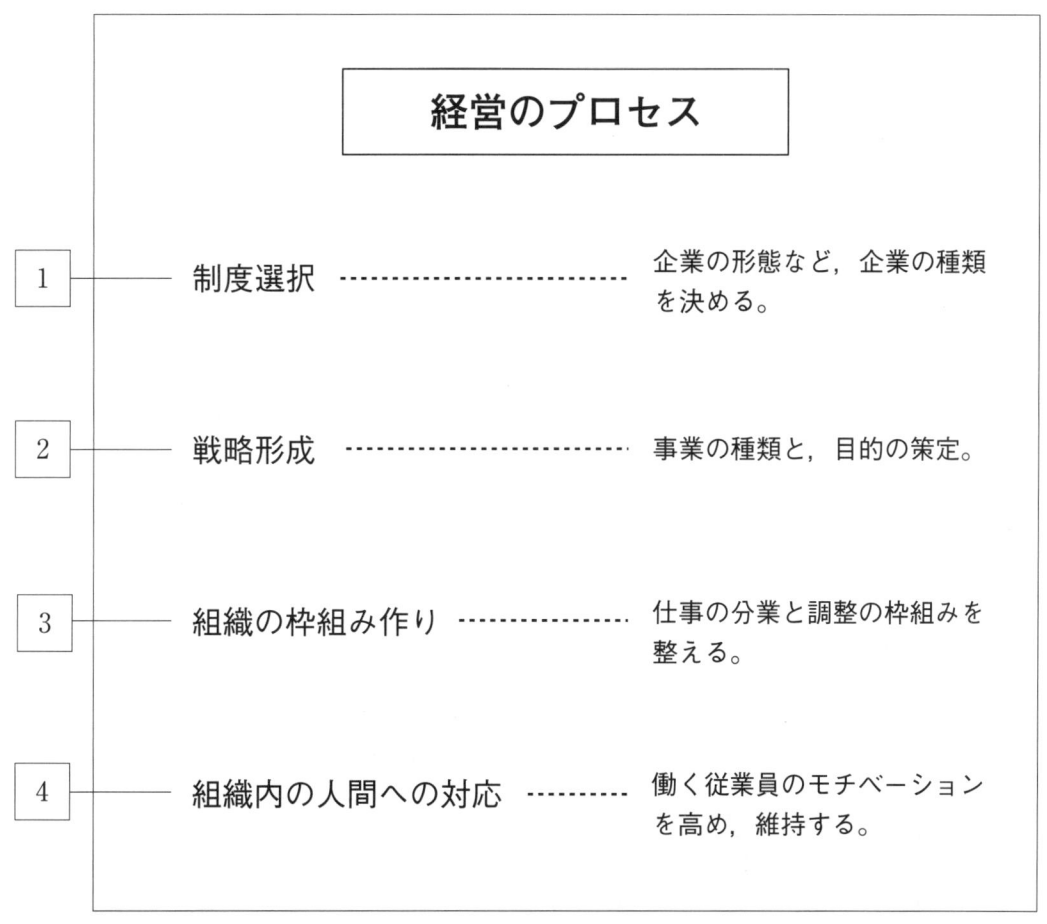

	経営のプロセス	
1	制度選択 ・・・・・・・	企業の形態など，企業の種類を決める。
2	戦略形成 ・・・・・・・・・・	事業の種類と，目的の策定。
3	組織の枠組み作り ・・・・・	仕事の分業と調整の枠組みを整える。
4	組織内の人間への対応 ・・・・	働く従業員のモチベーションを高め，維持する。

2番

　先生が，eラーニングという勉強方法について話しています。この先生によると，eラーニングを実施する前と後の結果として正しいものはどれですか。　　2

1.
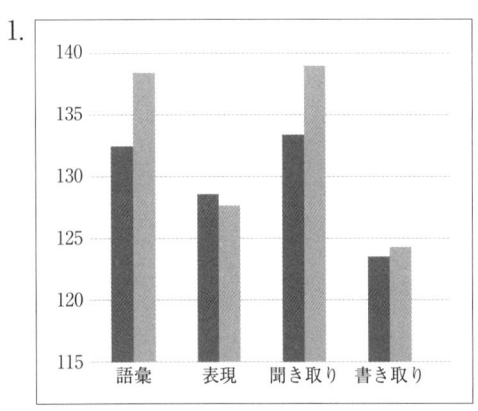

2.
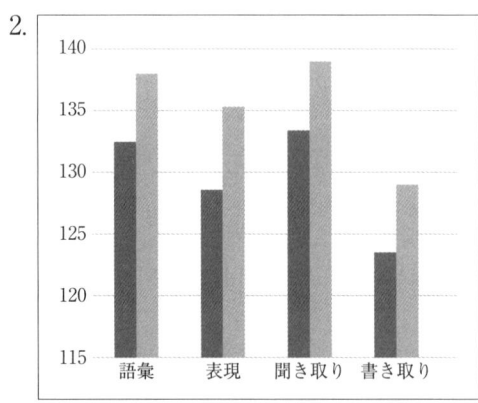

3.
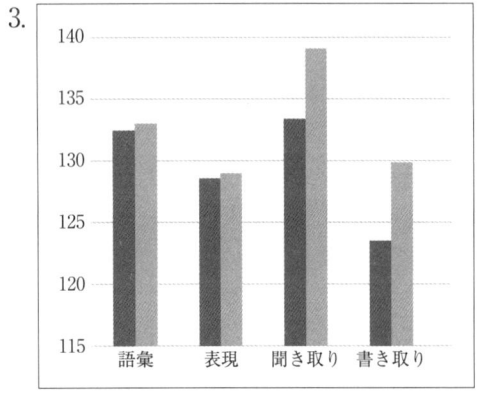

4.
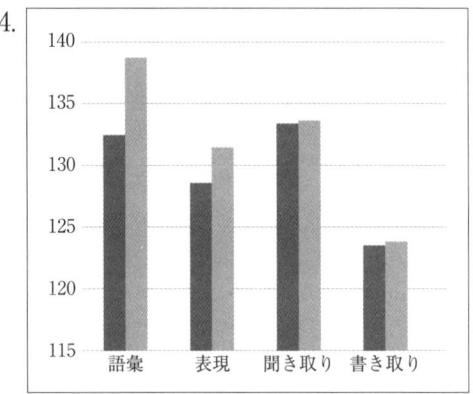

3番

　先生が，エネルギー政策における三つの視点について，図を見せながら話しています。この先生が，今後進めるべきだと言っている発電方法はどれですか。　　　3

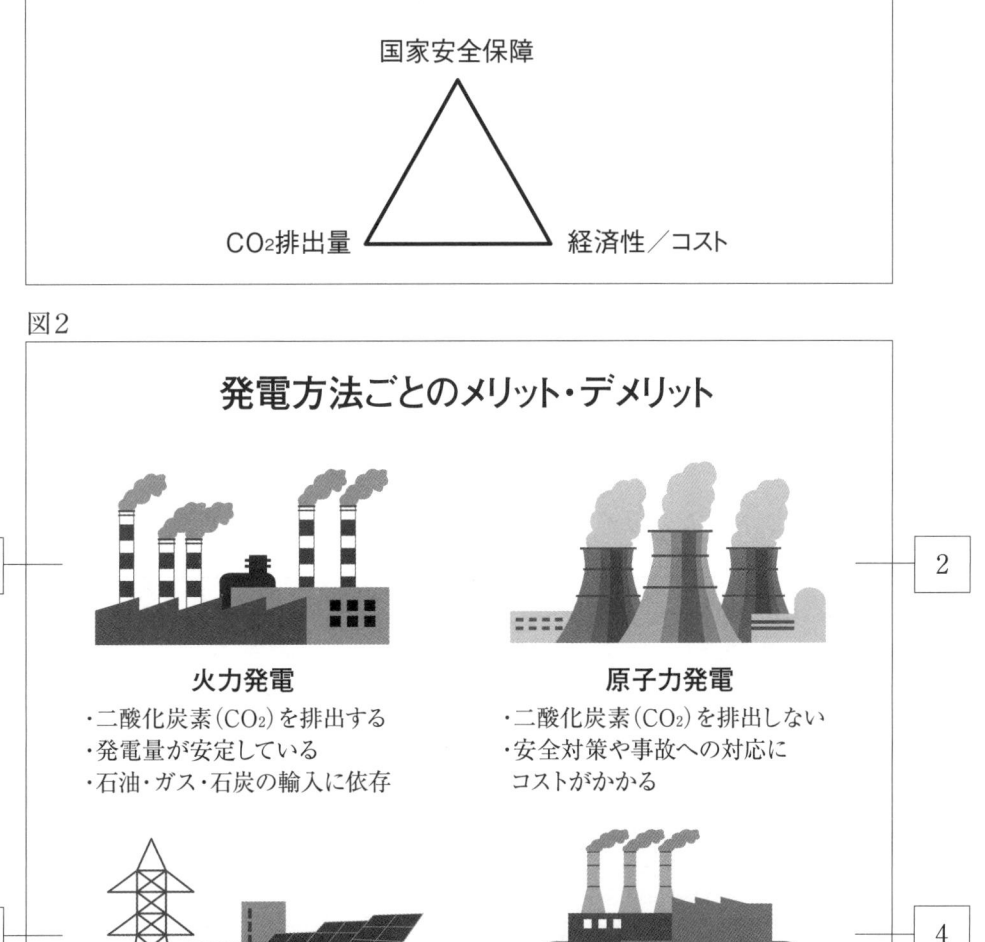

図1

エネルギー政策における検討事項

国家安全保障

CO_2排出量　　　　　経済性／コスト

図2

発電方法ごとのメリット・デメリット

1

火力発電
・二酸化炭素（CO_2）を排出する
・発電量が安定している
・石油・ガス・石炭の輸入に依存

2

原子力発電
・二酸化炭素（CO_2）を排出しない
・安全対策や事故への対応に
　コストがかかる

3

太陽光発電
・二酸化炭素（CO_2）を排出しない
・天候に依存する(発電量が不安定)

4

地熱発電
・二酸化炭素（CO_2）を排出しない
・調査や建設に時間と費用がかかる

4番

　男子学生と女子学生が，ペンギンの生態について話しています。この男子学生によると，ペンギンがえさを捕ろうとしているのは，図のどこに当たりますか。　$\boxed{4}$

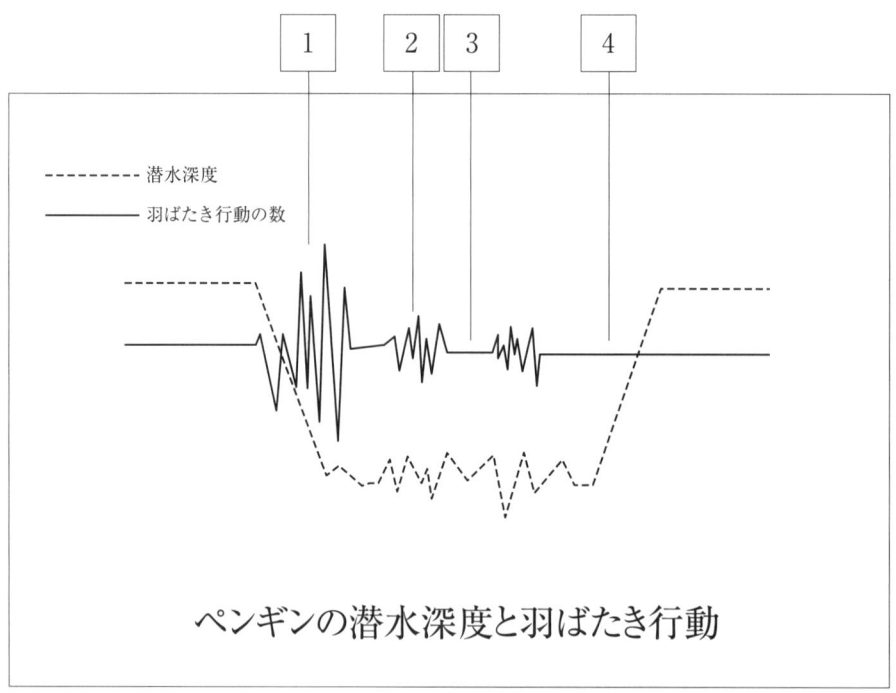

ペンギンの潜水深度と羽ばたき行動

5番

　先生が生物の授業で，アサガオという植物について話しています。この先生が挙げる例では，アサガオは開花するとどのようになりますか。　5

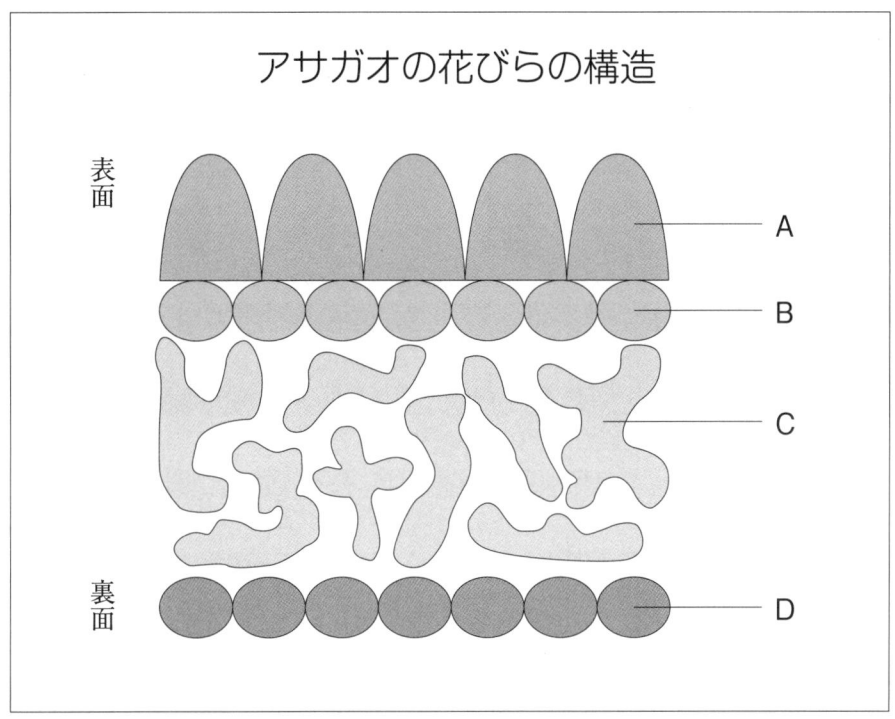

1．AとDの部分が青色になる

2．AとDの部分が赤色になる

3．AとBの部分が青色になる

4．AとBの部分が赤色になる

6番

　先生がグラフを見せながら，生活のレベルについて話しています。グラフのAに入る項目はどれですか。　　　　　　　　　　　　　　　　　　　　　　　　　6

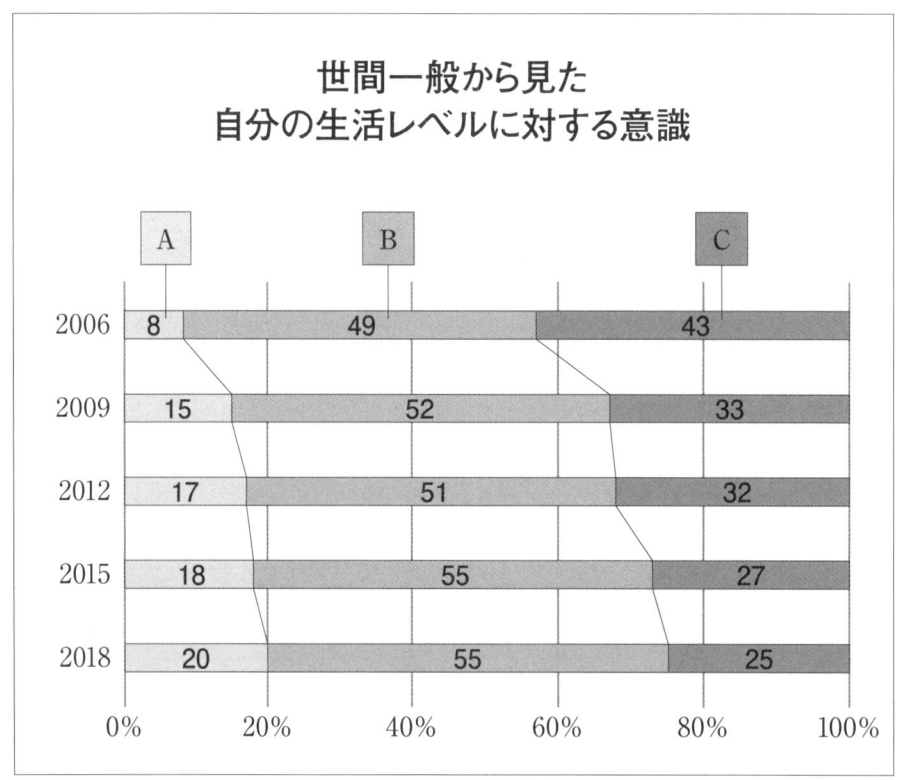

1．社会の平均またはそれと同等

2．社会の平均よりやや上，または上

3．社会の平均よりやや下，または下

4．わからない

7番

先生が，工学の授業で，京弓(きょうゆみ)という工芸品の構造について話しています。この先生の話によると，弓の芯(しん)はどのような構造になっていますか。　[7]

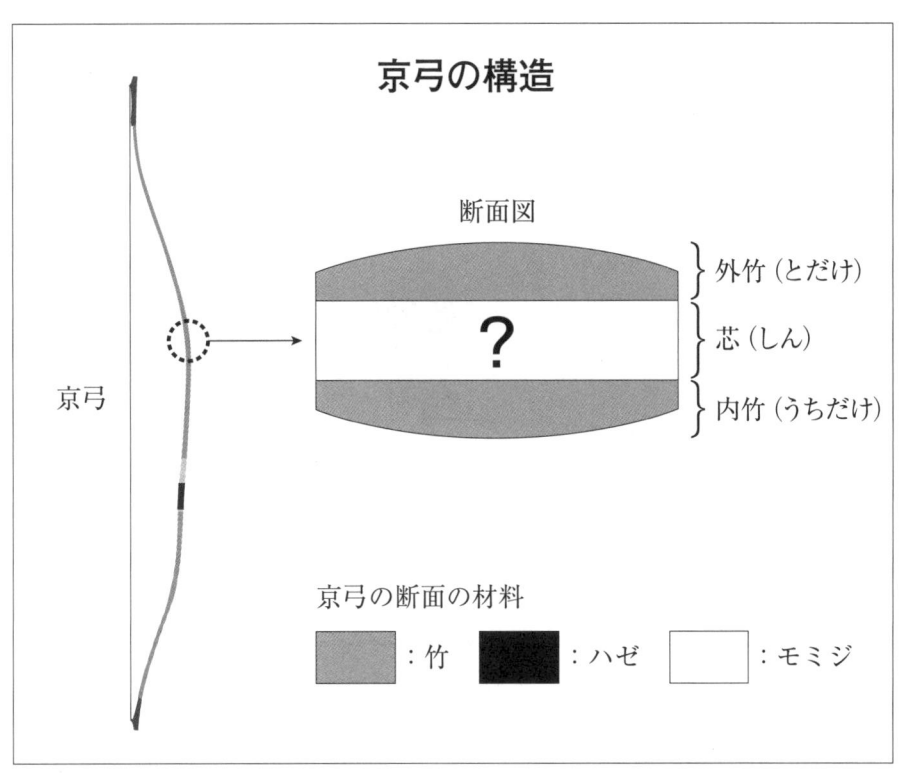

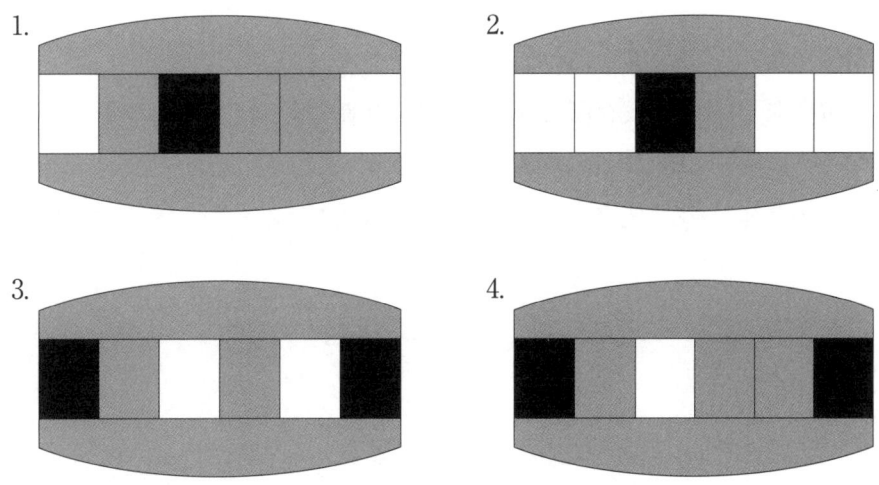

8番

　先生が，企業の成長について話しています。この先生によると，図のAとBに入る内容の組み合わせはどれですか。　　　　　　　　　　　　　　8

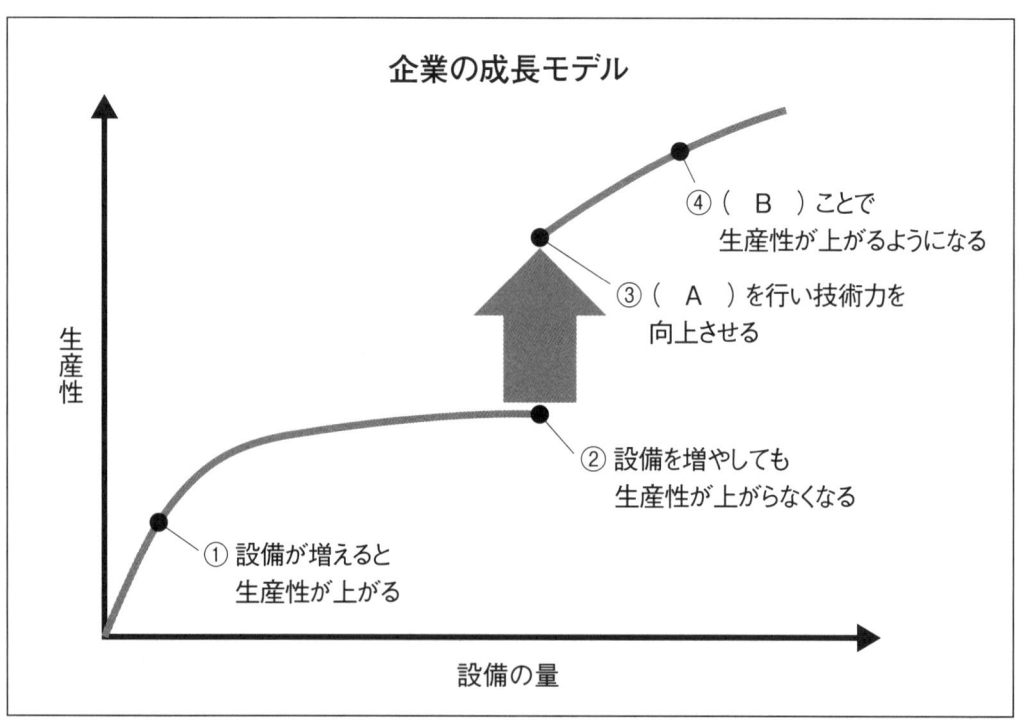

1．A：研究開発　　　　B：新商品の生産設備を増やす

2．A：研究開発　　　　B：既存商品の生産設備を改良する

3．A：設備の改築　　　B：新商品の研究開発を行う

4．A：設備の改築　　　B：既存商品の生産設備を増加させる

9番

　女子学生と男子学生が，4つのグラフが示された資料を見ながら，発表について相談しています。この二人はどの形式のグラフを使って発表を行うことにしましたか。　9

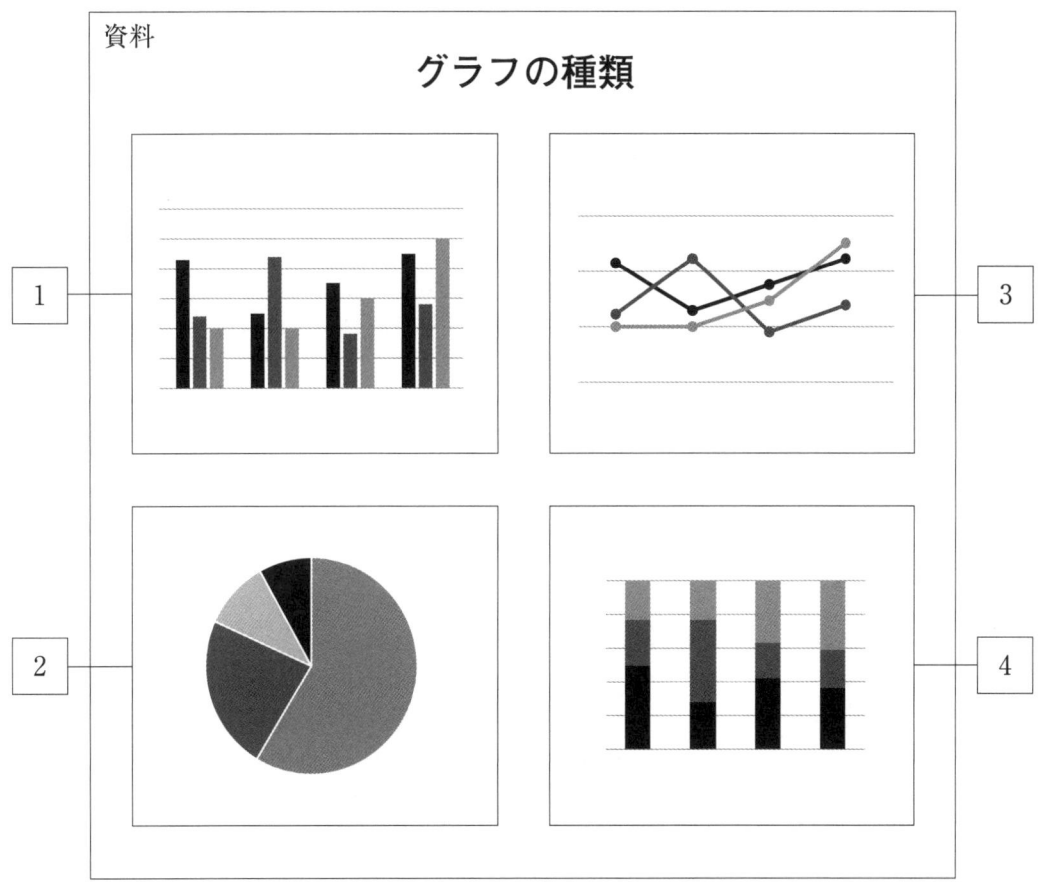

10番

先生が心理学の授業で，対人関係と空間について話しています。この先生が最後にする質問の答えはどれですか。　10

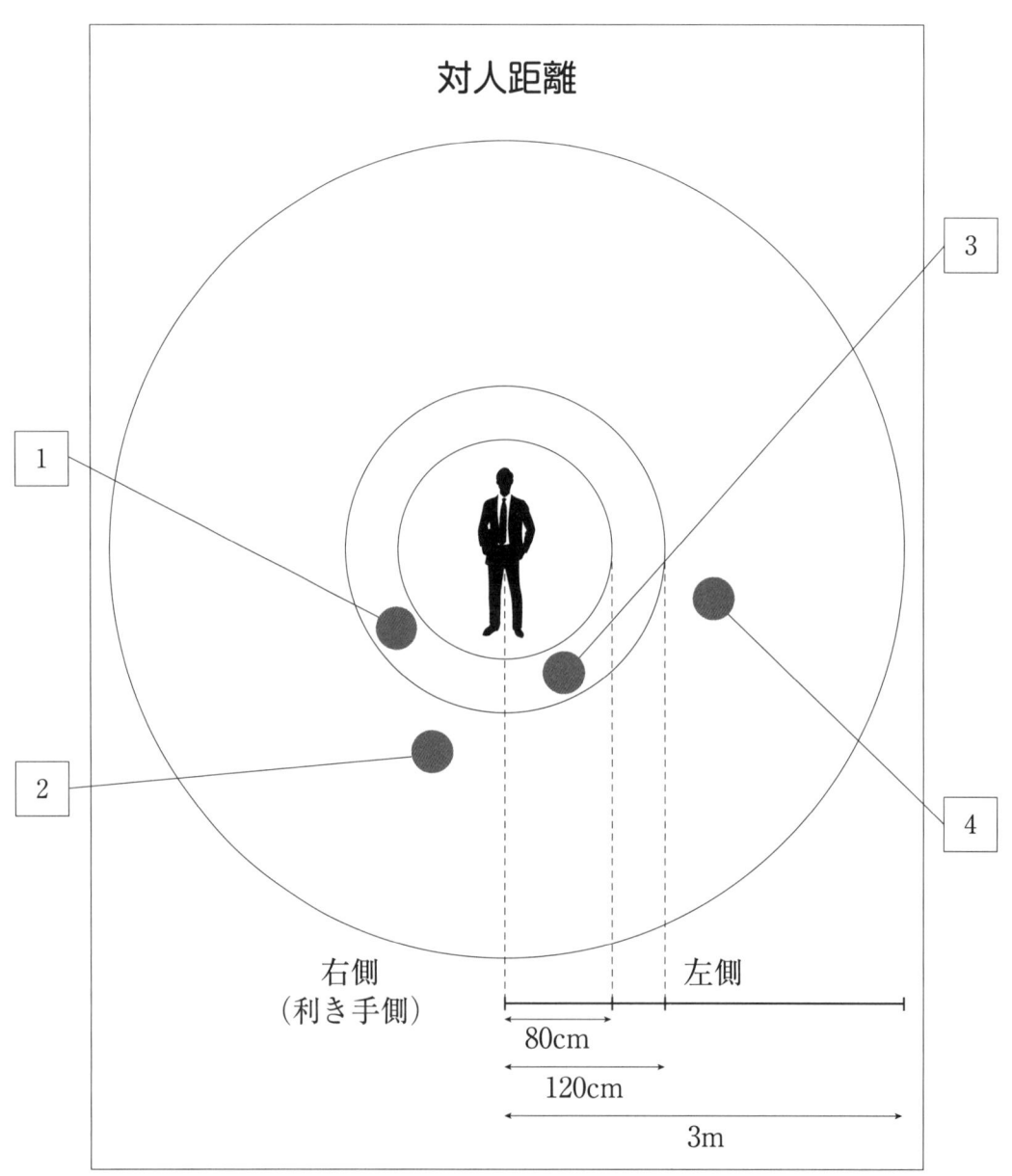

11番

　先生が，地層と地下水について話しています。この先生が，薄くなると言っている層は
どれですか。　　　　　　　　　　　　　　　　　　　　　　　　　　　　11

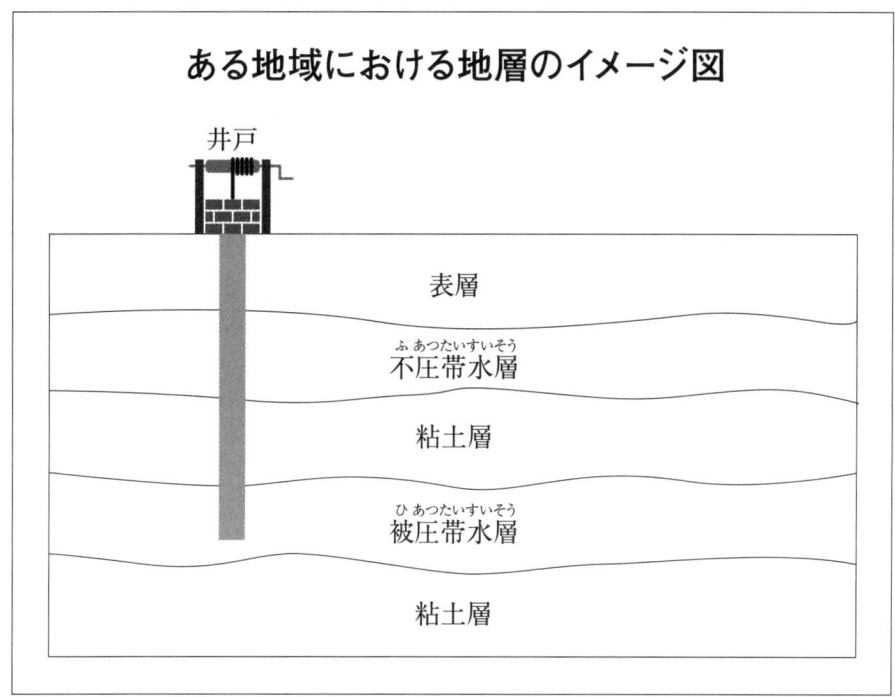

1．表層
2．不圧帯水層
3．粘土層
4．被圧帯水層

12番

　先生が，心理学の授業で同調について話しています。この先生が最後にする質問の答えはどれですか。　12

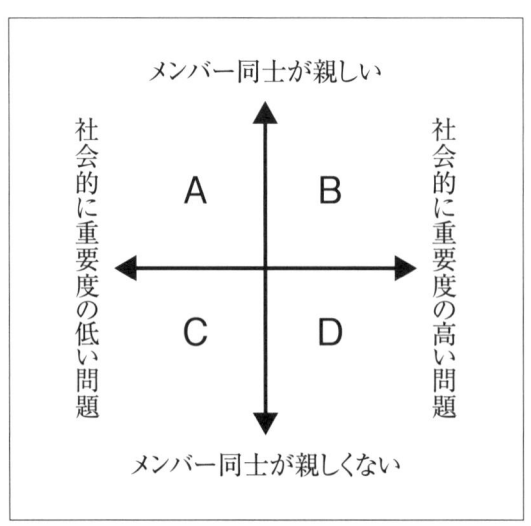

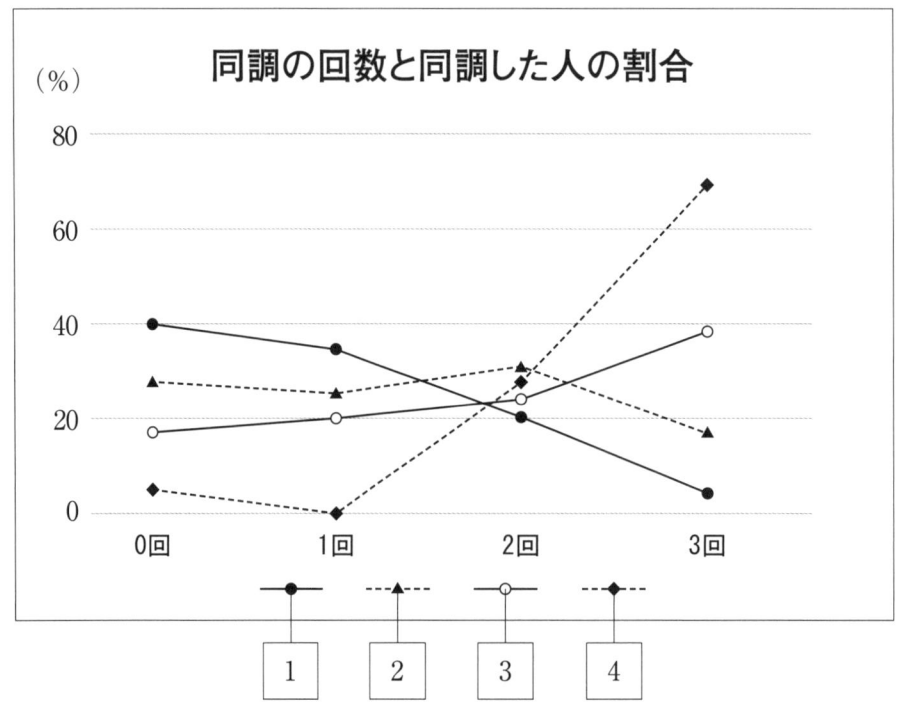

聴解問題

説明

　　聴解問題は，音声を聴いて答える問題です。問題も選択肢もすべて音声で示されます。問題冊子には，何も書かれていません。

　　<u>問題は一度しか聴けません。</u>

　　このページのあとに，メモ用のページが1ページあります。音声を聴きながらメモをとるのに使ってもいいです。

　　聴解の解答欄には，『正しい』という欄と『正しくない』という欄があります。選択肢1，2，3，4の一つ一つを聴くごとに，正しいか正しくないか，マークしてください。正しい答えは一つです。

― メ　モ ―

第 1 回の問題はこれで終わりです。

解答は p.281 を参照してください。

第**2**回

実戦問題

解答時間 55 分

音声の再生及び得点分布の確認

QRコードを読み取っ
てオンライン解答用
紙に解答を記入し、正
解と得点分布を確認
してください。

聴読解問題
説明

聴読解問題は，問題冊子に書かれていることを見ながら，音声を聴いて答える問題です。

<u>問題は一度しか聴けません。</u>

それぞれの問題の最初に，「ポーン」という音が流れます。これは，「これから問題が始まります」という合図です。

問題の音声の後，「ポーン」という，最初の音より少し低い音が流れます。これは，「問題はこれで終わりです。解答を始めてください」という合図です。

選択肢１，２，３，４の中から答えを一つだけ選び，聴読解の解答欄にマークしてください。

1番

先生が倫理学の授業で，偏見について説明しています。この先生が特に認識すべきだと言っているのは，図のどの部分ですか。　　　　　　　　　 1

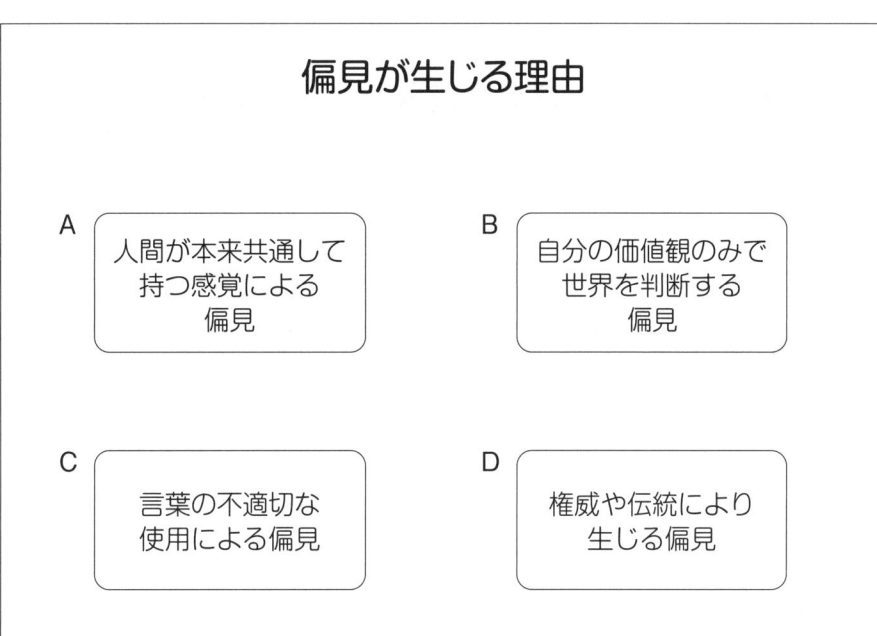

1．AとC

2．BとC

3．AとD

4．BとD

2番

先生が，社会学の授業で，地方都市の交通について話しています。この先生が話す，今後の都市のあり方を図にするとどうなりますか。　　2

中心市街地：◎　　周辺市街地：○　　生活圏：⬭

1.
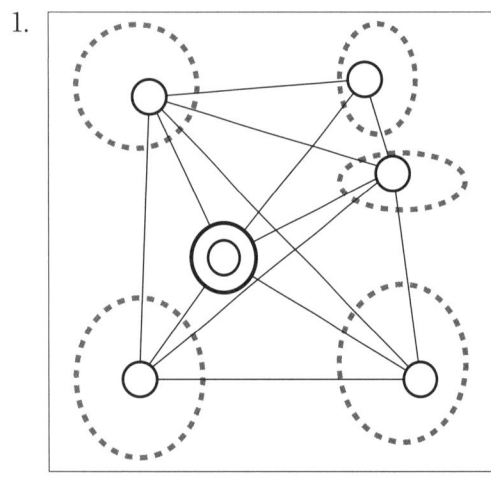

2.
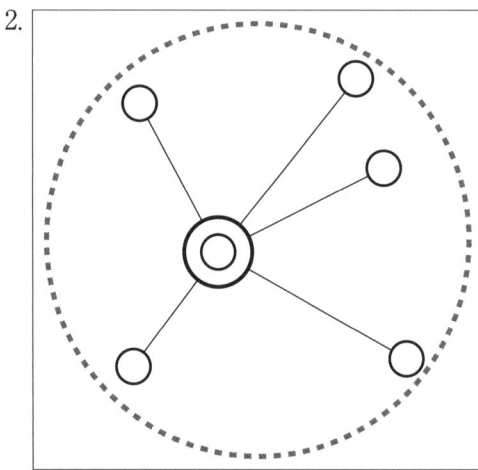

3.
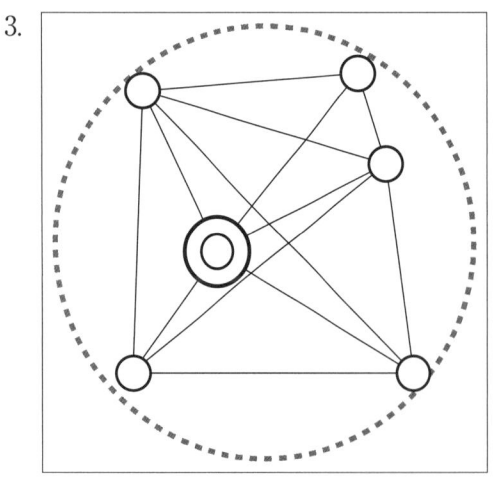

4.
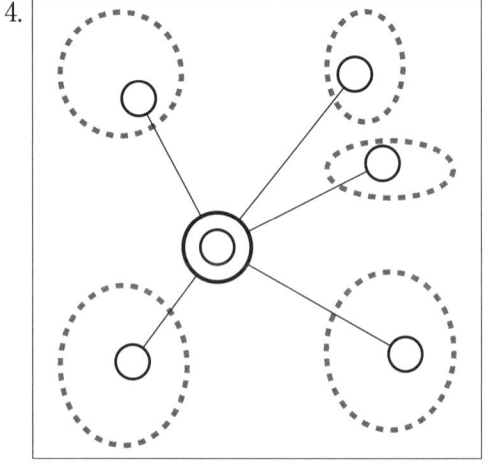

3番

　先生が，カマキリという昆虫について話しています。この先生の話によれば，カマキリが餌を捕らえることに成功する可能性が高いのは，図のどの範囲ですか。　　3

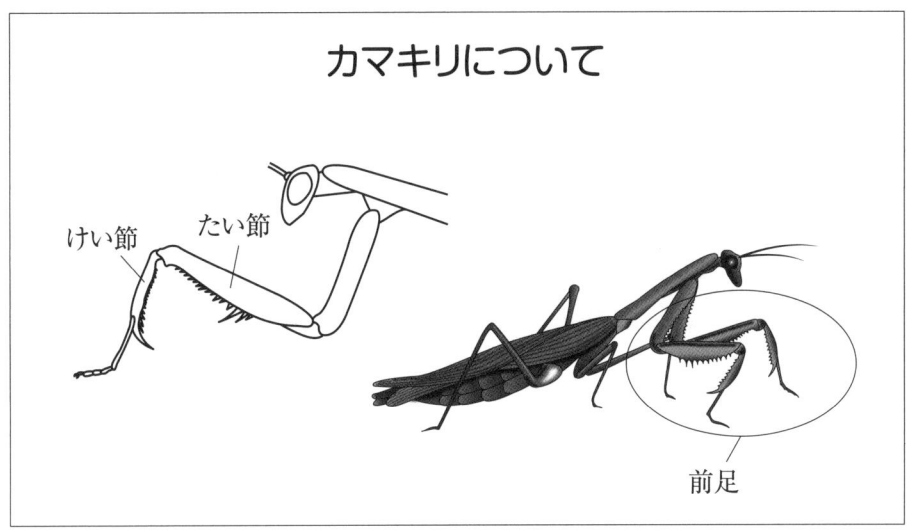

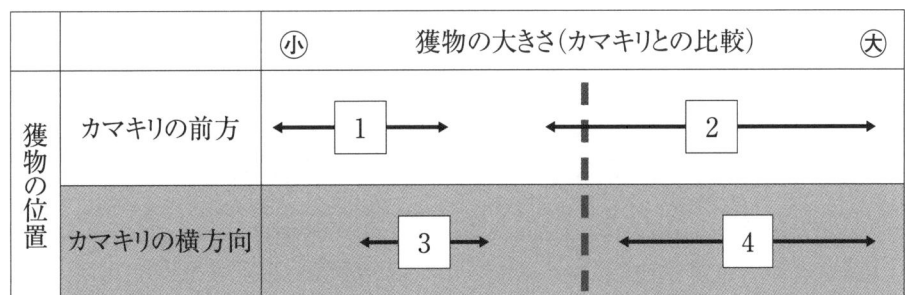

4番

　女子学生と男子学生が，就職活動について話しています。この女子学生が就職活動でアピールしようと考えている能力はどれですか。　4

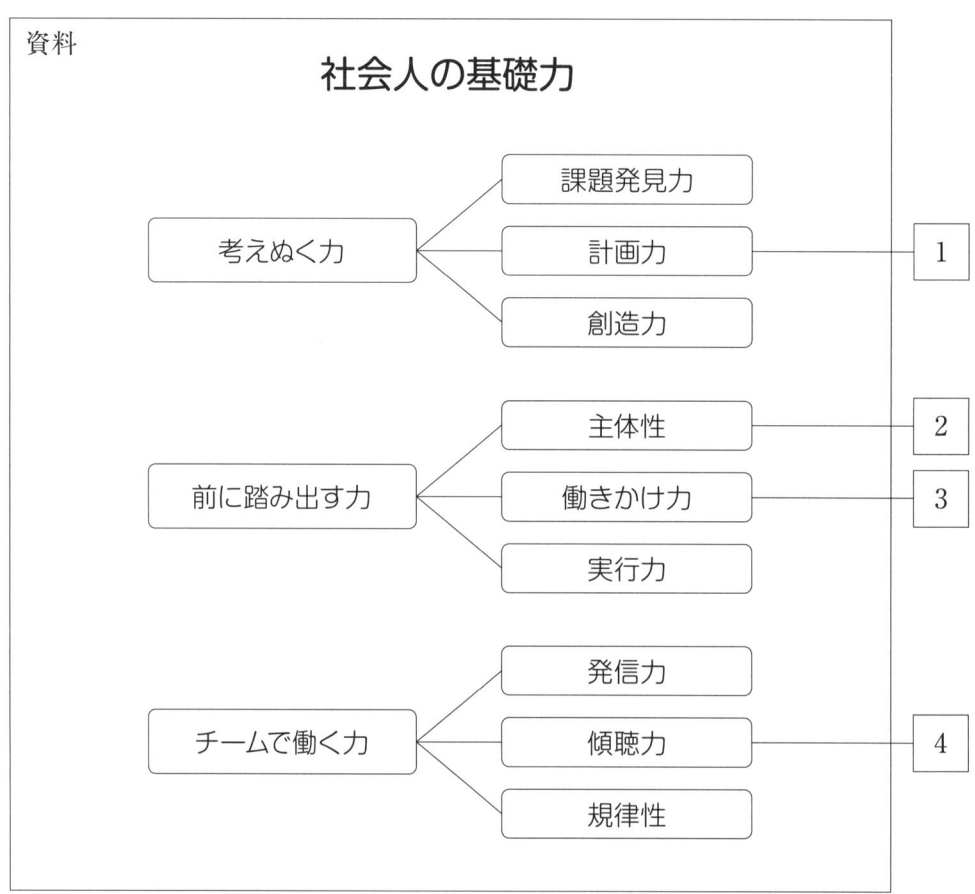

資料

社会人の基礎力

考えぬく力	課題発見力	
	計画力	1
	創造力	

前に踏み出す力	主体性	2
	働きかけ力	3
	実行力	

チームで働く力	発信力	
	傾聴力	4
	規律性	

5番

　先生が，グローバル企業における組織形態について話しています。この先生が例に挙げた企業は，これからどの形態を取りますか。　　5

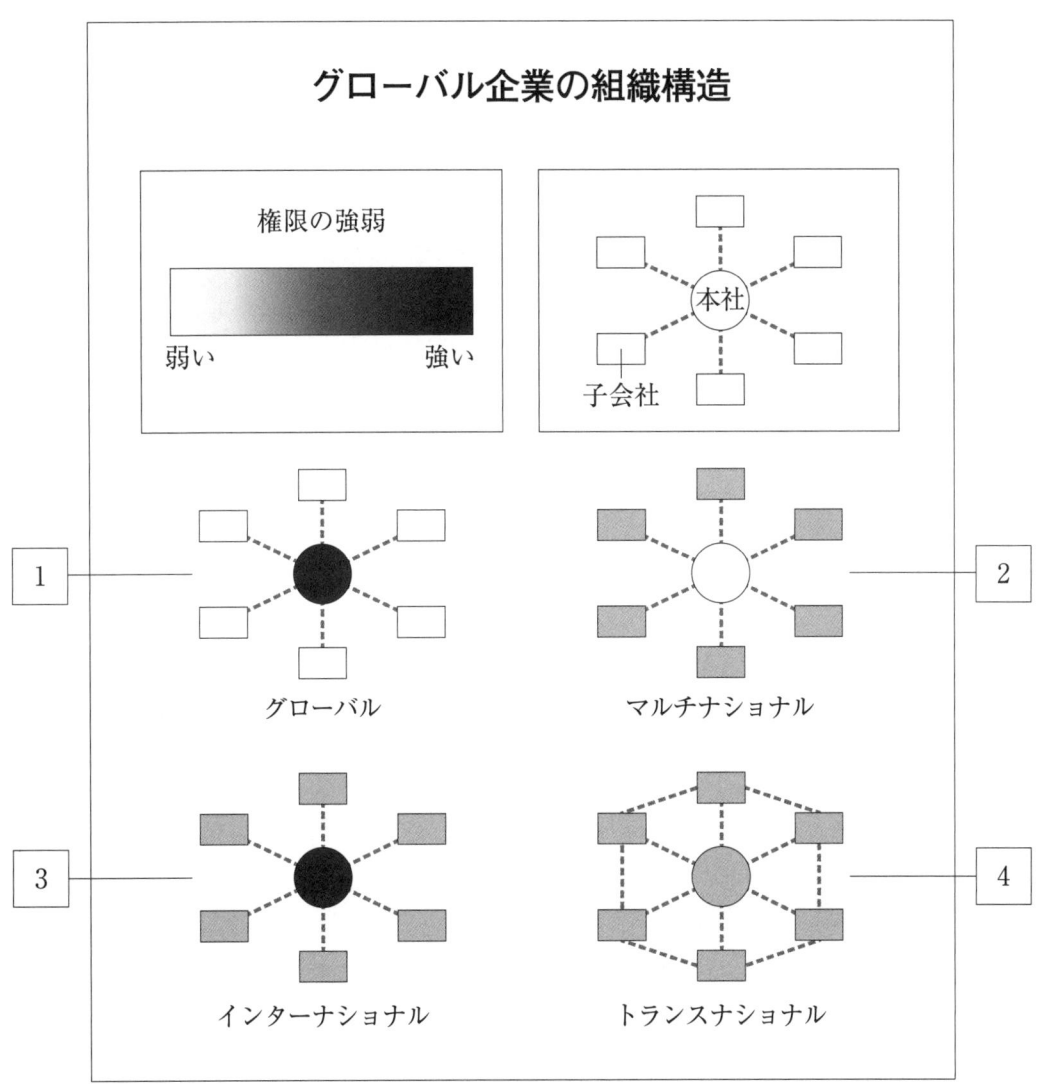

6番

先生が，大学の改革について意見を述べています。この先生の話を整理すると，「反対」に分類される改革はどれですか。　　　　　　　　　　　　　　6

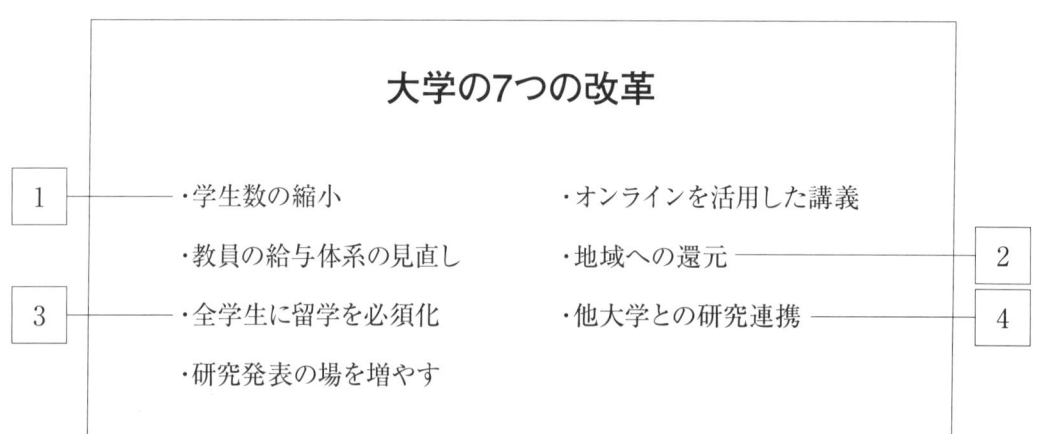

賛成	反対	要検討
・オンラインを活用 　した講義		

7番

　先生が，睡眠について話しています。この先生によると，グループ A とグループ B のゲームの結果として正しいものはどれですか。　　　　　　　　　　　　　7

睡眠が人の能力に与える影響

―――――― A チーム　　………………… B チーム

1.
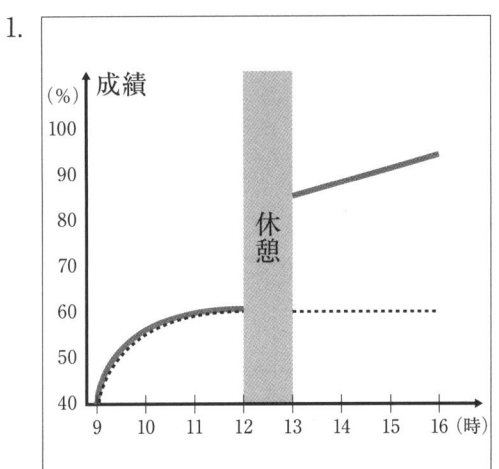

2.
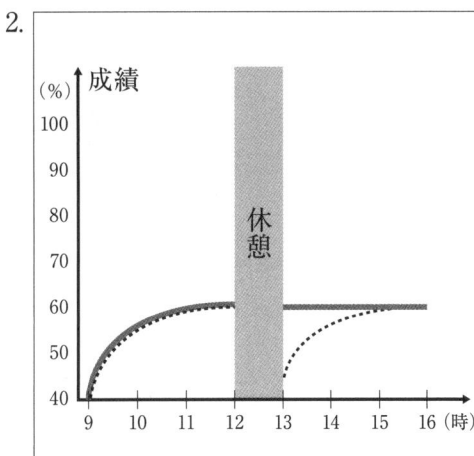

3.
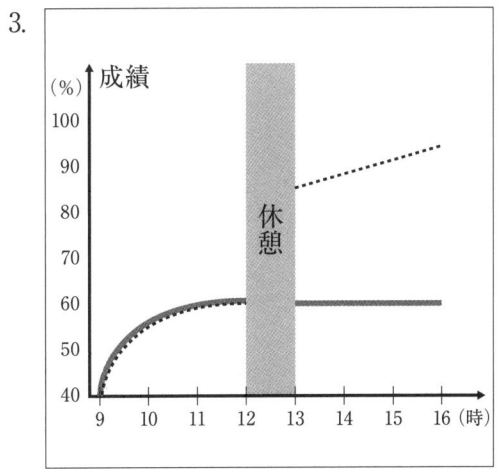

4.
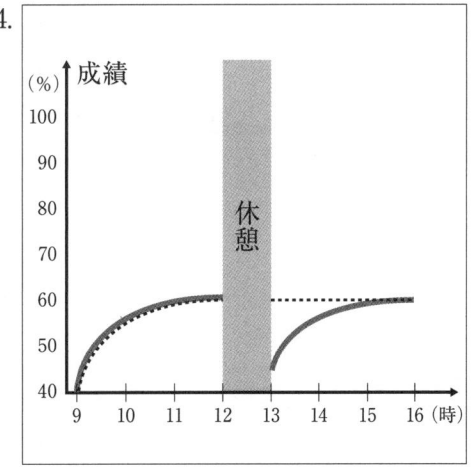

8番

　男子学生と女子学生が，PSM分析について話しています。この男子学生が最後にする質問の答えはどれですか。 8

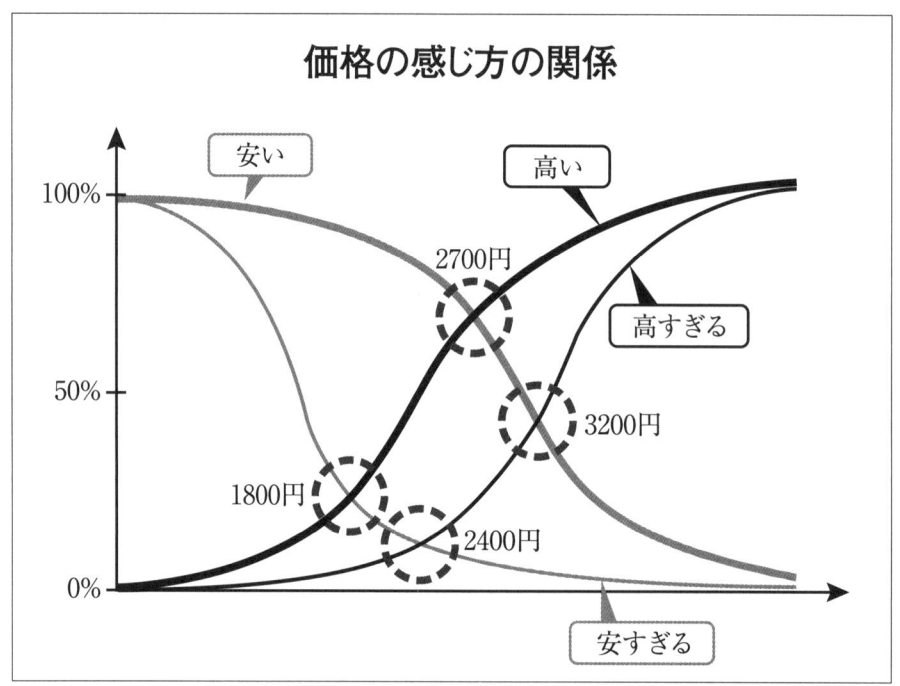

1．1800円

2．2400円

3．2700円

4．3200円

9番

　先生が，避雷針の設置について話しています。この先生が最後にする質問の答えはどれ
ですか。　　　　　　　　　　　　　　　　　　　　　　　　　　　　　　　 9

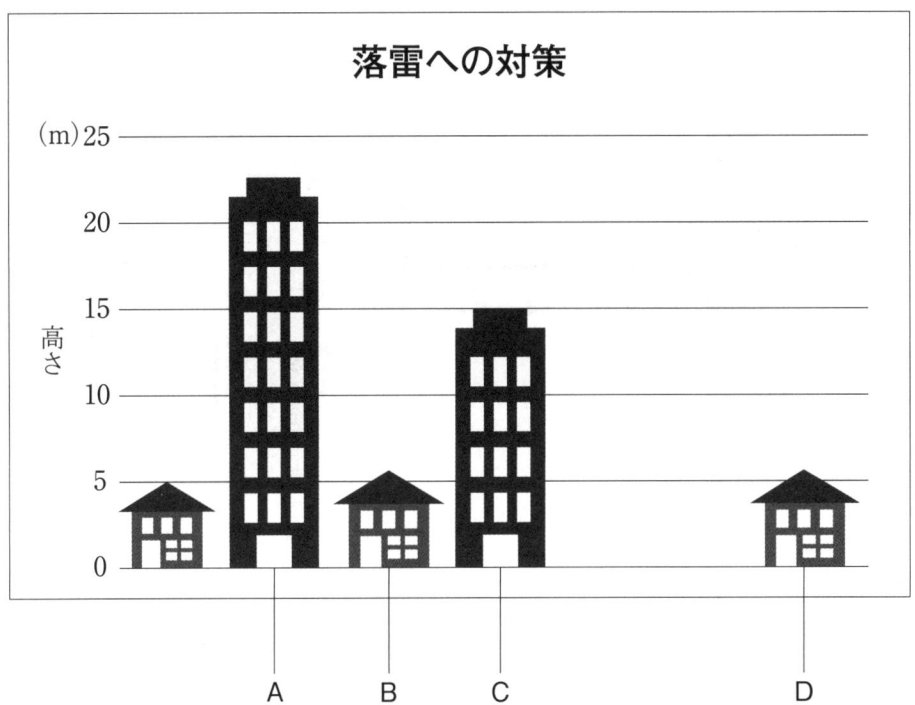

1．AとB

2．AとD

3．BとC

4．CとD

10番

　先生が，スポーツ選手を支援する方法について話しています。この先生によると，図の空欄AとBに入る言葉の組み合わせはどれですか。　10

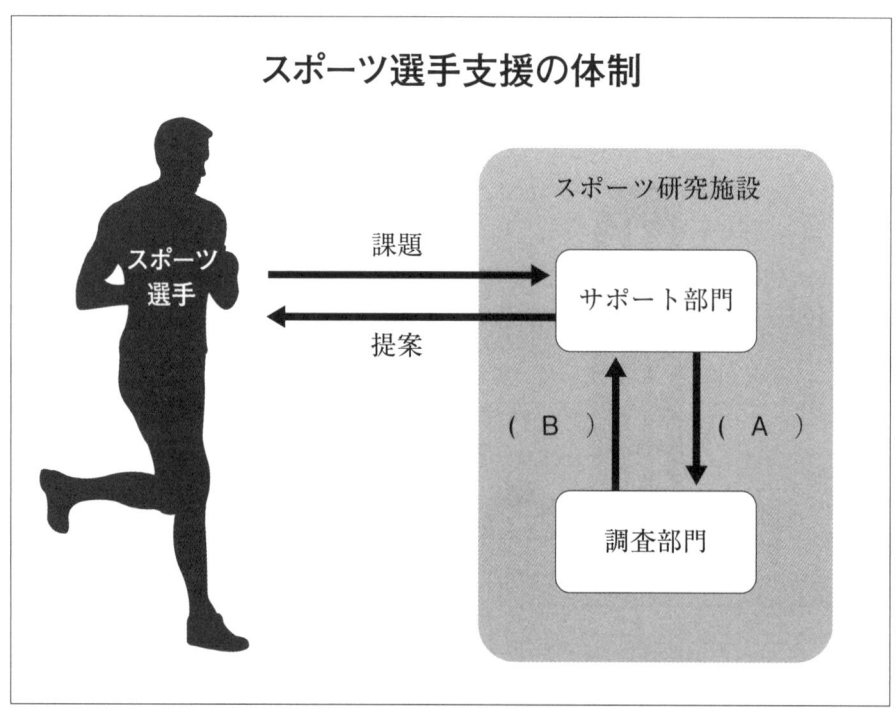

1．A：課題　　　　B：研究結果

2．A：課題　　　　B：提案

3．A：研究結果　　B：研究依頼

4．A：研究結果　　B：提案

11番

先生が社会心理学の授業で，人間関係について説明しています。この先生が最後にする
質問の答えはどれですか。 | 11 |

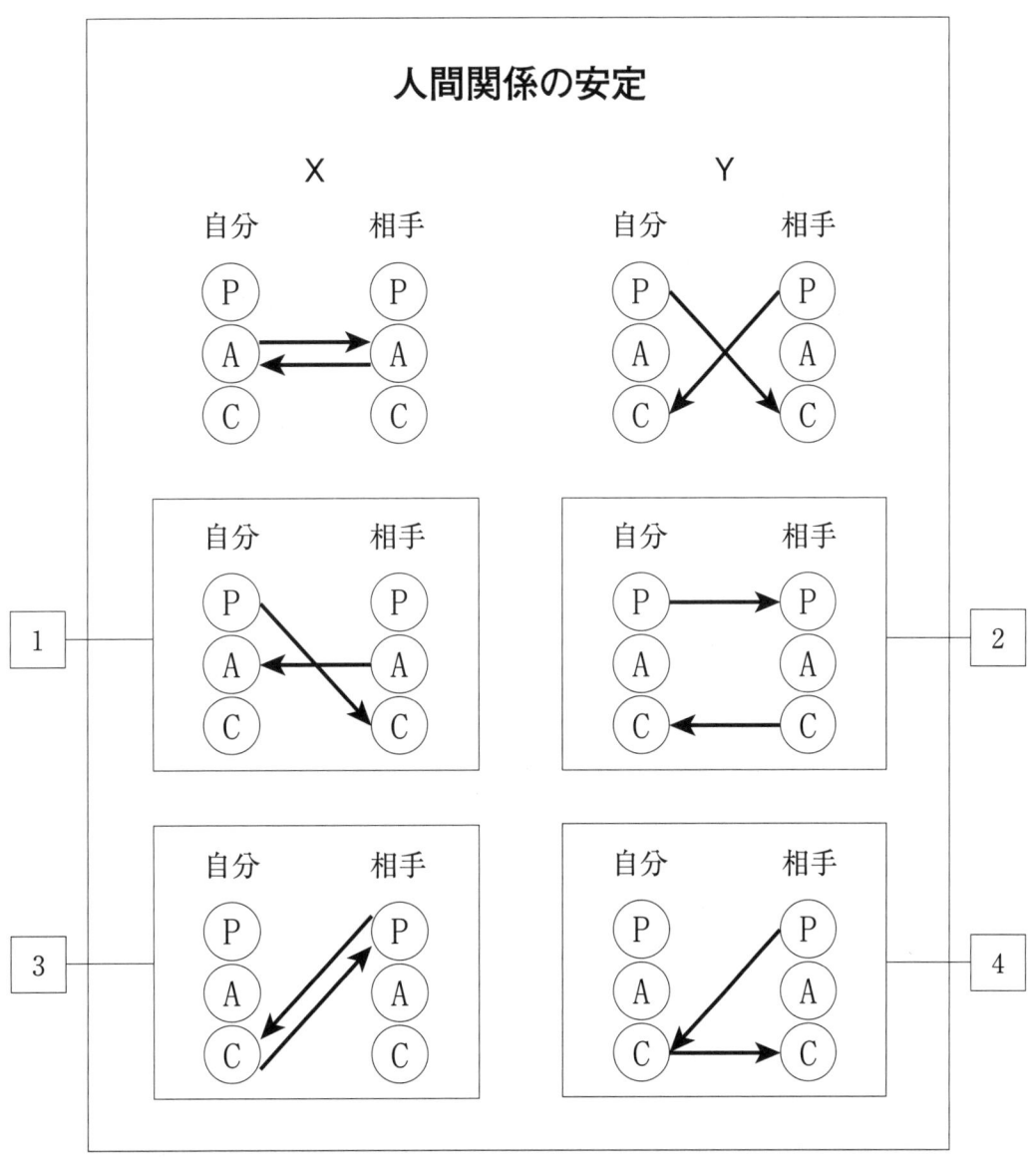

12番

先生が，動物の足跡の付き方について話しています。この先生が最後にする質問の答えはどれですか。　12

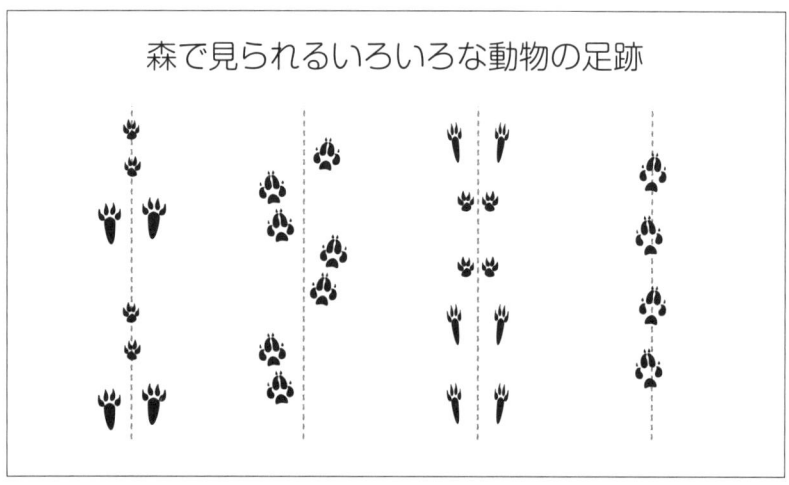

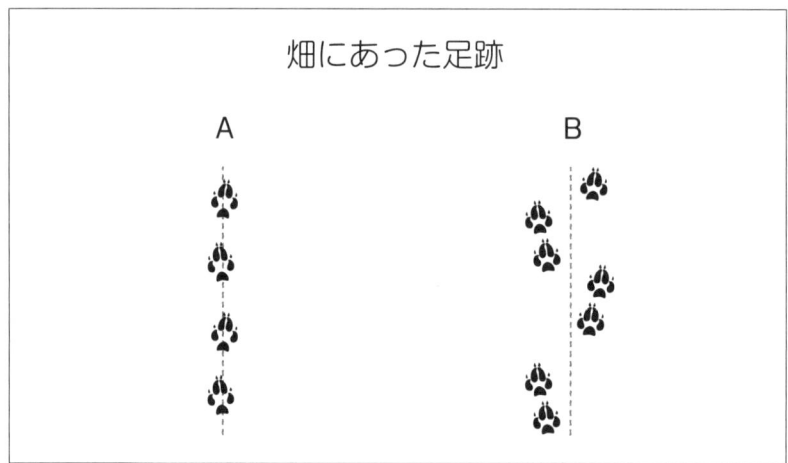

1．キツネ

2．タヌキ

3．イヌ

4．ウサギ

聴解問題
説明

聴解問題は，音声を聴いて答える問題です。問題も選択肢もすべて音声で示されます。問題冊子には，何も書かれていません。

　<u>問題は一度しか聴けません。</u>

　このページのあとに，メモ用のページが１ページあります。音声を聴きながらメモをとるのに使ってもいいです。

　聴解の解答欄には，『正しい』という欄と『正しくない』という欄があります。選択肢１，２，３，４の一つ一つを聴くごとに，正しいか正しくないか，マークしてください。正しい答えは一つです。

ー　メ　モ　ー

第 2 回の問題はこれで終わりです。

解答は p.281 を参照してください。

実戦問題

解答時間 55分

聴読解問題
説明

聴読解問題は，問題冊子に書かれていることを見ながら，音声を聴いて答える問題です。

<u>問題は一度しか聴けません。</u>

それぞれの問題の最初に，「ポーン」という音が流れます。これは，「これから問題が始まります」という合図です。

問題の音声の後，「ポーン」という，最初の音より少し低い音が流れます。これは，「問題はこれで終わりです。解答を始めてください」という合図です。

選択肢 1 ，2 ，3 ，4 の中から答えを一つだけ選び，聴読解の解答欄にマークしてください。

1番

先生が，道路の舗装について話しています。この先生が紹介する二つの方法は，道路の構造のどの部分に差がありますか。　　　　　　　　　　　　1

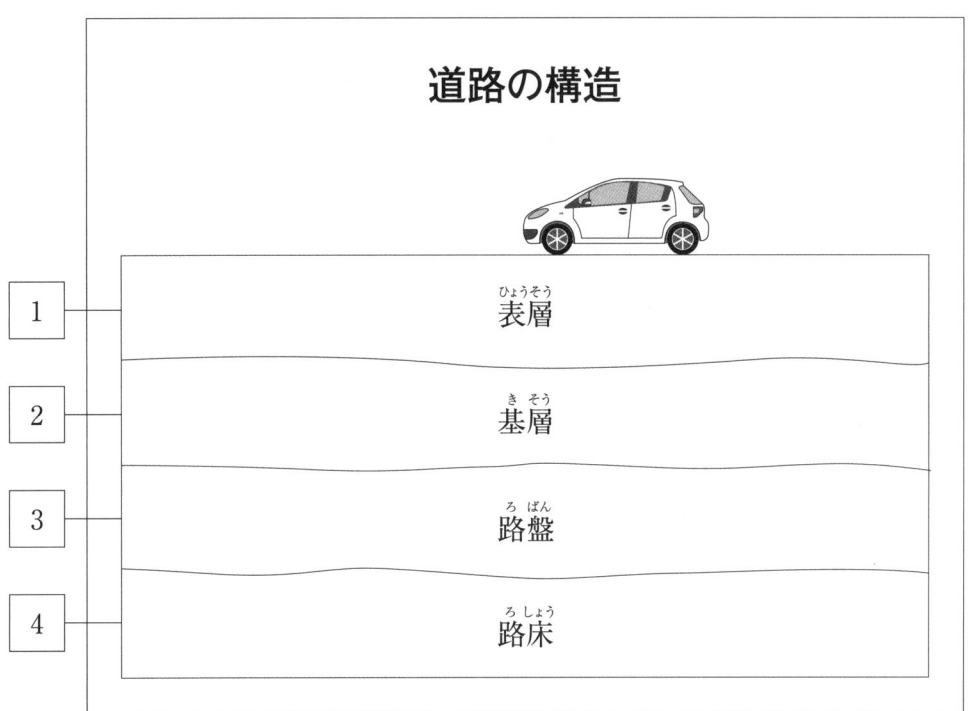

2番

先生が，海洋資源について話しています。この先生が，今後期待したいと言っている資源はどこで採掘されますか。 2

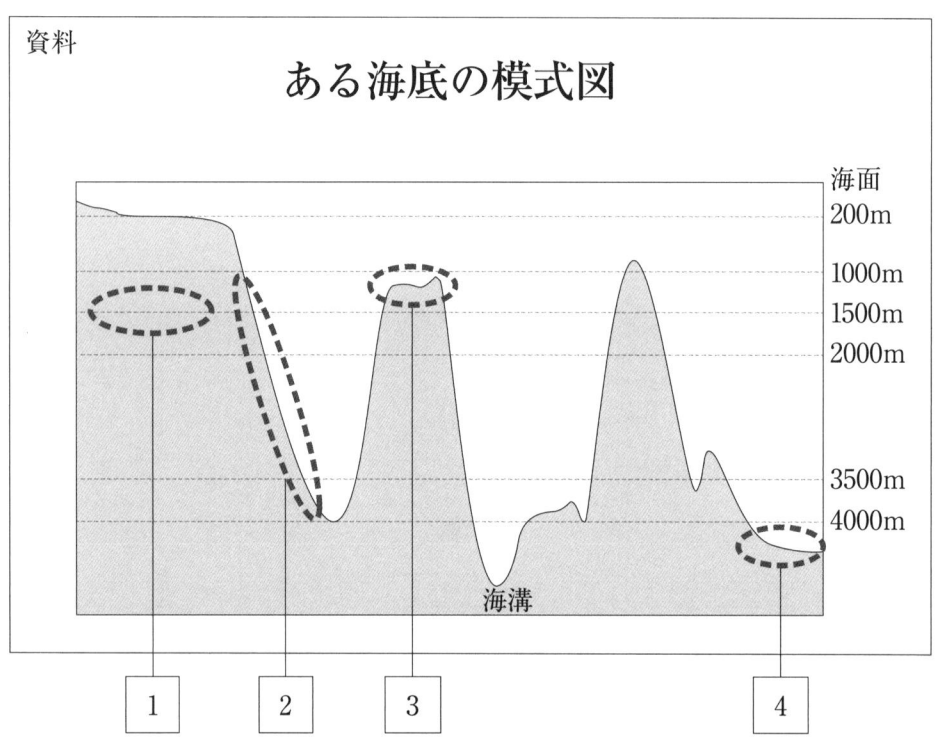

3番

　男子学生と女子学生が，災害時の警戒レベルについて話しています。この女子学生が，今回重要な変更があったと考えているのはどのレベルですか。　　3

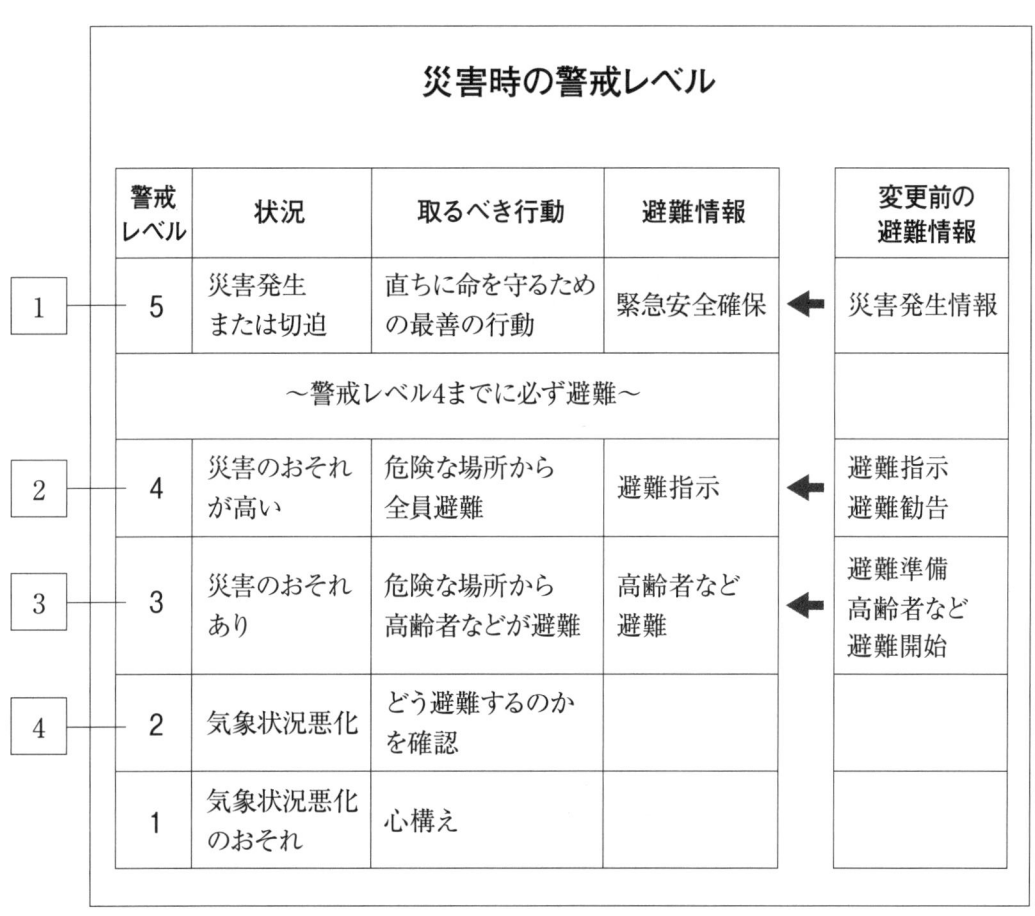

4番

　先生が，熱エネルギーの効率的な再利用について話しています。この先生が，今後利用の幅を広げると良いと考えているのは，どの熱エネルギーの再利用にあたりますか。　**4**

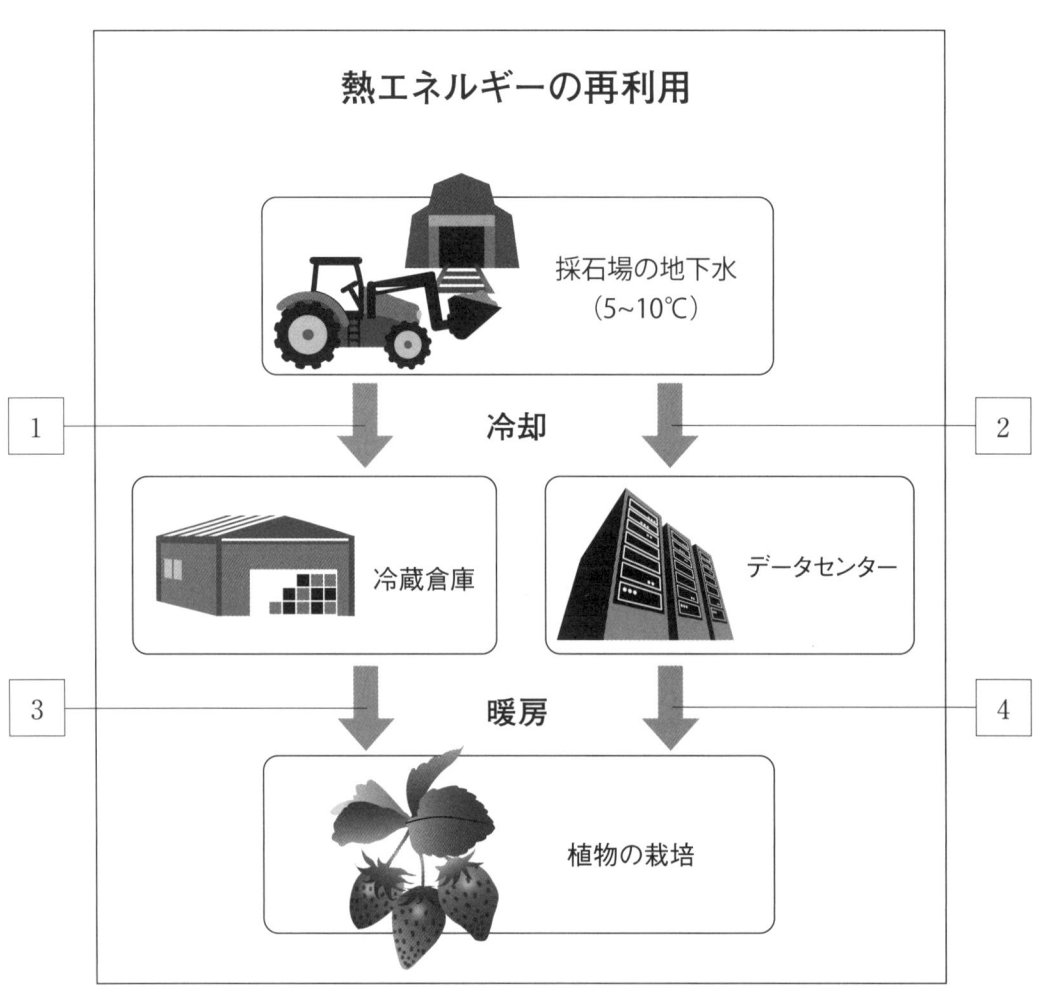

5 番

　先生が経営学の授業で，企業の戦略について話しています。この先生が紹介する企業の，事業開始時と事業強化後の戦略を示しているのはどれですか。　　　 5

資料	企業の販売戦略	
	既存商品	新規商品
既存市場	●	●
新規市場		

A

	既存商品	新規商品
既存市場	●	
新規市場		●

B

	既存商品	新規商品
既存市場		
新規市場		●

C

	既存商品	新規商品
既存市場	●	
新規市場	●	

D

	既存商品	新規商品
既存市場		●
新規市場		●

1．事業開始時：A　　　事業強化後：C

2．事業開始時：A　　　事業強化後：D

3．事業開始時：B　　　事業強化後：C

4．事業開始時：B　　　事業強化後：D

6 番

　先生が生物学の授業で，ニホンジカという動物の行動について話しています。この先生の話によると，ニホンジカが逃げた経路はどれですか。　　6

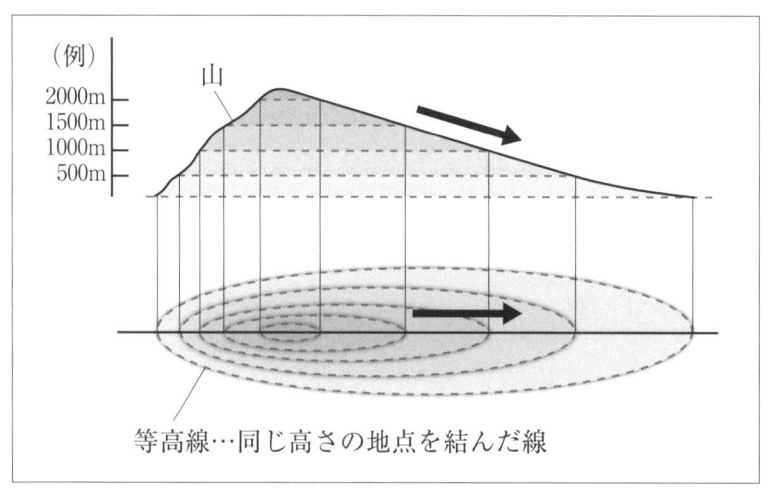

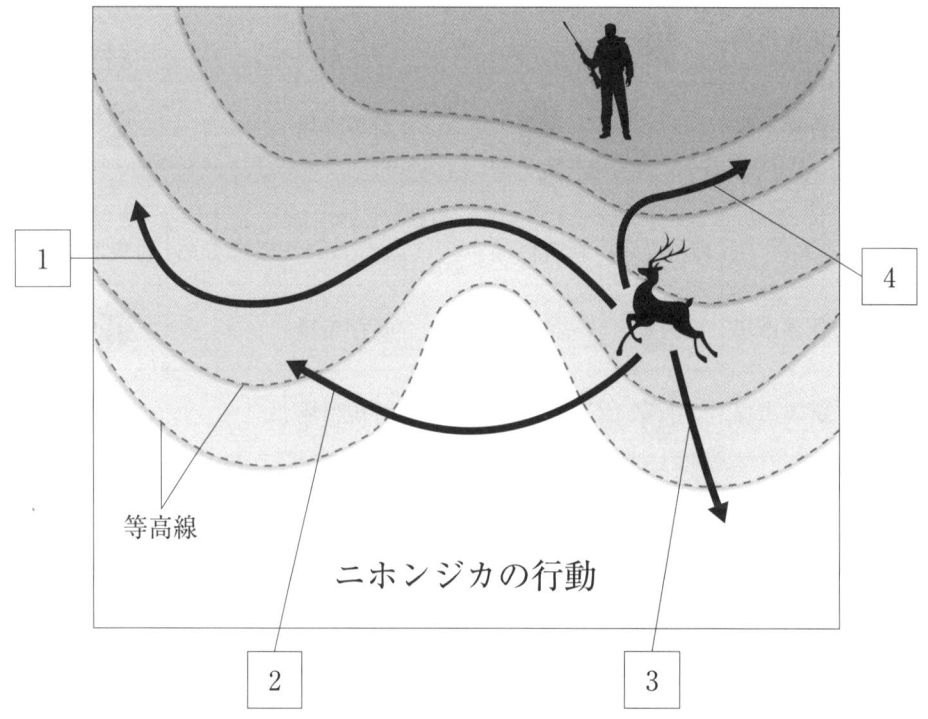

7番

　女子学生と男子学生が，研究プロジェクトのチームについて話しています。この二人の話によると，男子学生はどのタイプのリーダーを目指しますか。　<u>　7　</u>

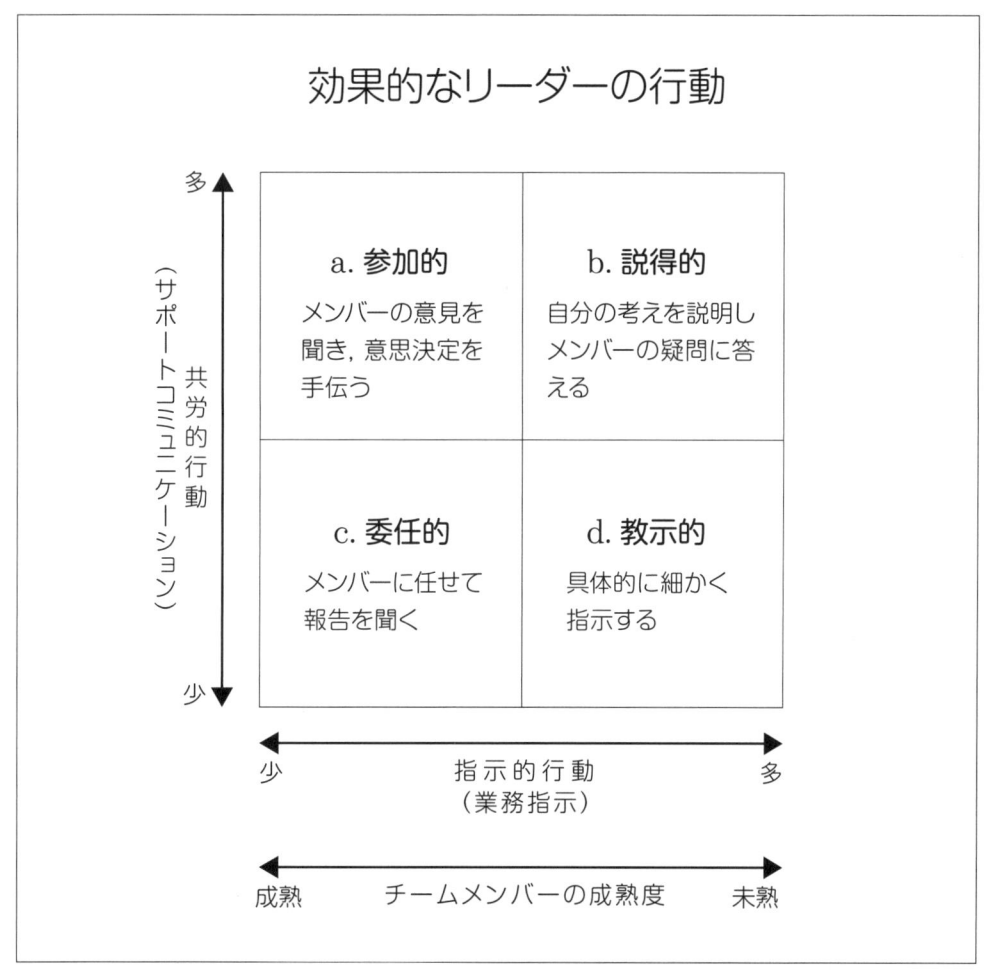

1．a

2．b

3．c

4．d

8番

先生が環境学の授業で，水を使う目的について話しています。この先生が，今後さらに注目するべきだと考えている水はどれですか。 8

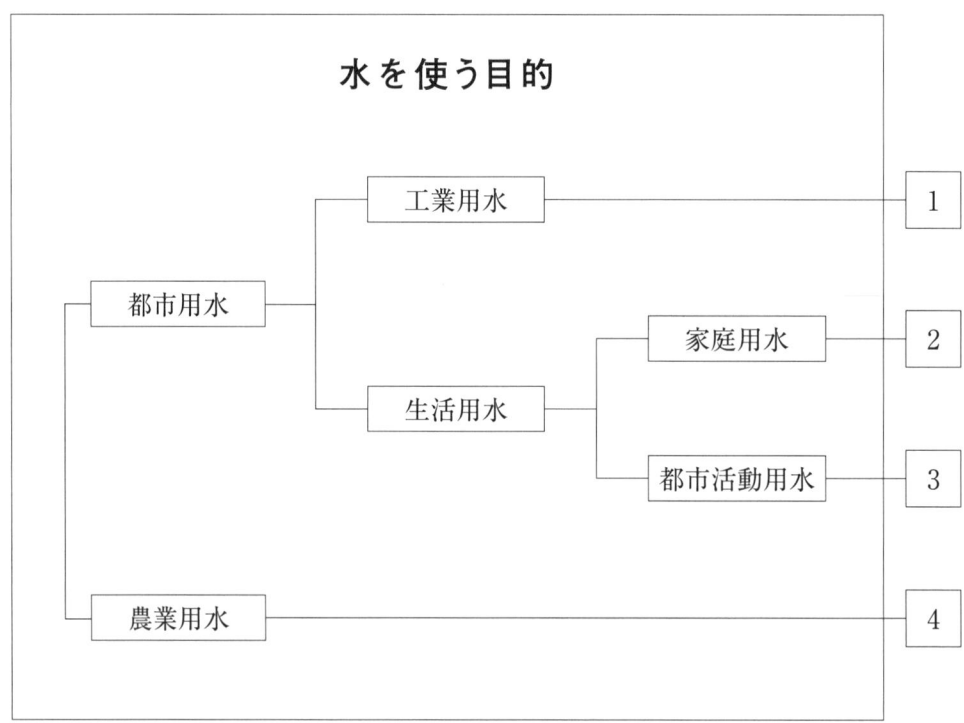

9番

先生が，OJT という教育方法について説明しています。この先生が最後に紹介する企業の例は，図の中の，どの項目の重要性を示すものですか。　　　9

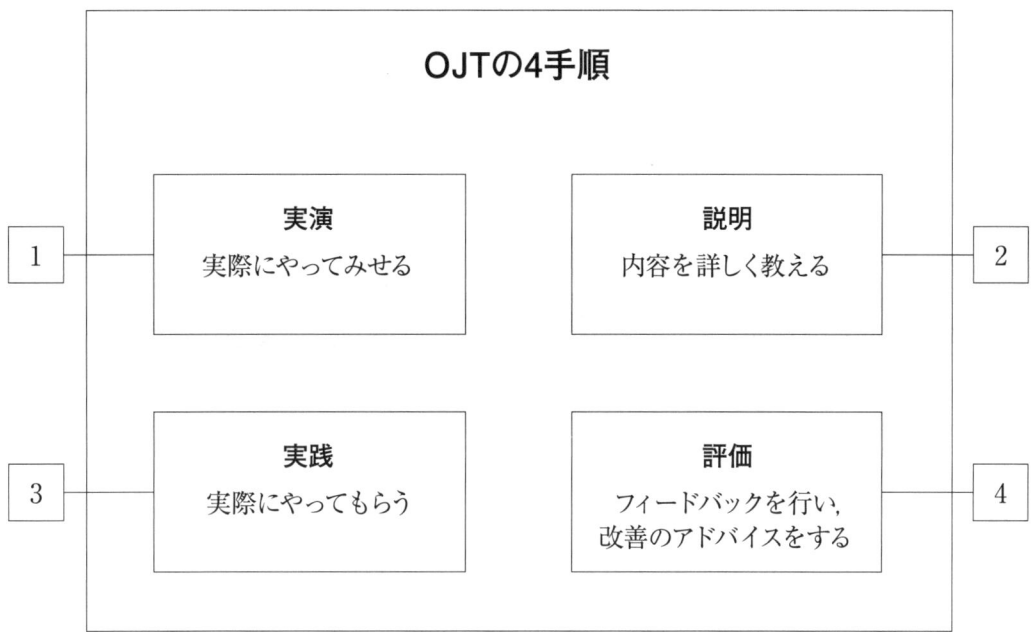

10番

　先生が，スマート・ウェルネスシティという都市計画について話しています。この先生が強調している内容はどれですか。　　　　　10

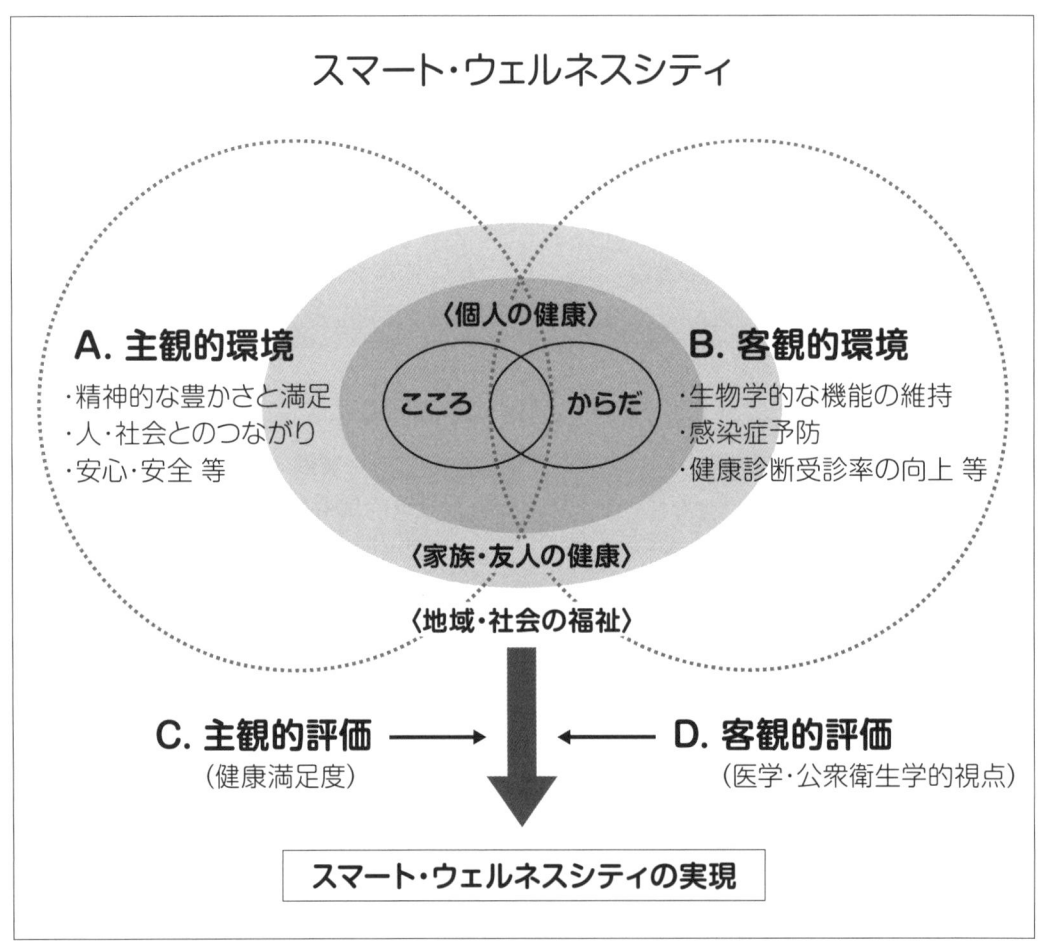

1．Aを改善するための評価基準として，Cを重視すること

2．Aを改善するための評価基準として，Dを重視すること

3．Bを改善するための評価基準として，Cを重視すること

4．Bを改善するための評価基準として，Dを重視すること

11番

　先生が，ある地域の農業について話しています。この先生の話によると，ある地域の3年目の耕地の分け方として正しいものはどれですか。 ⬛11

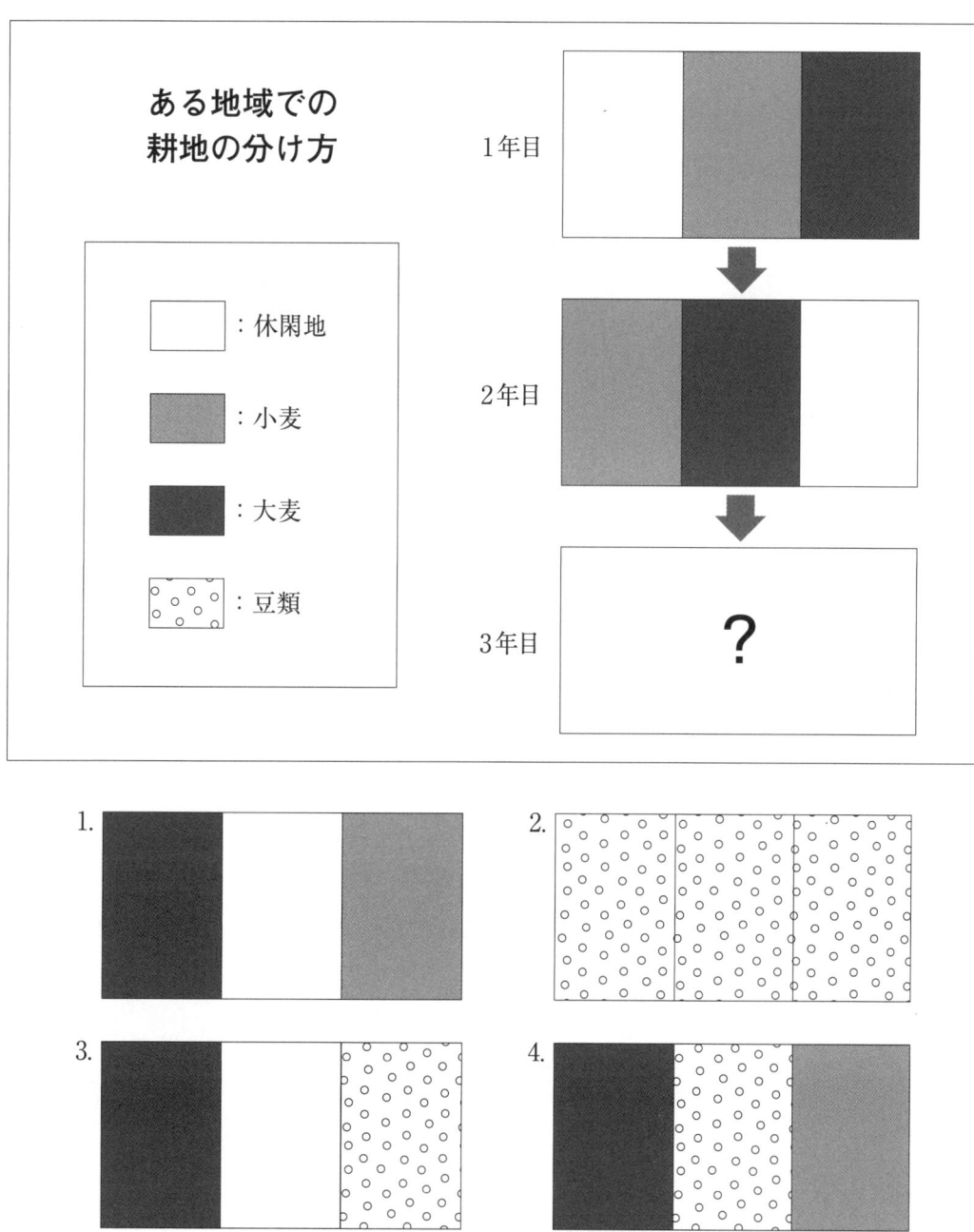

12番

　先生が生物学の授業で，魚の生態について話しています。この先生が最後に見せる図の魚は，どの位置から光を受けていますか。　　　　　　　　　　　 **12**

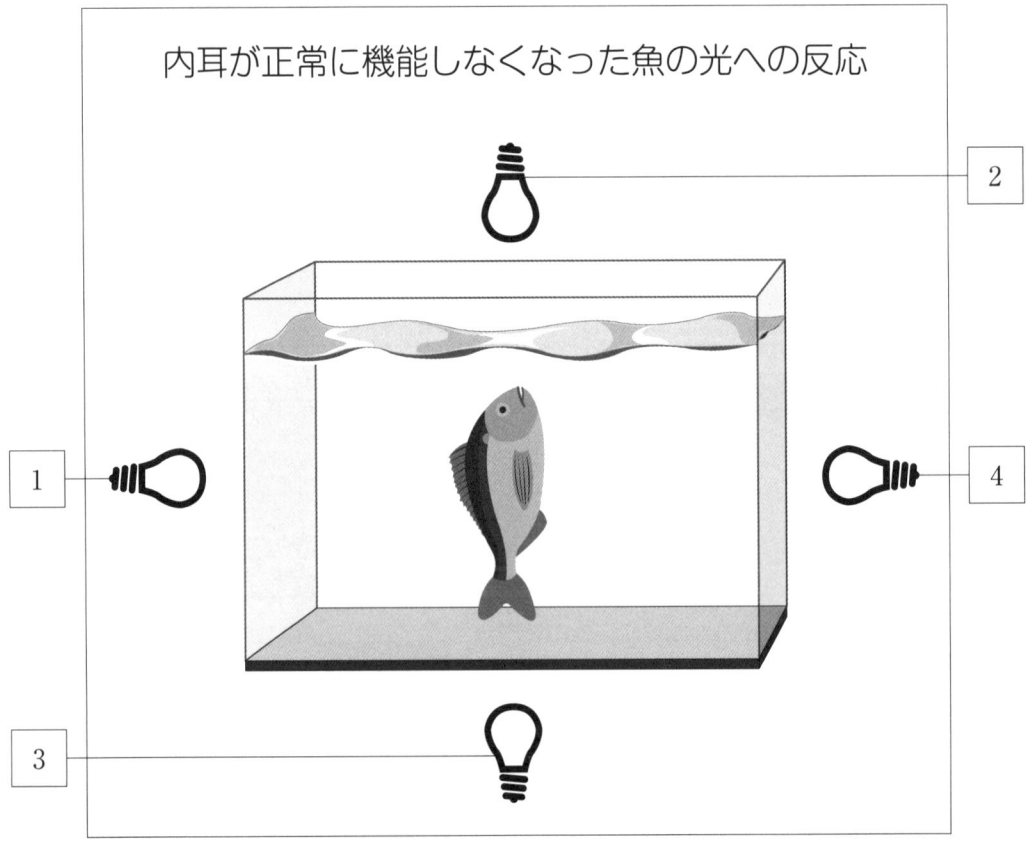

聴解問題

説明

聴解問題は，音声を聴いて答える問題です。問題も選択肢もすべて音声で示されます。問題冊子には，何も書かれていません。

問題は一度しか聴けません。

このページのあとに，メモ用のページが 1 ページあります。音声を聴きながらメモをとるのに使ってもいいです。

聴解の解答欄には，『正しい』という欄と『正しくない』という欄があります。選択肢 1，2，3，4 の一つ一つを聴くごとに，正しいか正しくないか，マークしてください。正しい答えは一つです。

ー　メ　モ　ー

第 3 回の問題はこれで終わりです。

解答は p.281 を参照してください。

第4回

実戦問題

解答時間 55 分

音声の再生及び得点分布の確認

QRコードを読み取っ
てオンライン解答用
紙に解答を記入し、正
解と得点分布を確認
してください。

聴読解問題
説明

聴読解問題は，問題冊子に書かれていることを見ながら，音声を聴いて答える問題です。

問題は一度しか聴けません。

それぞれの問題の最初に，「ポーン」という音が流れます。これは，「これから問題が始まります」という合図です。

問題の音声の後，「ポーン」という，最初の音より少し低い音が流れます。これは，「問題はこれで終わりです。解答を始めてください」という合図です。

選択肢1，2，3，4の中から答えを一つだけ選び，聴読解の解答欄にマークしてください。

1番

　先生が建築学の授業で，木材について話しています。この先生が話の中で挙げた例で，木材が腐っていなかったのは，四つの要素のうちどれが制限されていたからですか。　| 1 |

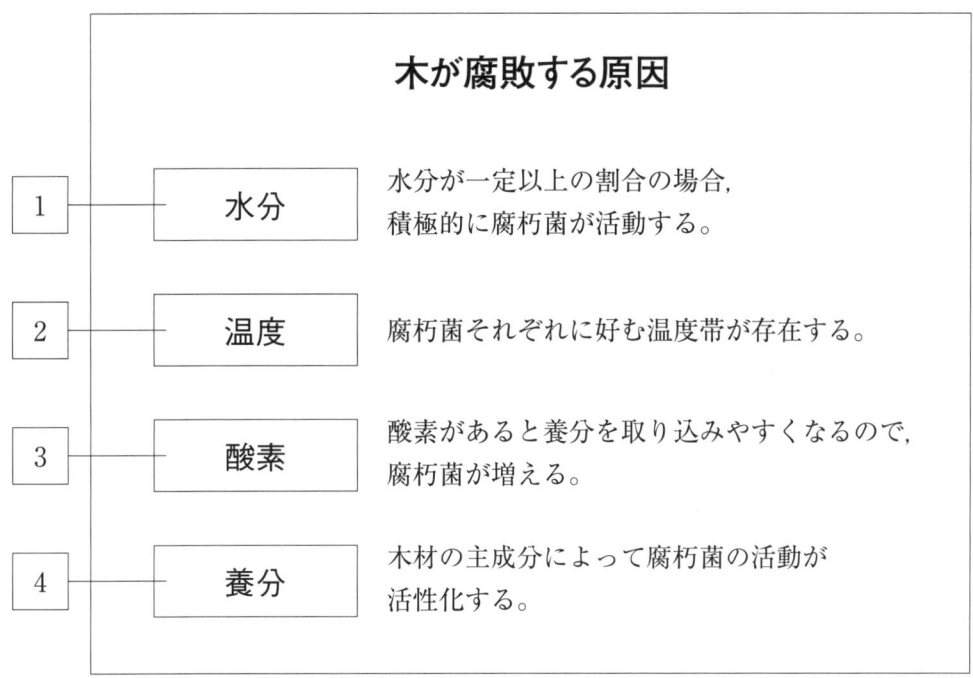

		木が腐敗する原因
1	水分	水分が一定以上の割合の場合，積極的に腐朽菌が活動する。
2	温度	腐朽菌それぞれに好む温度帯が存在する。
3	酸素	酸素があると養分を取り込みやすくなるので，腐朽菌が増える。
4	養分	木材の主成分によって腐朽菌の活動が活性化する。

2番

　先生が，水質の確認方法について話しています。この先生の話によると，センサーが誤作動を起こしてしまうのは，メダカのどの行動と関わっていると考えられますか。　2

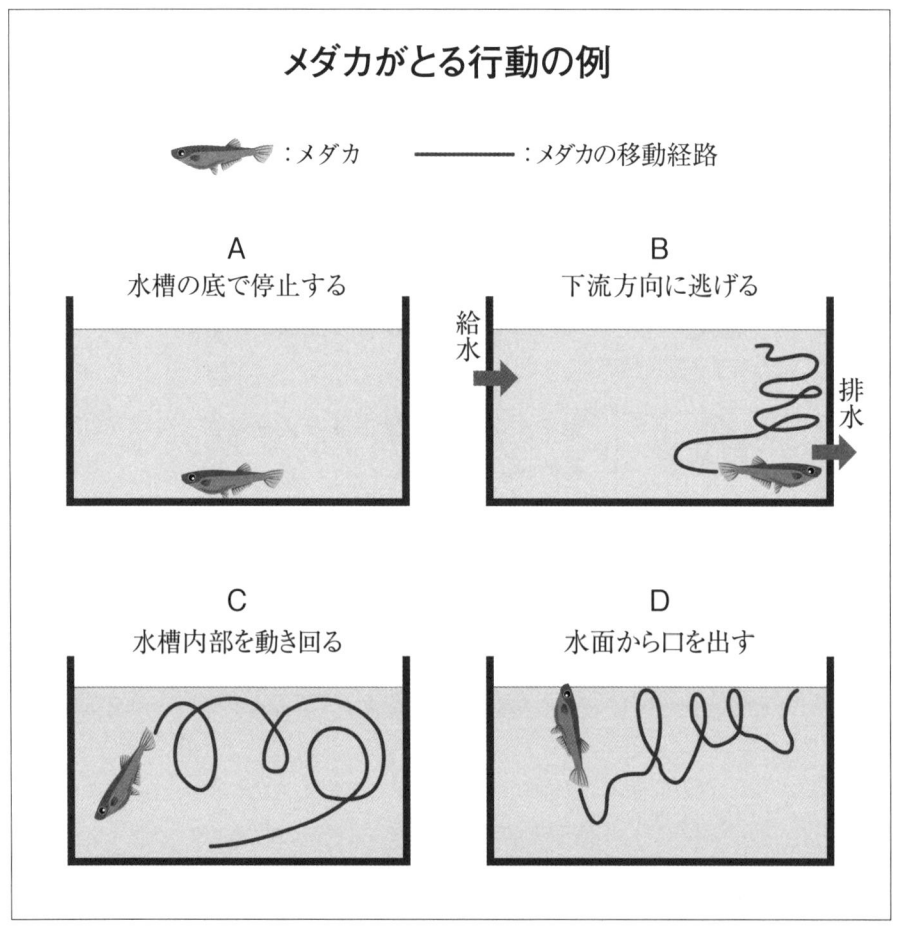

1．AとB

2．BとC

3．CとD

4．AとD

３番

　先生が，ある実験について話しています。先生の話によると，この図の中で，実験で証明されていないのはどの部分ですか。　　　　　　　　　　　　　　3

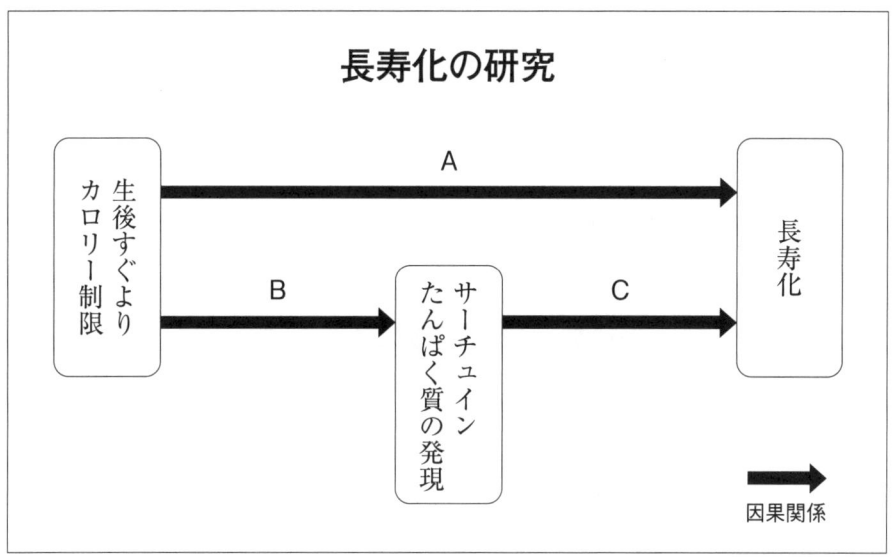

1．A

2．B

3．C

4．AとC

4番

　男子学生と女子学生が，海外勤務に関するアンケート結果を見ながら話しています。この男子学生が，これから最も対策が必要になると考えている項目はどれですか。　　4

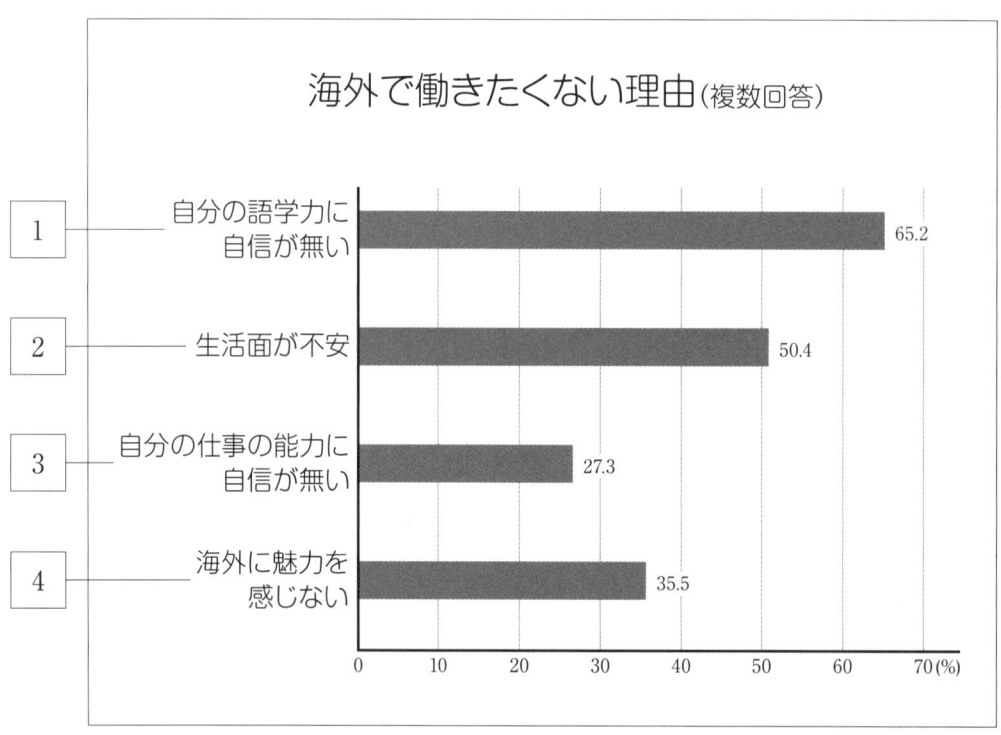

5番

先生が，企業が課題を解決するときの流れを説明しています。この先生が，企業が社員に教育すべきことと考えているのは図のどの部分ですか。 5

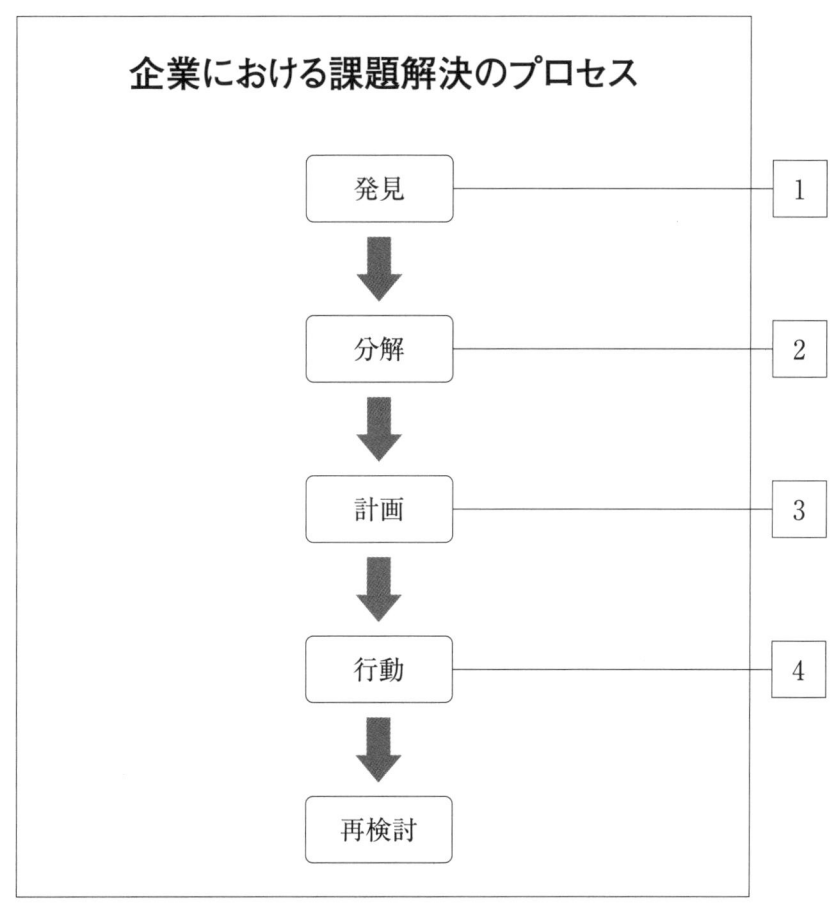

6番

　先生が，人間の葛藤パターンについて説明しています。この先生が最後にする質問の答えはどれですか。　　　　　　　　　　　　　　　　　　　　　　　　　　6

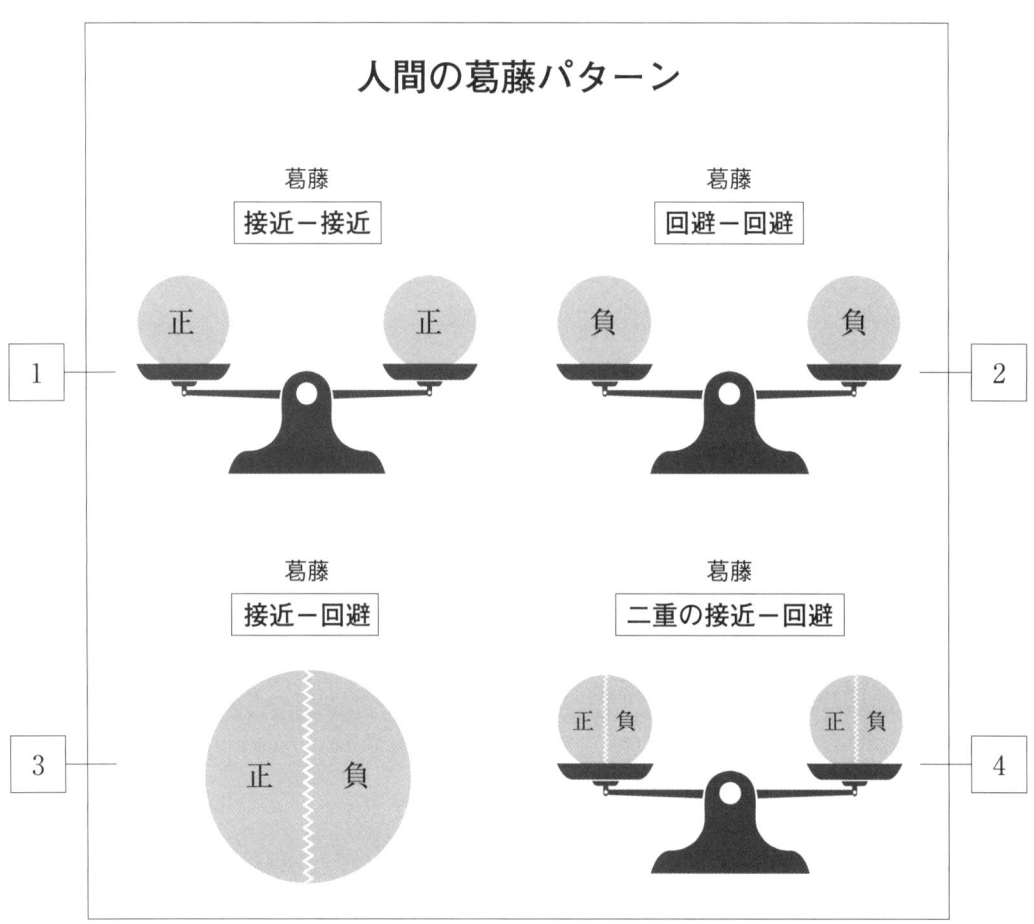

7番

　先生が，ハトという鳥を使った実験について話しています。この先生が最後にする質問の答えはどれですか。　　　　　　　　　　　　　　　　　　　　　　7

実験で使用した箱

外が見えない箱

外が見える箱

A：ハトの見ている景色が移動する
B：脚が動いている（歩いている）

1．Aの条件があれば，Bの条件が無くてもよい

2．AとBの条件が揃う必要がある

3．Bの条件があれば，Aの条件が無くてもよい

4．AとBの条件は両方とも必要ない

8番

　先生が心理学の授業で，知性を感じさせる話し方について話しています。この先生が行った実験の結果を正しく表しているのはどのグラフですか。　

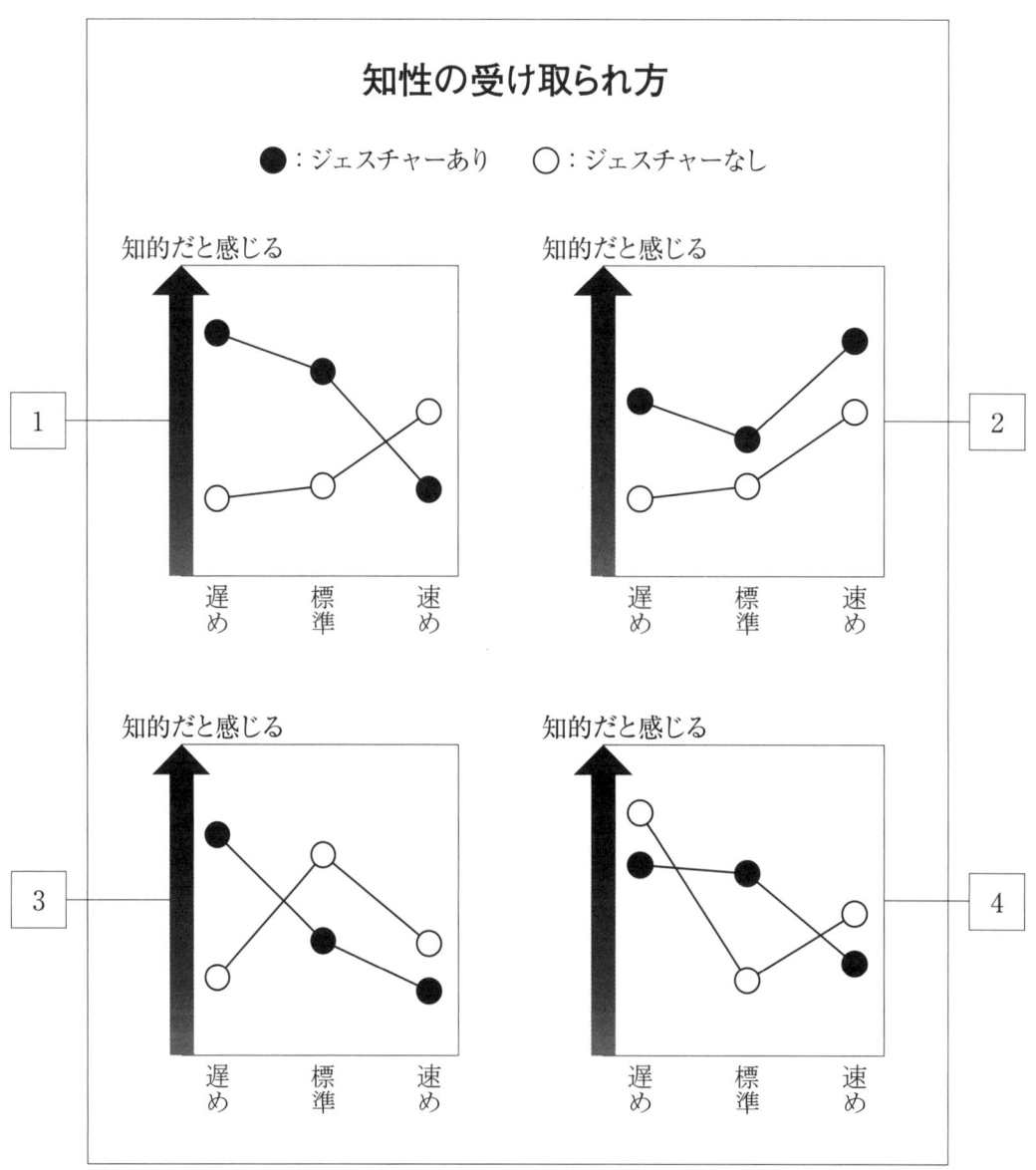

9番

　女子学生と男子学生が，グラフを見ながら広告費について話しています。男子学生が最も注目しているのは，どれですか。

9

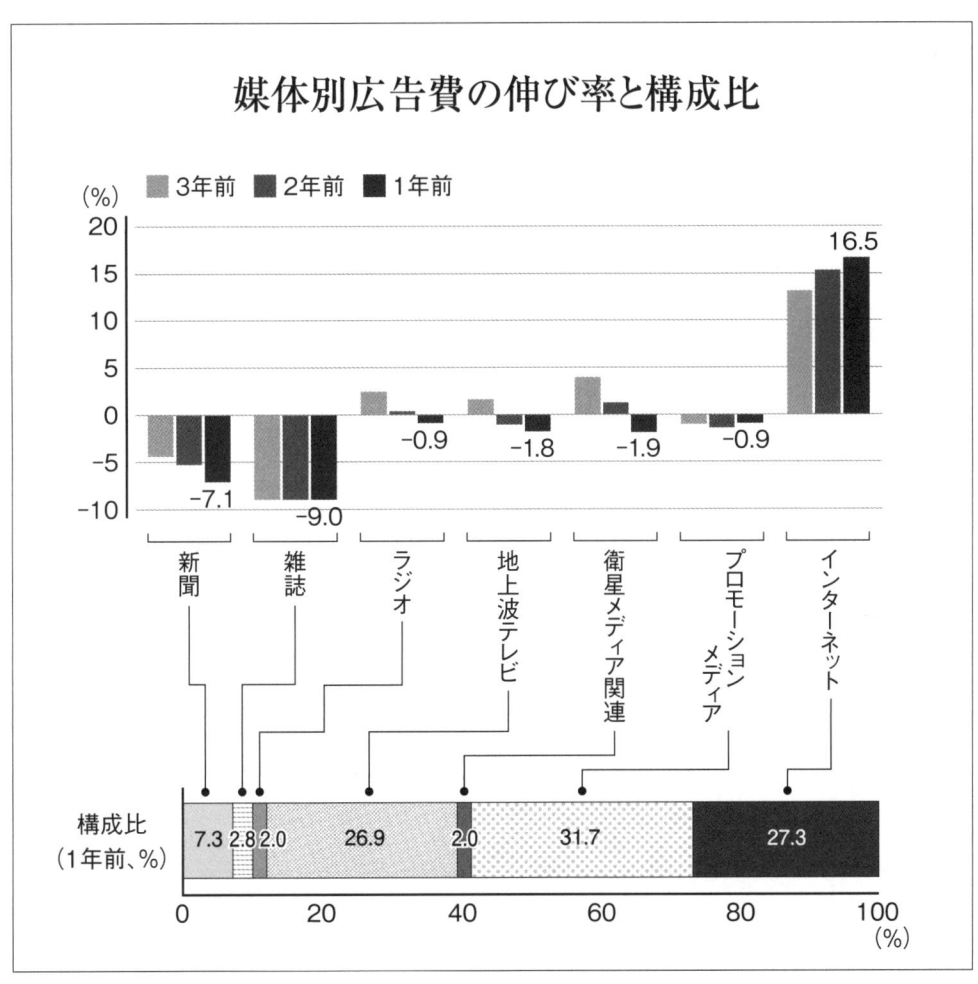

1．新聞

2．ラジオ

3．地上波テレビ

4．プロモーションメディア

10番

先生が，社会現象の分析方法について話しています。この先生が最後にする質問の答えはどれですか。　　　　　　　　　　　　　　　　　　　　　　　　　　　　10

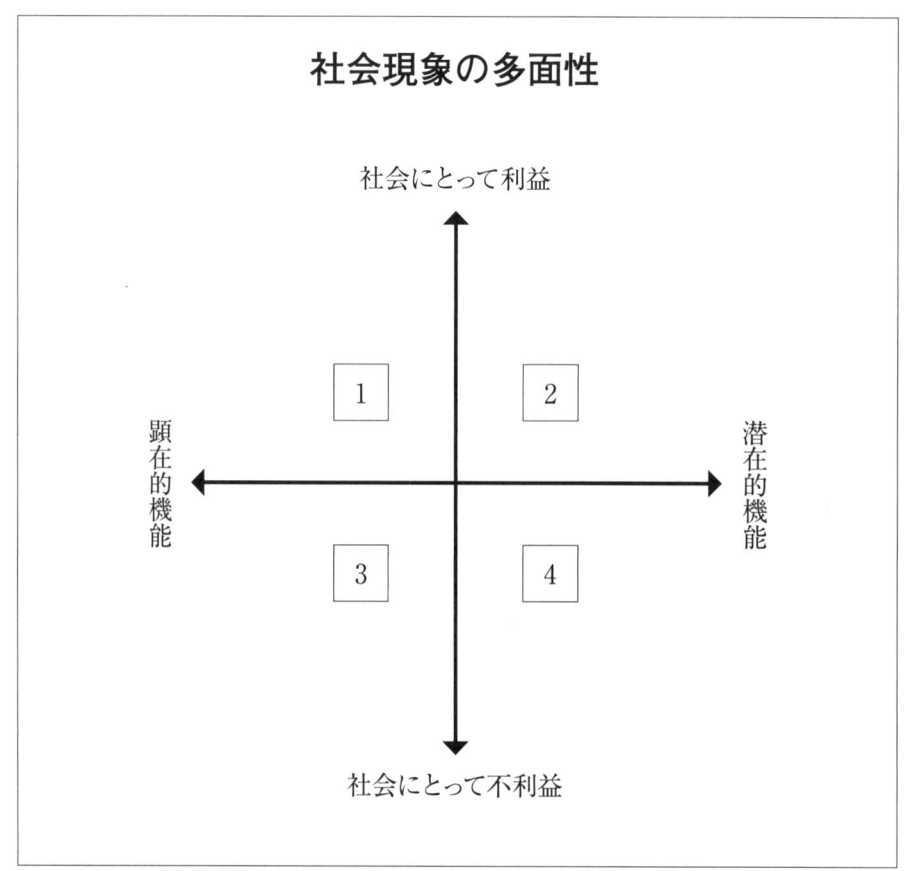

11番

　先生が，ピーマンの栽培について話しています。この先生によると，エリアCのピーマンの出荷が増える時期として，正しい組み合わせはどれですか。　$\boxed{11}$

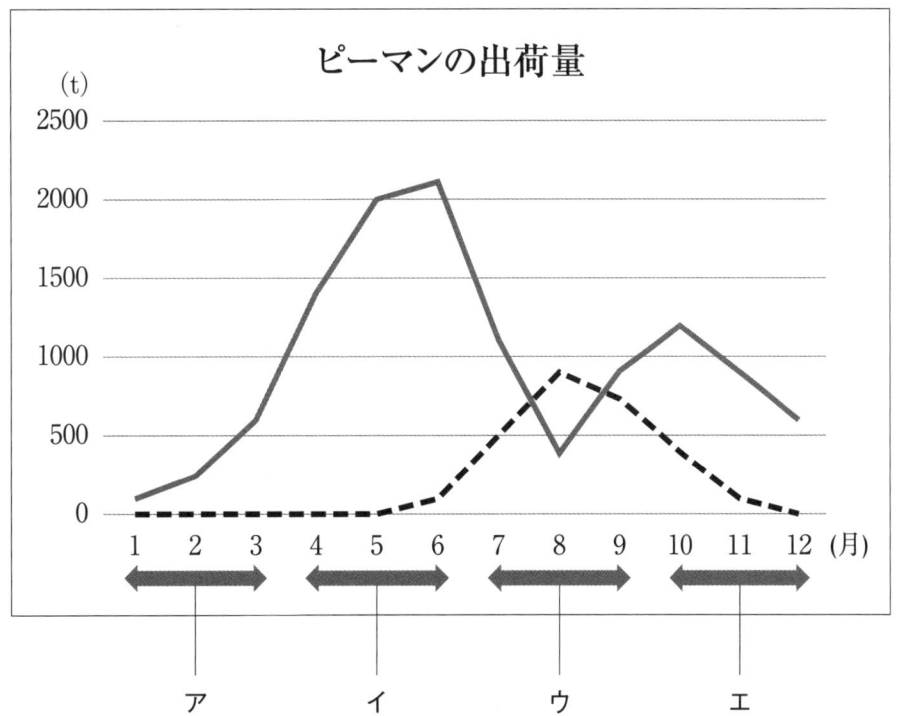

1．アとイ

2．イとウ

3．ウとエ

4．アとエ

12番

先生が，ある都市のごみの削減について話しています。この先生の話によると，紙ごみを示しているのはどれですか。　12

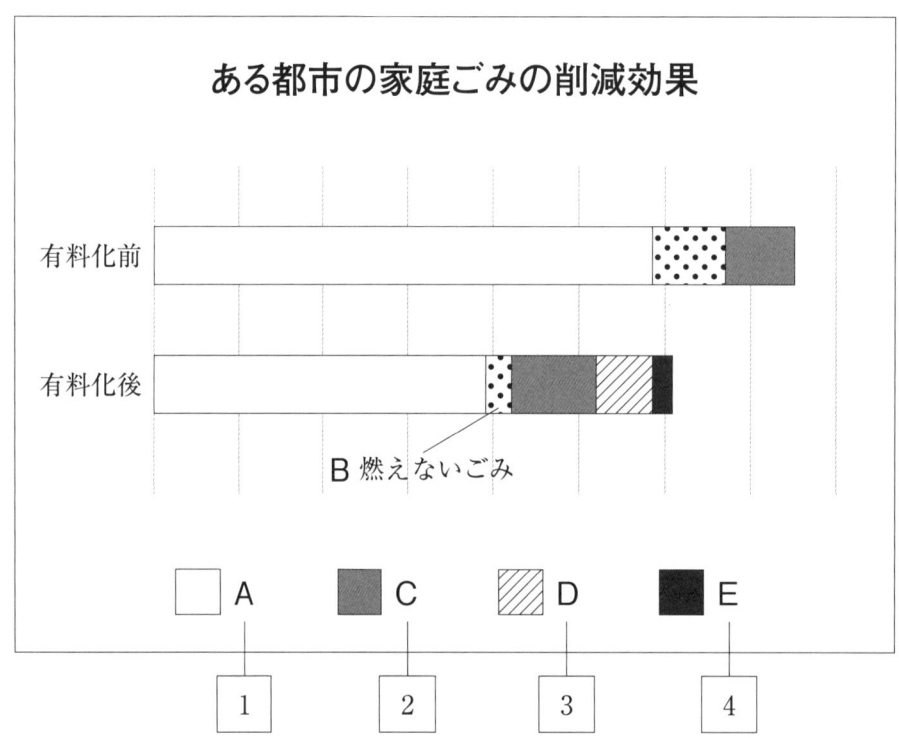

聴解問題
説明

　　聴解問題は，音声を聴いて答える問題です。問題も選択肢もすべて音声で示されます。問題冊子には，何も書かれていません。

　　<u>問題は一度しか聴けません。</u>

　　このページのあとに，メモ用のページが１ページあります。音声を聴きながらメモをとるのに使ってもいいです。

　　聴解の解答欄には，『正しい』という欄と『正しくない』という欄があります。選択肢１，２，３，４の一つ一つを聴くごとに，正しいか正しくないか，マークしてください。正しい答えは一つです。

― メ　モ ―

第 4 回の問題はこれで終わりです。

解答は p.281 を参照してください。

第**5**回

実戦問題

解答時間 55分

音声の再生及び得点分布の確認

QRコードを読み取っ
てオンライン解答用
紙に解答を記入し、正
解と得点分布を確認
してください。

聴読解問題
説明

聴読解問題は，問題冊子に書かれていることを見ながら，音声を聴いて答える問題です。

<u>問題は一度しか聴けません。</u>

それぞれの問題の最初に，「ポーン」という音が流れます。これは，「これから問題が始まります」という合図です。

問題の音声の後，「ポーン」という，最初の音より少し低い音が流れます。これは，「問題はこれで終わりです。解答を始めてください」という合図です。

選択肢 1，2，3，4 の中から答えを一つだけ選び，聴読解の解答欄にマークしてください。

1番

　先生が，高齢者の就職支援について話しています。この先生が特に充実すべきと考えている支援はどれですか。　　　　　　　　　　　　　　　　　　　　　　　**1**

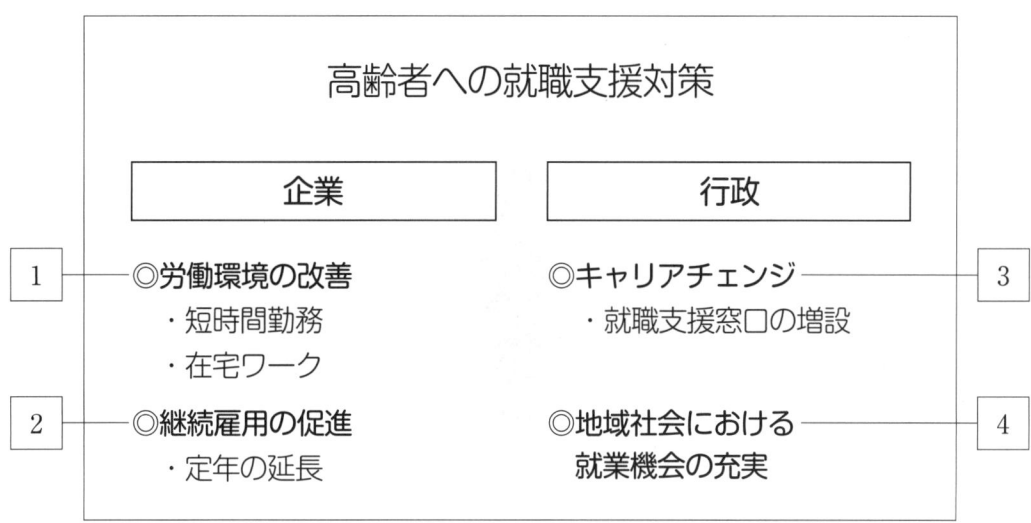

2番

　先生が，人間の成長に関する領域について話しています。この先生が話す例では，領域はどのように変化しましたか。　　　　　　　　　　　　　　　　　　　　　2

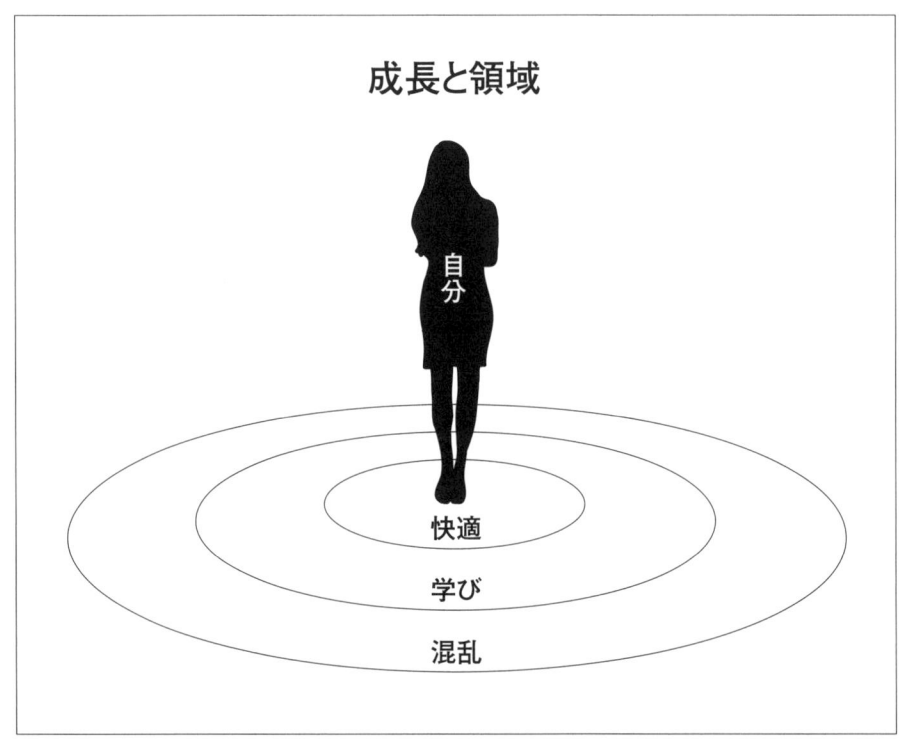

1．「快適」から「学び」へ
2．「学び」から「快適」へ
3．「混乱」から「学び」へ
4．「混乱」から「快適」へ

3番

先生が介護について話しています。この先生が最後にする質問の答えはどれですか。

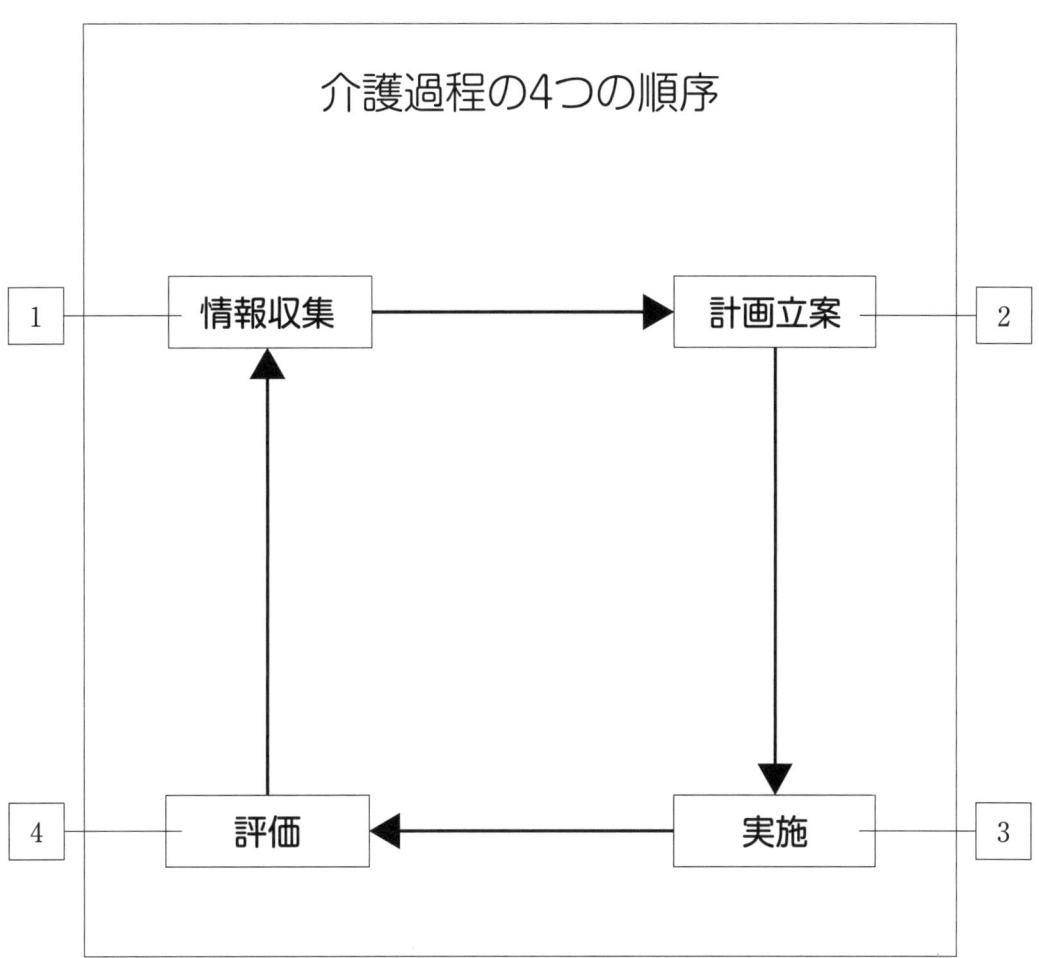

4番

　男子学生と女子学生が，コンビニエンスストア経営に関するアンケートの結果を見ながら話しています。この二人が調べようとしている組み合わせとして，正しいものはどれですか。　　　　　　　　　　　　　　　　　　　　　　　　　　　　　　　　　　　　　4

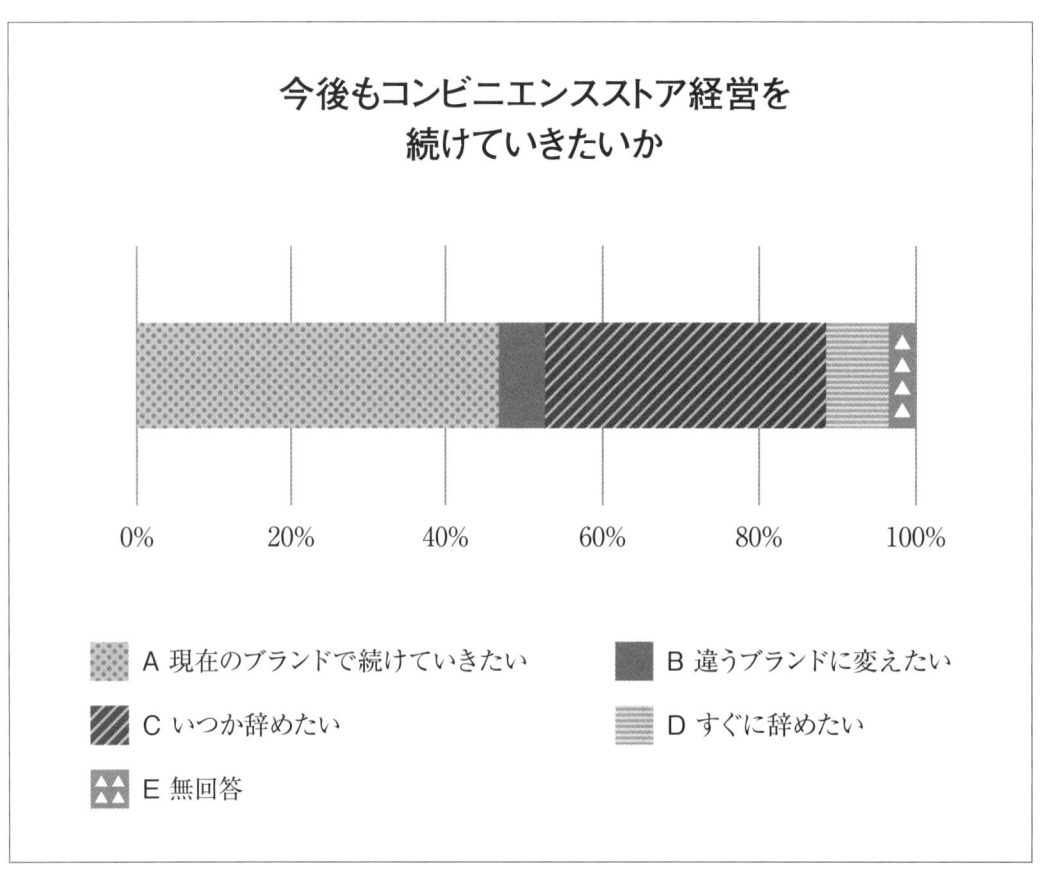

1．女子学生：B　　　　男子学生：CとD

2．女子学生：B　　　　男子学生：C

3．女子学生：AとB　　男子学生：CとD

4．女子学生：AとB　　男子学生：D

5番

　先生が授業で，日本の方違えという文化について話しています。この先生が最後にする
質問の答えはどれですか。　　　　　　　　　　　　　　　　　　　　　　　 5

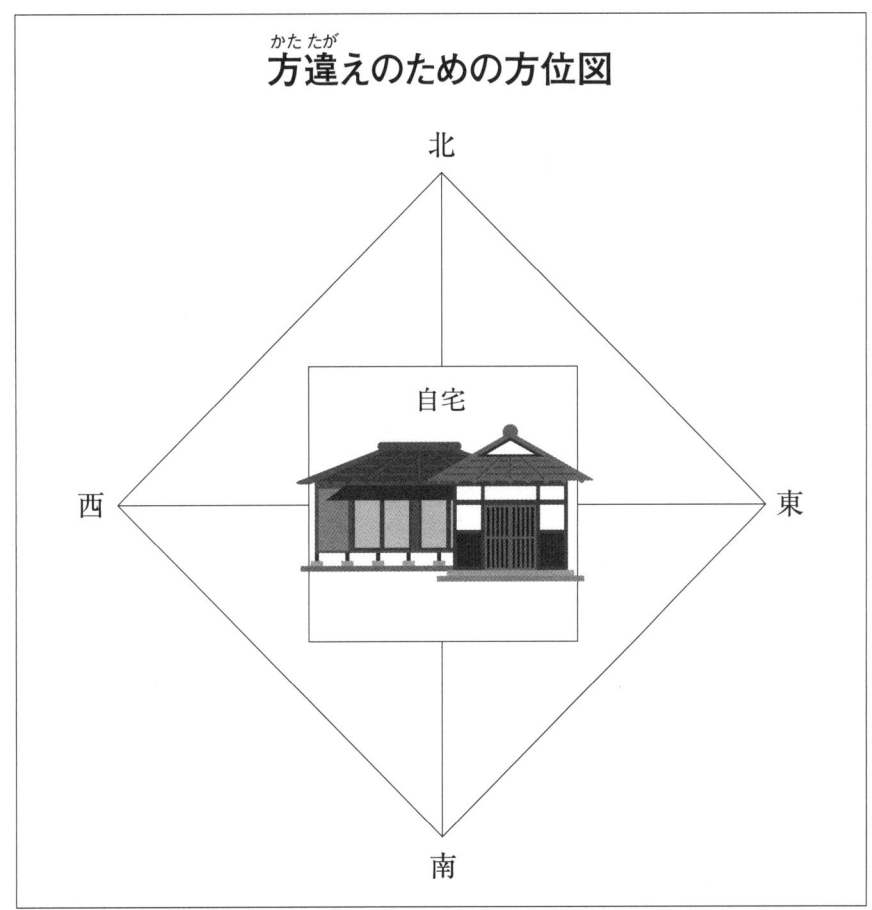

1．北に行って，その後南東に行く

2．東に行く

3．西に行って，その後東に行く

4．南に行って，その後北東に行く

6番

　先生が，商品の流行と衰退について話しています。この先生によると，古い商品の抵抗が起きるのはどの時期ですか。　　　　　　　　　　6

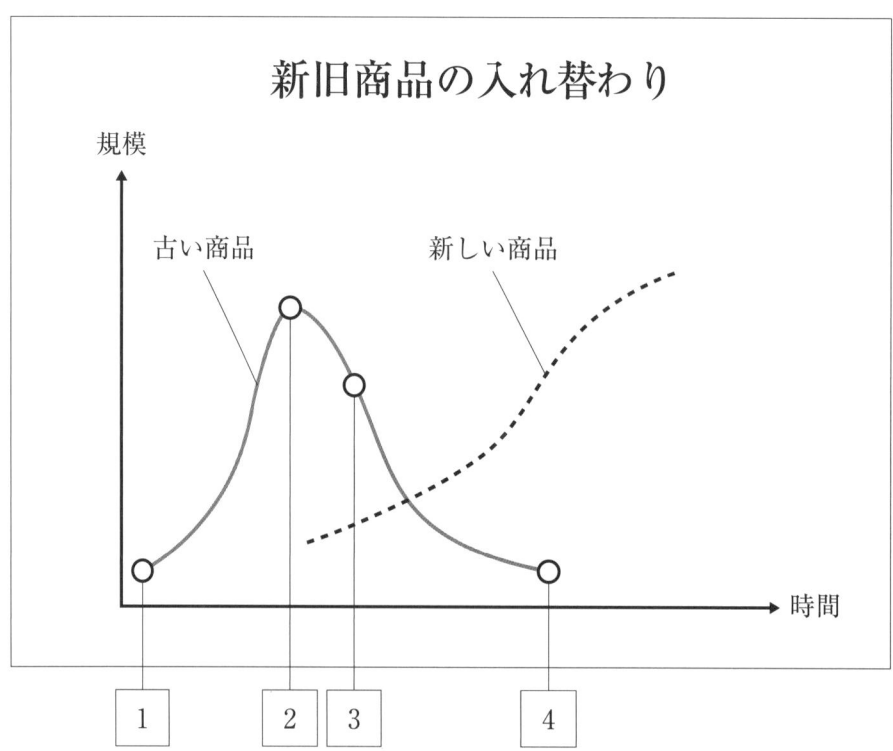

7番

男子学生と女子学生が，ネズミという動物の実験結果について話しています。この男子学生が行った実験の結果をグラフにすると，どうなりますか。 <u>7</u>

1時間の雨量(mm)	イメージ	
～10	小雨～普通の雨	傘をさす人が増える
10以上～20未満	やや強い雨	傘をさしていても足元が濡れる
20以上～30未満	強い雨	傘をさしていても濡れる
30以上	激しい雨	

1.
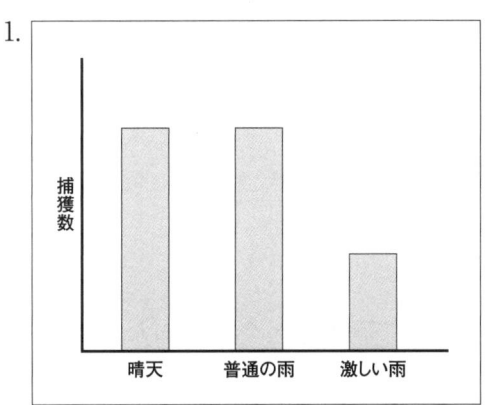

2.
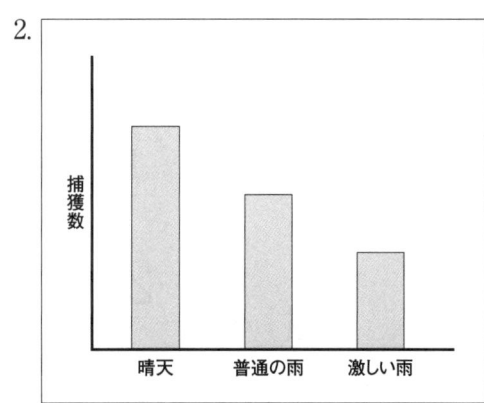

3.
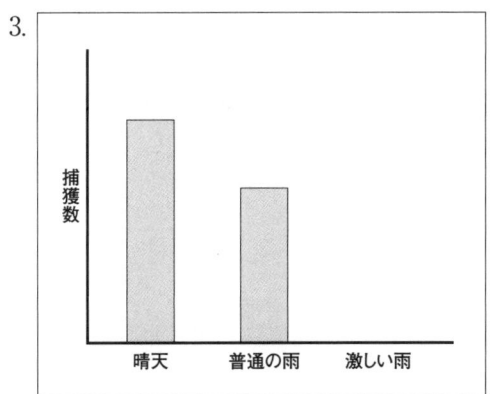

4.
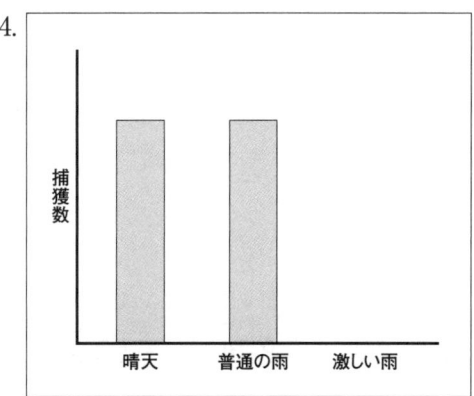

8番

　先生が，ある山の気温について話しています。この先生によると，資料のA，B，Cに入る数字として正しい組み合わせはどれですか。　　　　　　　　8

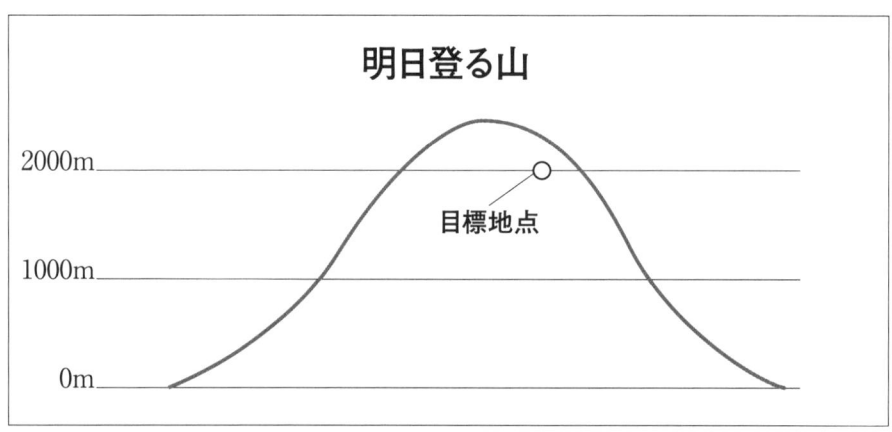

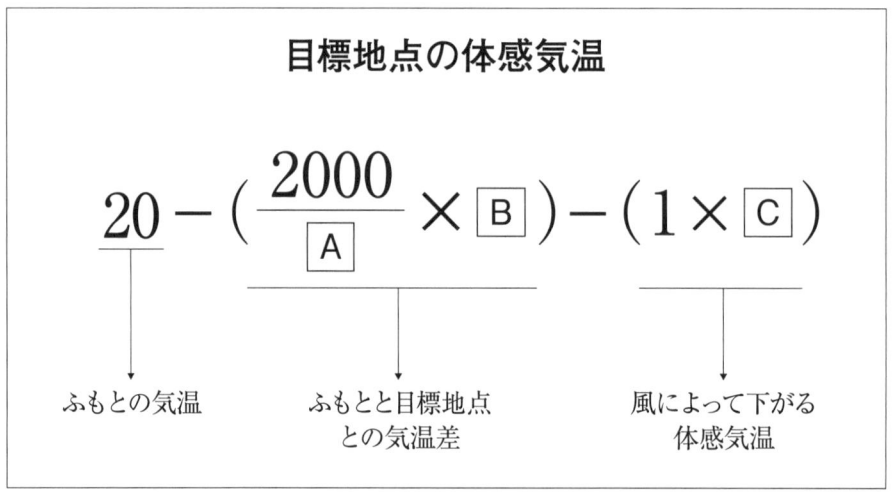

1．A：100　　B：5　　　C：0.6

2．A：100　　B：0.6　　C：5

3．A：10　　B：5　　　C：0.6

4．A：10　　B：0.6　　C：5

9 番

先生が歴史学の授業で，日本の城について話しています。この先生が，利点が最も多いと考えている城はどれですか。 | 9 |

1.
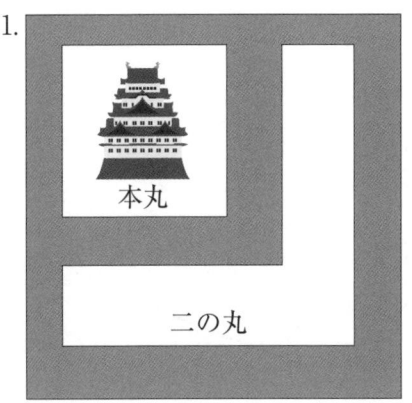

2.

3.
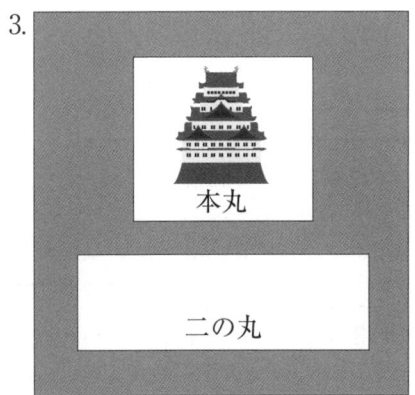

4.
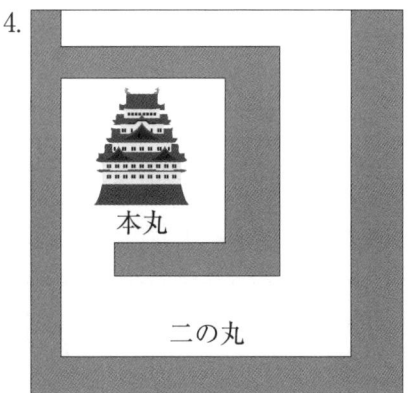

10番

　先生が医学の授業で，脳の働きについて話しています。この先生が最も注意が必要だと考えている期間はどれですか。 | 10 |

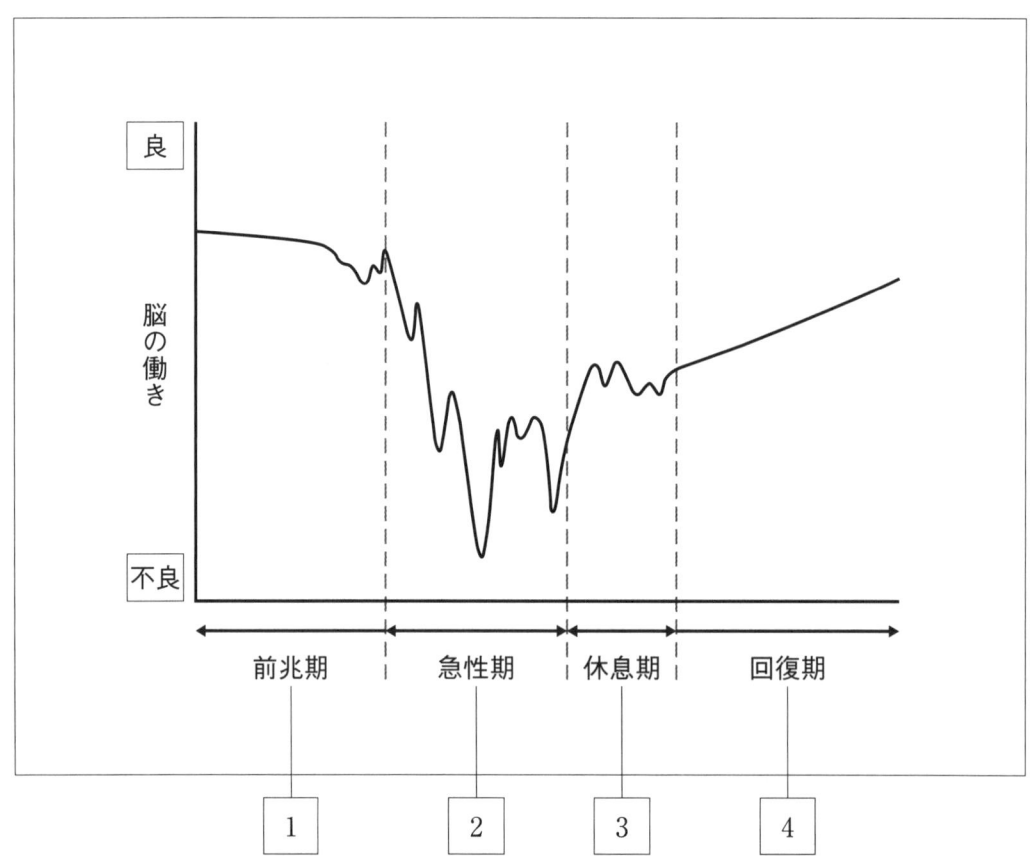

11番

　先生が，古代遺跡の建物の配置について話しています。この先生が話している遺跡の建物の分布図はどれですか。　　　　　| 11 |

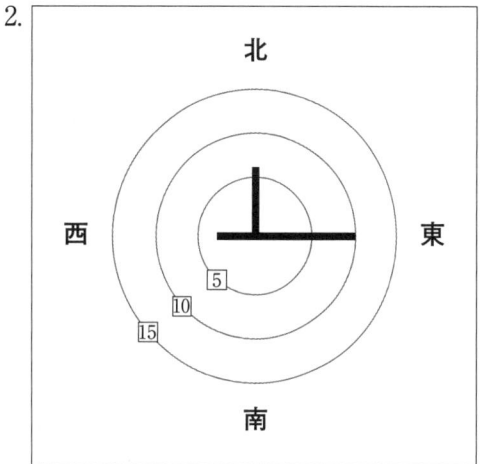

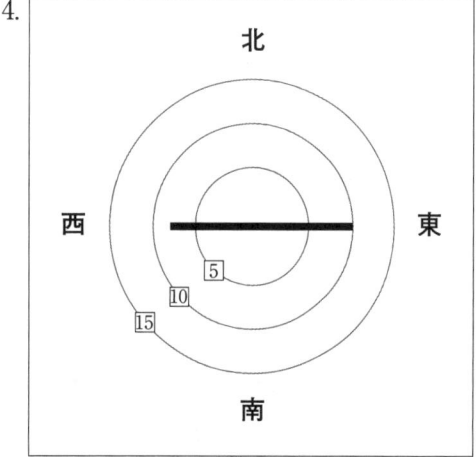

12番

　ある会社の経営者が，事業戦略について話しています。この経営者が新しく発表した事業戦略を表しているものはどれですか。　　　　12

従来の人気シリーズの販売時期

(年)	1	2	3	4	5	6	7	8	9	10
Aシリーズ	●				●				●	
Bシリーズ		●				●				●
Cシリーズ			●				●			
Dシリーズ				●				●		

1.

(年)	1	2	3	4	5	6	7	8	9	10
A	●				●				●	
B	●				●				●	
C			●				●			
D			●				●			

2.

A	●			●			●			●
B		●			●			●		
C			●			●			●	
D										

3.

A	●			●			●		●	
B		●			●		●			●
C			●			●		●		
D				●			●		●	

4.

A	●									
B			●							
C					●					
D								●		

聴解問題
説明

　　聴解問題は，音声を聴いて答える問題です。問題も選択肢もすべて音声で示されます。問題冊子には，何も書かれていません。

　　<u>問題は一度しか聴けません。</u>

　　このページのあとに，メモ用のページが1ページあります。音声を聴きながらメモをとるのに使ってもいいです。

　　聴解の解答欄には，『正しい』という欄と『正しくない』という欄があります。選択肢1，2，3，4の一つ一つを聴くごとに，正しいか正しくないか，マークしてください。正しい答えは一つです。

ー　メ　モ　ー

第 5 回の問題はこれで終わりです。

解答は p.282 を参照してください。

第**6**回

実戦問題

解答時間 **55**分

音声の再生及び得点分布の確認

QRコードを読み取っ
てオンライン解答用
紙に解答を記入し、正
解と得点分布を確認
してください。

聴読解問題
説明

　聴読解問題は，問題冊子に書かれていることを見ながら，音声を聴いて答える問題です。

　<u>問題は一度しか聴けません。</u>

　それぞれの問題の最初に，「ポーン」という音が流れます。これは，「これから問題が始まります」という合図です。

　問題の音声の後，「ポーン」という，最初の音より少し低い音が流れます。これは，「問題はこれで終わりです。解答を始めてください」という合図です。

　選択肢１，２，３，４の中から答えを一つだけ選び，聴読解の解答欄にマークしてください。

1番

先生が，成績評価のつけ方について話しています。この先生が最後にする質問の答えはどれですか。 1

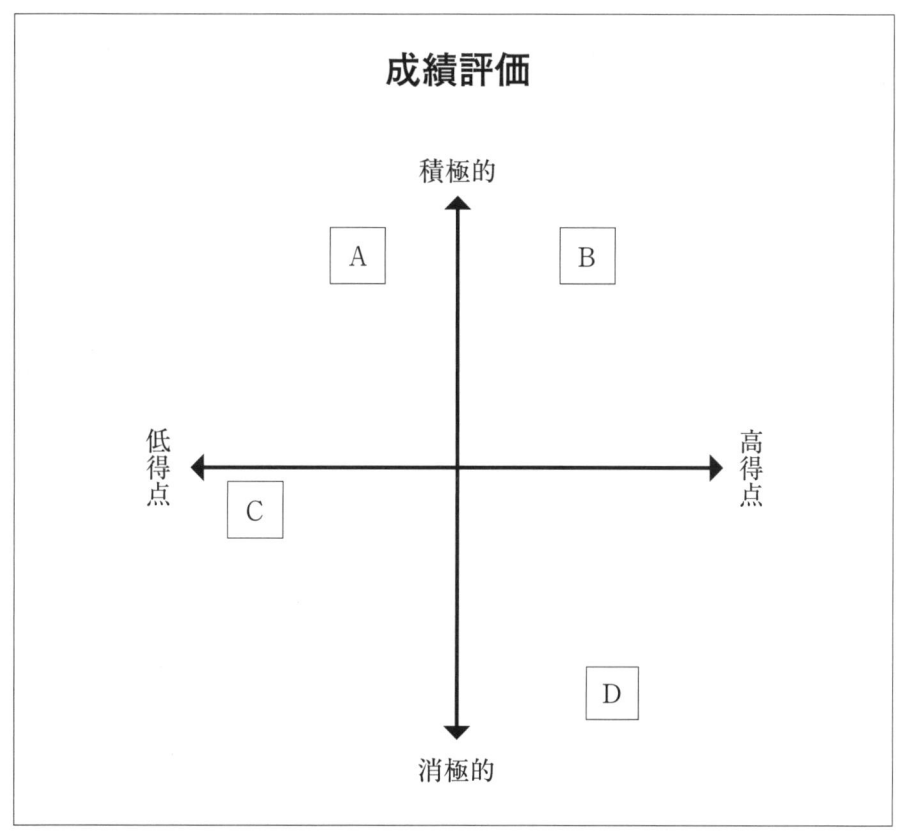

1．B→D→A→C

2．B→A→D→C

3．D→B→A→C

4．D→A→B→C

2番

先生が，生物学の授業で話しています。この先生が話す二酸化炭素の濃度の推移を適切に示しているグラフはどれですか。　　　　　　　　　　 2

1.
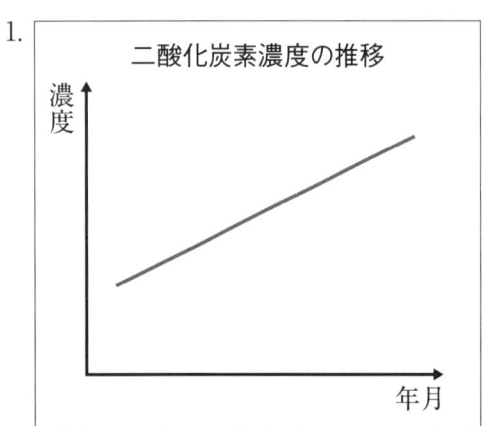

2.
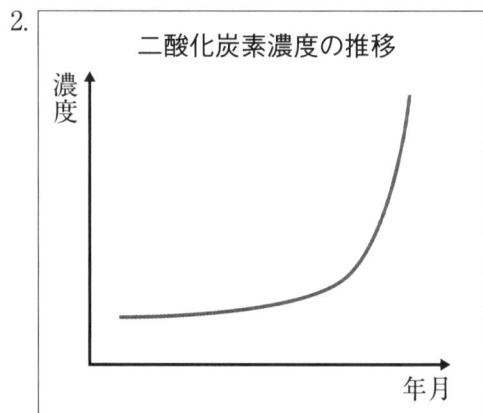

3.
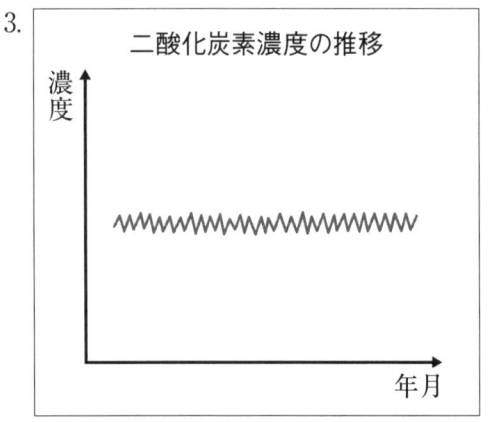

4.
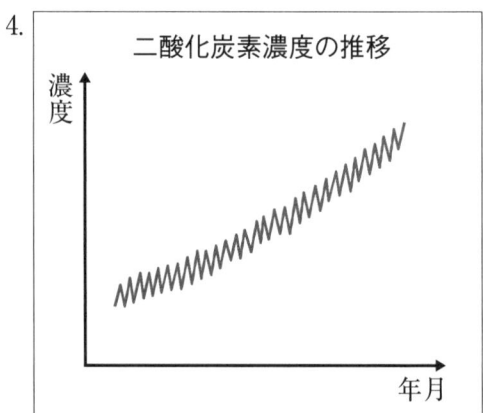

3番

男子学生と女子学生が，大学紹介のパンフレットの印刷部数について話しています。この男子学生は今日，合計で何冊のパンフレットを印刷しますか。　　　3

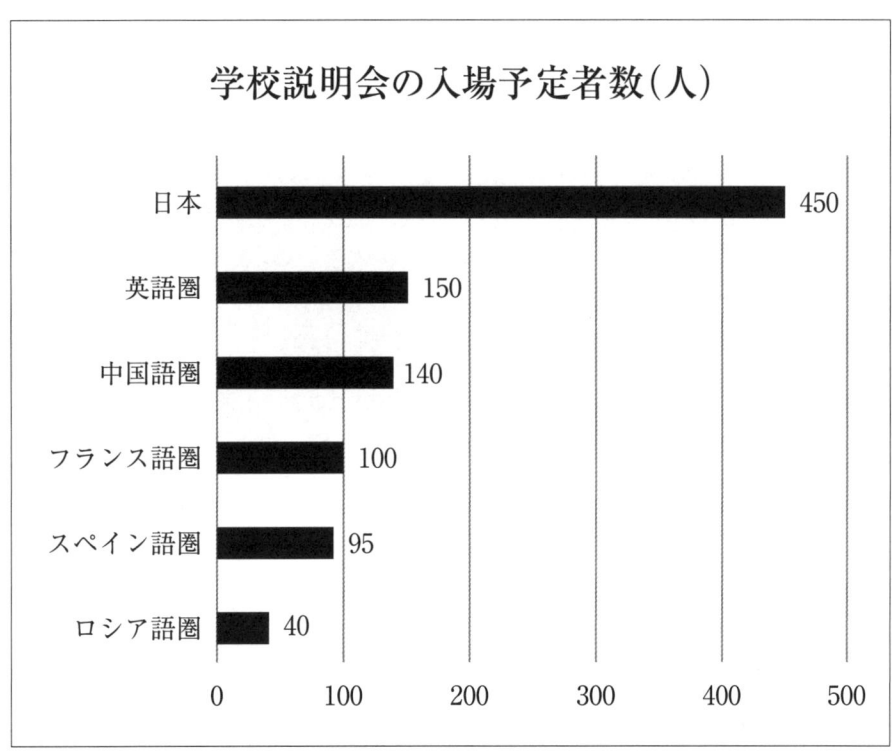

1．190部

2．195部

3．200部

4．600部

4番

　先生が，ネコが自分の名前を聞き分けることができるかについて話しています。実験によると，名前を聞き分けられなかった例を示しているのは図のどの部分ですか。 4

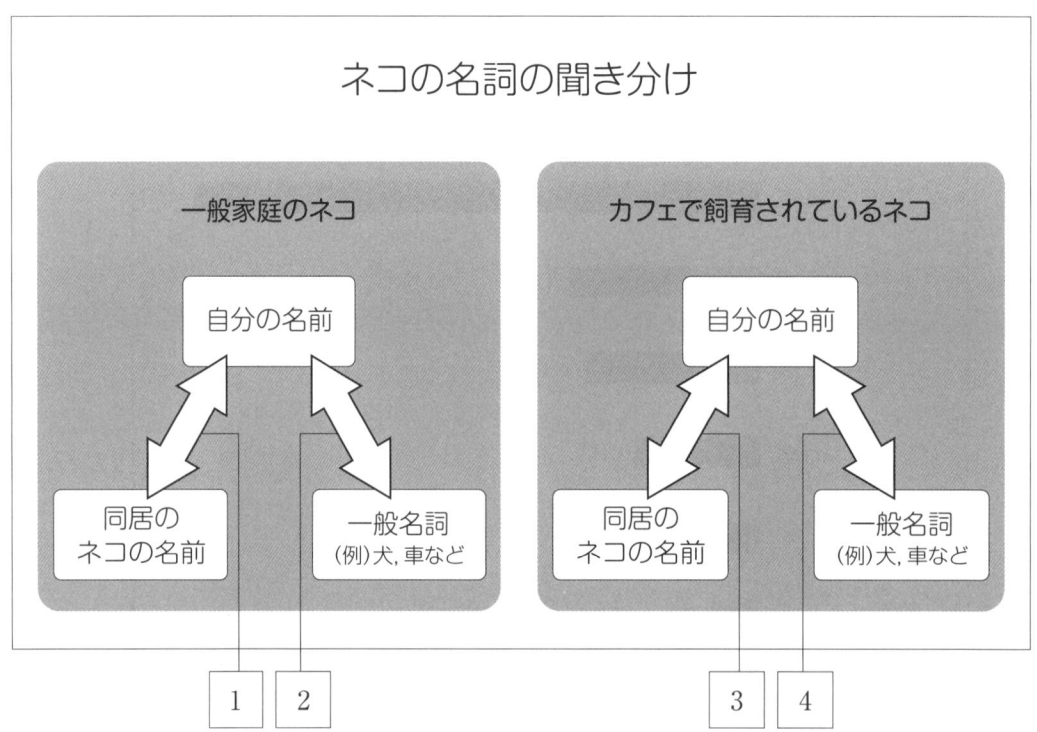

5番

　先生が行政学の授業で，自然環境を再生するための事業について話しています。この先生はどこを見直すべきだと言っていますか。　　　　　5

取り組み	事業主体			
	国	都道府県	市町村	その他
1 — 自然調査	●			
2 — 自然再生事業	●	●		
3 — 環境基金				●
4 — 公園事業	●	●		

6番

　先生が，授業で患者のケアについて話しています。この先生が課題として挙げているのはどの部分のケアですか。　　　　6

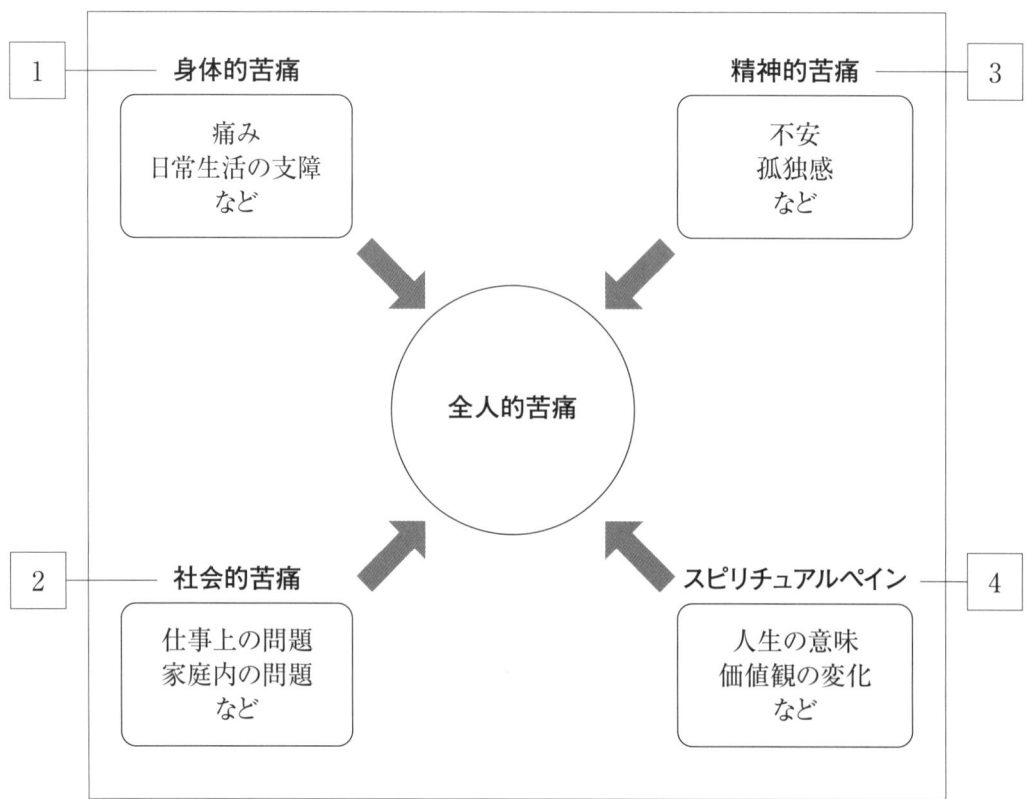

7番

先生が，ある店舗の顧客の購買行動について話しています。この先生が最後にする質問の答えはどれですか。　　　　　7

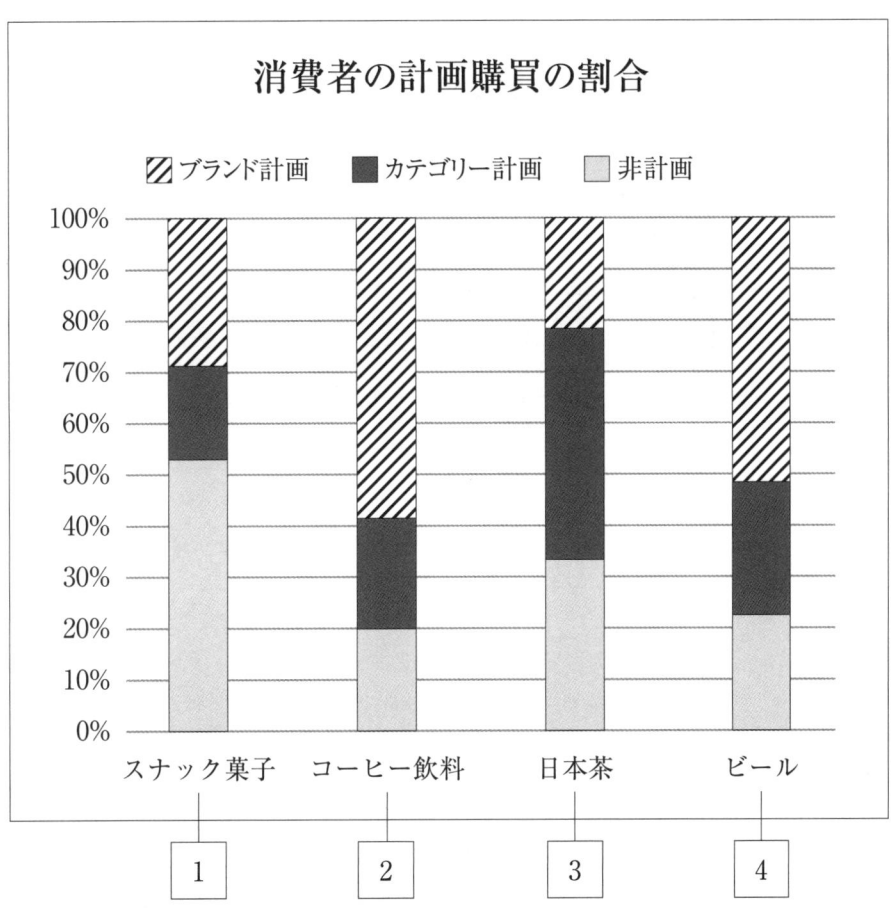

8番

　女子学生と男子学生が，テレワークについて話しています。この女子学生が，このあと詳しく調べようとしているのはどこですか。　8

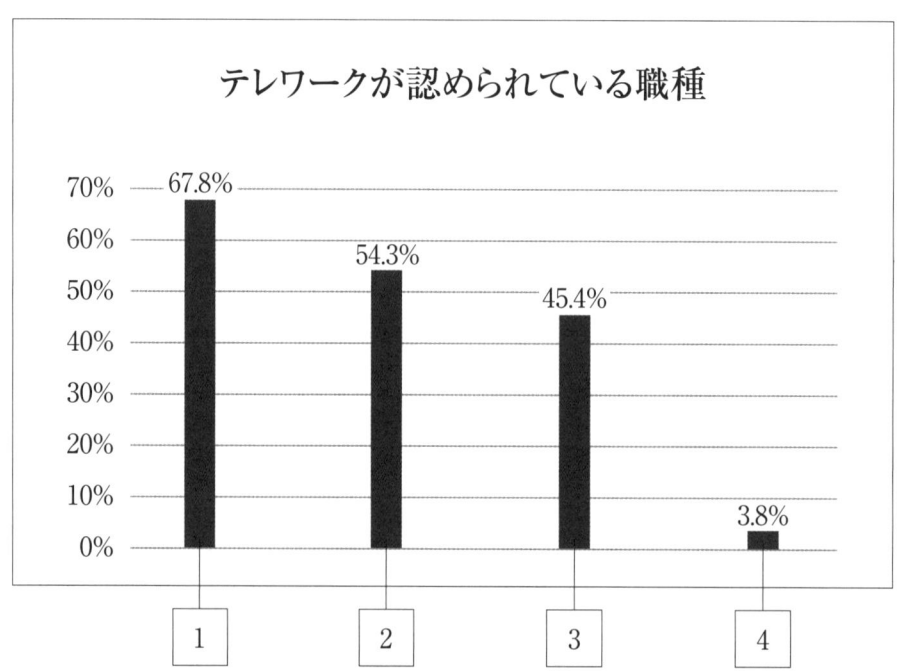

9番

先生が，外来生物の駆除について話しています。この先生によると，駆除を行う区域として適当ではないのは，どの区域ですか。 9

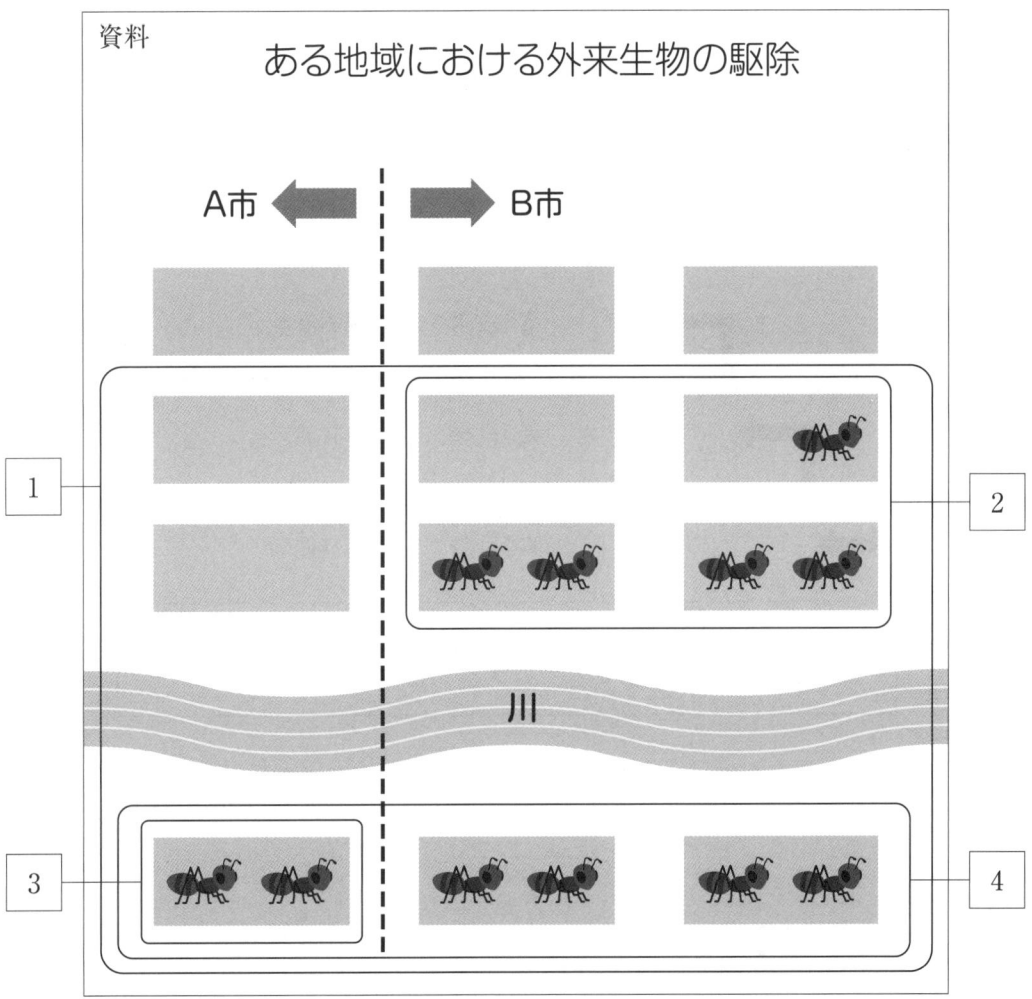

10番

先生が，学習の5段階について話しています。この先生が話の最後に挙げる例は，どの段階からどの段階に進むときのことですか。　　10

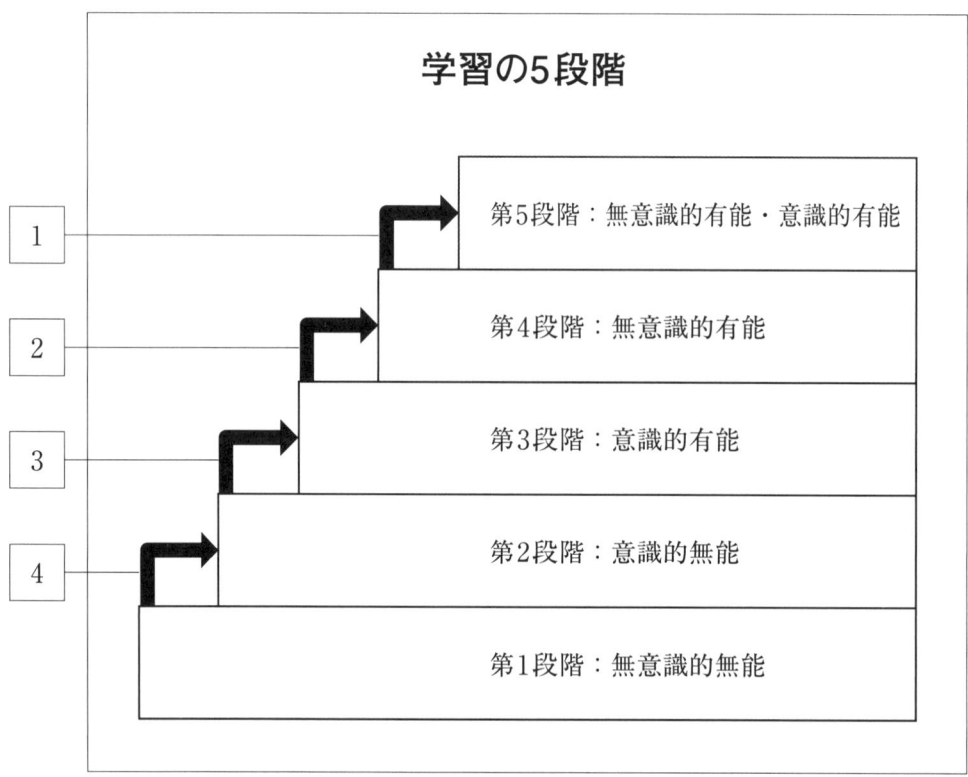

11番

　先生が，食品ロスについて話しています。この先生が最後に挙げる例は，以下のどの業種における施策ですか。　　　　　　　 11

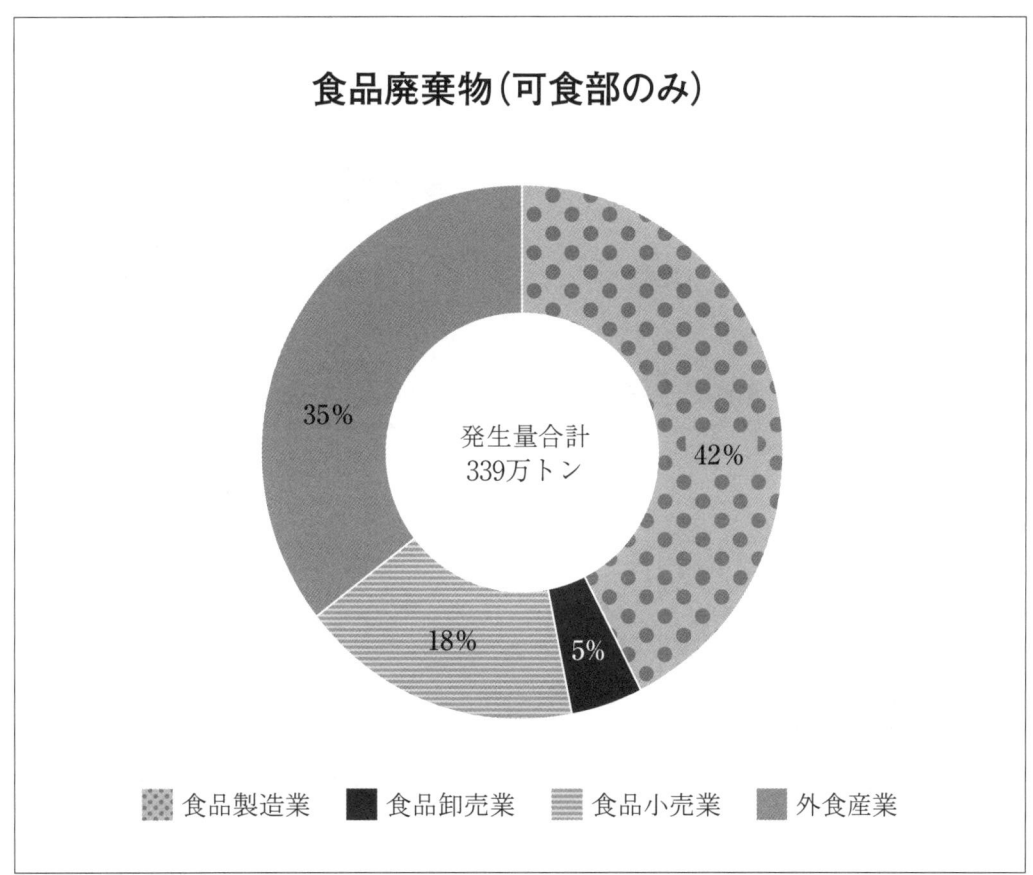

食品廃棄物（可食部のみ）

発生量合計
339万トン

42%

35%

18%

5%

▨ 食品製造業　　■ 食品卸売業　　▥ 食品小売業　　▧ 外食産業

1．食品製造業

2．食品卸売業

3．食品小売業

4．外食産業

12番

　先生が，災害時の情報通信について話しています。この先生によると，通常時と，エリア I の災害時の情報通信を示す正しい組み合わせはどれですか。　　 12

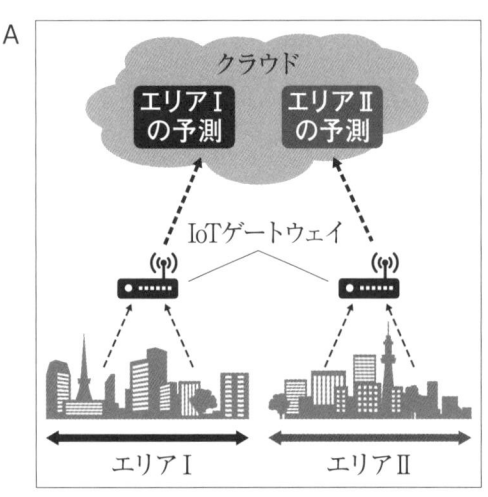
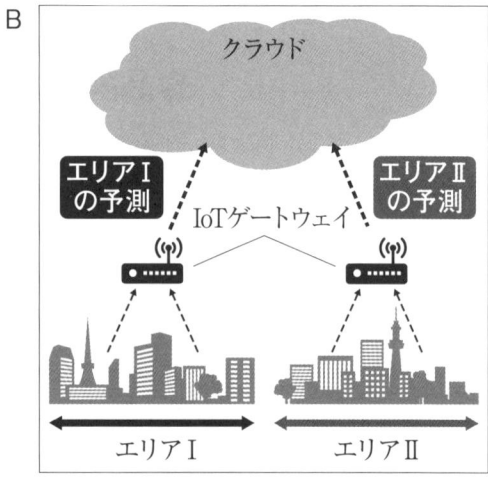
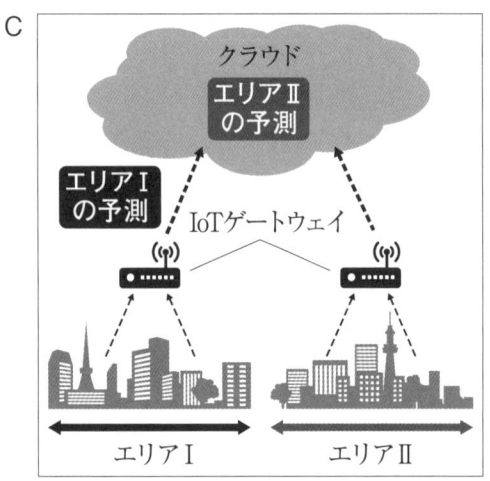
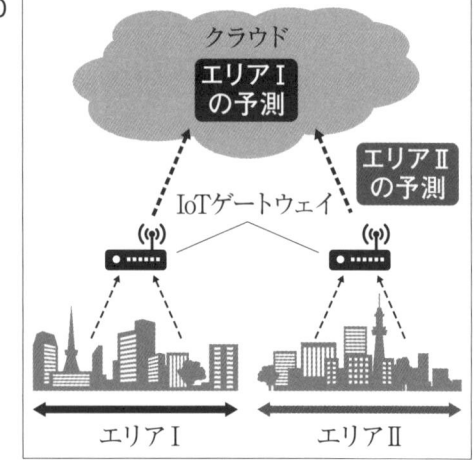

1．通常時：A　　エリア I の災害時：C

2．通常時：A　　エリア I の災害時：D

3．通常時：B　　エリア I の災害時：C

4．通常時：B　　エリア I の災害時：D

聴解問題
説明

聴解問題は，音声を聴いて答える問題です。問題も選択肢もすべて音声で示されます。問題冊子には，何も書かれていません。

問題は一度しか聴けません。

このページのあとに，メモ用のページが 1 ページあります。音声を聴きながらメモをとるのに使ってもいいです。

聴解の解答欄には，『正しい』という欄と『正しくない』という欄があります。選択肢 1，2，3，4 の一つ一つを聴くごとに，正しいか正しくないか，マークしてください。正しい答えは一つです。

― メ　モ ―

第 6 回の問題はこれで終わりです。
解答は p.282 を参照してください。

第8回

実戦問題

解答時間 **55**分

音声の再生及び得点分布の確認

QRコードを読み取っ
てオンライン解答用
紙に解答を記入し、正
解と得点分布を確認
してください。

聴読解問題
説明

聴読解問題は，問題冊子に書かれていることを見ながら，音声を聴いて答える問題です。

<u>問題は一度しか聴けません。</u>

それぞれの問題の最初に，「ポーン」という音が流れます。これは，「これから問題が始まります」という合図です。

問題の音声の後，「ポーン」という，最初の音より少し低い音が流れます。これは，「問題はこれで終わりです。解答を始めてください」という合図です。

選択肢 1，2，3，4 の中から答えを一つだけ選び，聴読解の解答欄にマークしてください。

1番

　先生が，心理学の授業で話しています。この先生の話によると，最も適切なアンケートの選択肢はどれですか。　　　　　　　　　　　　　　　 1

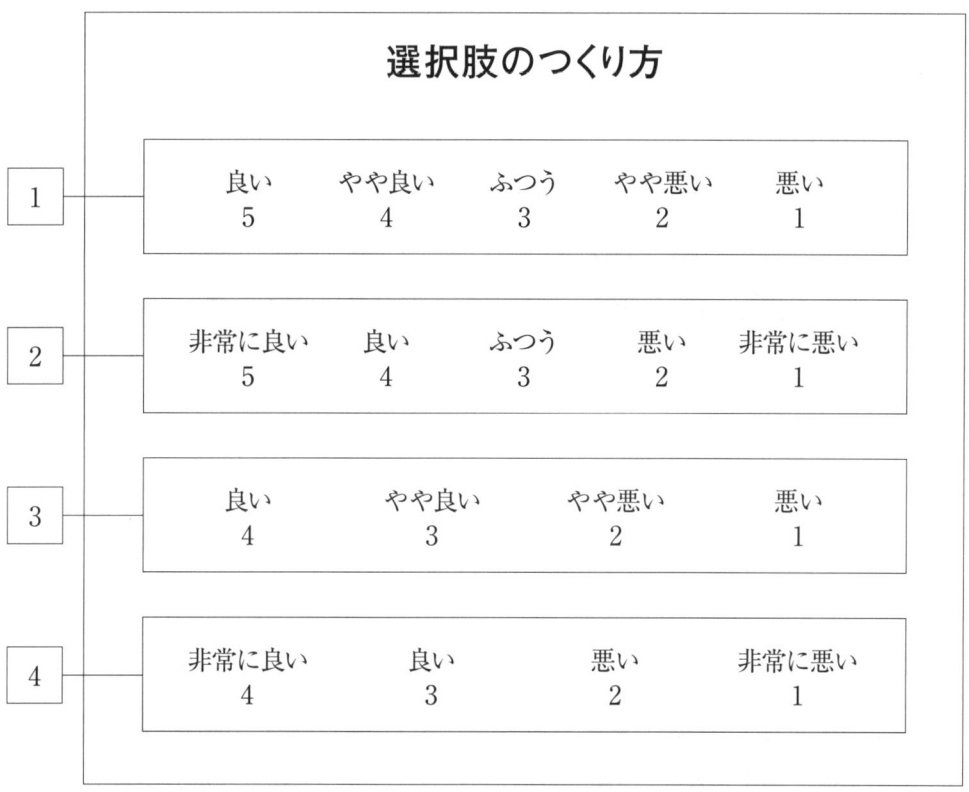

2番

　先生が，子どもに対する動画の影響について話しています。この先生が話している内容を適切に示しているグラフはどれですか。 2

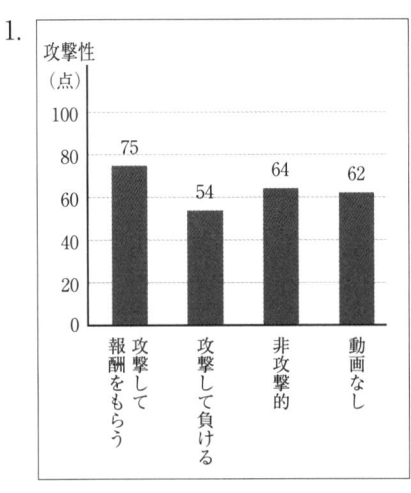

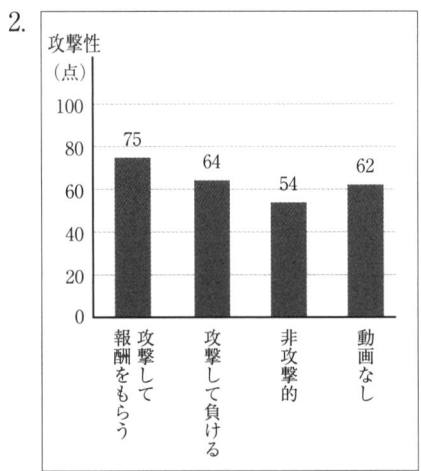

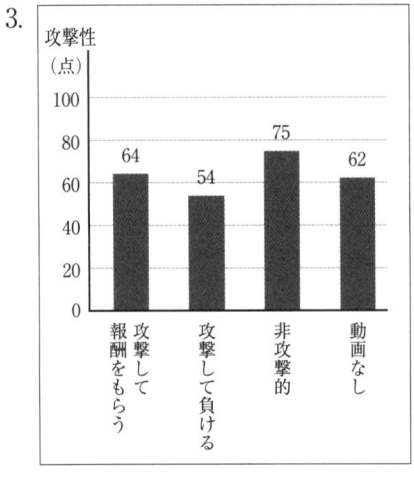

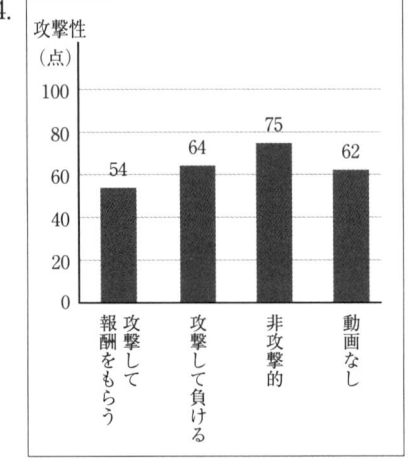

3番

先生が文化学の授業で，寺院の建物の配置について話しています。この先生が見学した
寺院の，建物の配置はどれですか。 3

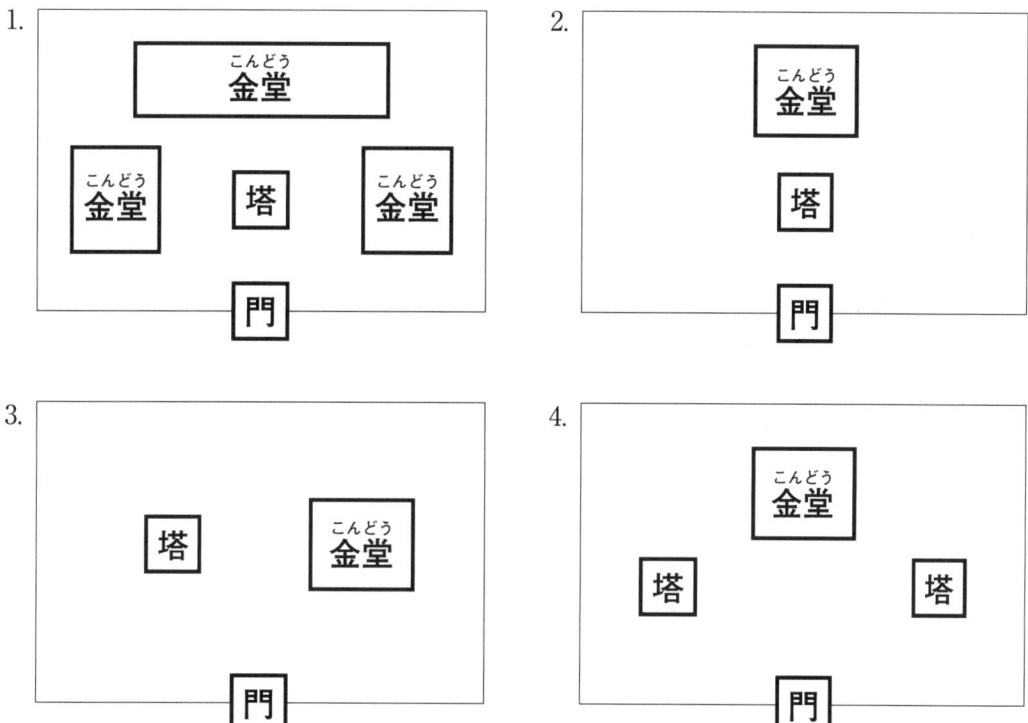

4番

　男子学生と女子学生が，資料を見ながら経営の傾向について話しています。この女子学生は，現在は経営の傾向がどの矢印の方向に変化したと考えていますか。　　4

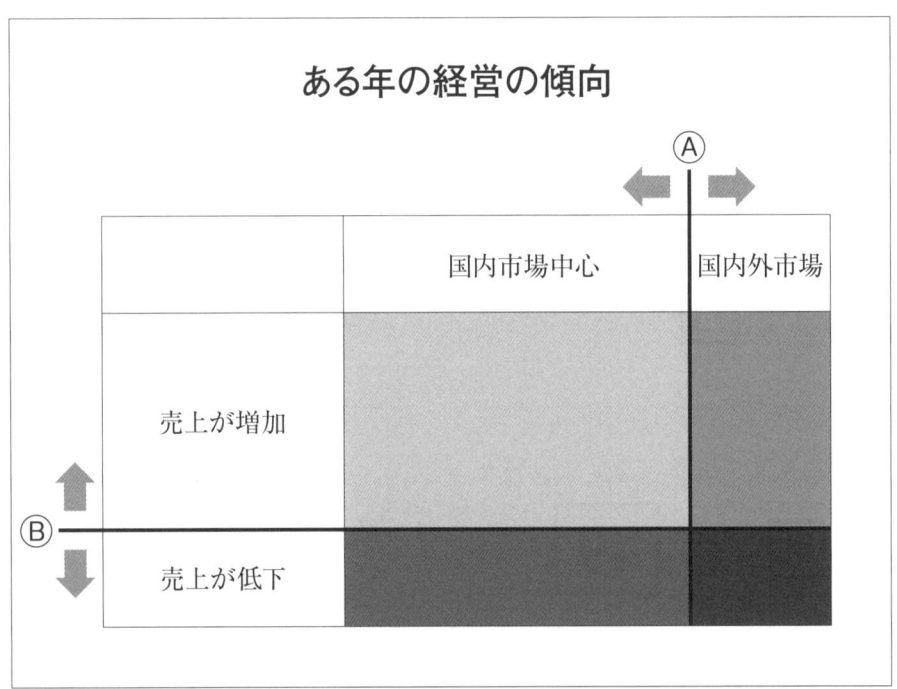

1．Ⓐが左に移動している。

2．Ⓐが右に移動している。

3．Ⓑが上に移動している。

4．Ⓑが下に移動している。

5番

先生が，教育学の授業で，絵本の読み聞かせについて話しています。この先生が最後にする質問の答えはどれですか。　　　　　　　　　　　　　　　　　　　　5

1.

絵本名「山の上のこども」

☆☆☆☆☆

子どものお気に入りの絵本です。

まだお話を理解できていませんが，絵をじっと見て楽しんでいます。

2.

絵本名「楽しいレストラン」

☆☆☆☆☆

いつもこの出版社の絵本を買っています。

我が家の娘は，食べ物が出る場面になると自分も食べる真似をします。

3.

絵本名「ネコがやってきた」

☆☆☆

いつも楽しく読み聞かせしています。

我が子は登場人物の気持ちに合わせて不安になったり，驚いたりしています。

4.

絵本名「川の流れるところ」

☆☆☆☆

子どもの教育にもいい本だと思います。

私の息子は絵本に出てきたものと同じものをみつけると，指をさして教えてくれます。

6番

先生が生物学の授業で，カクレクマノミという魚について話しています。この先生によると，カクレクマノミが海水の酸性化の影響を大きく受けるのは，図のどの過程ですか。

6

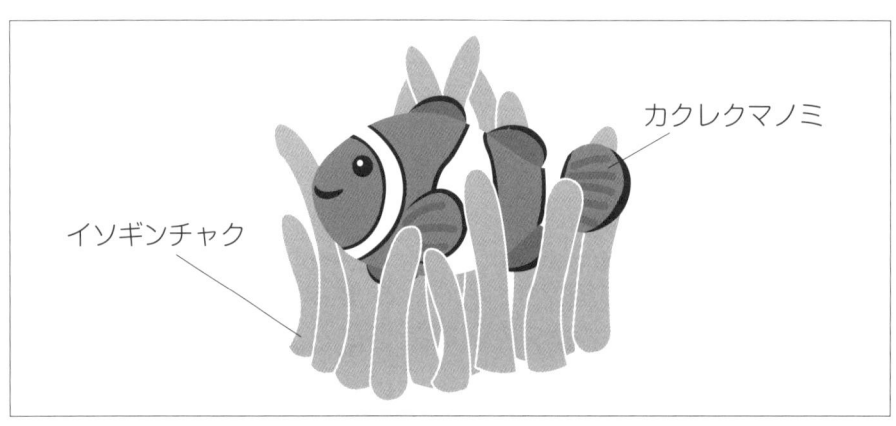

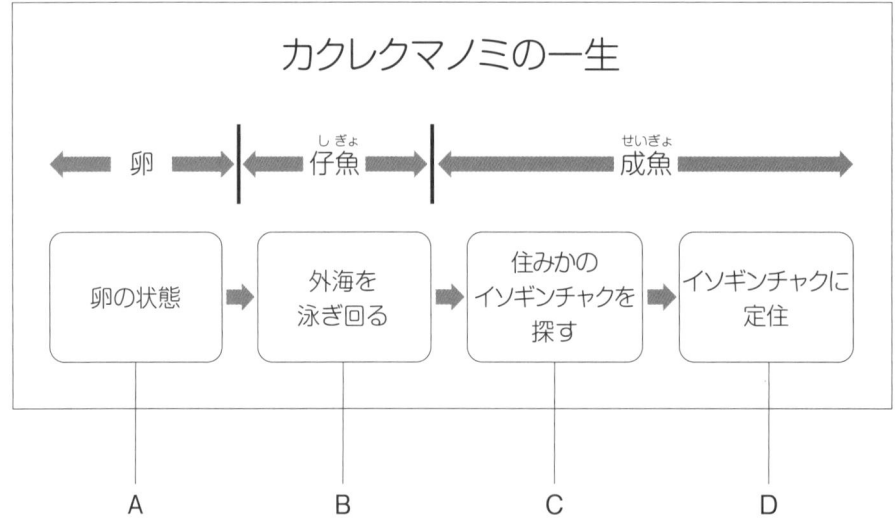

1．A, B, C

2．B, C, D

3．C, D

4．A, C, D

7 番

先生が，経営学の授業で話しています。この先生が話している企業の事業分析を示しているのは，どの図ですか。 7

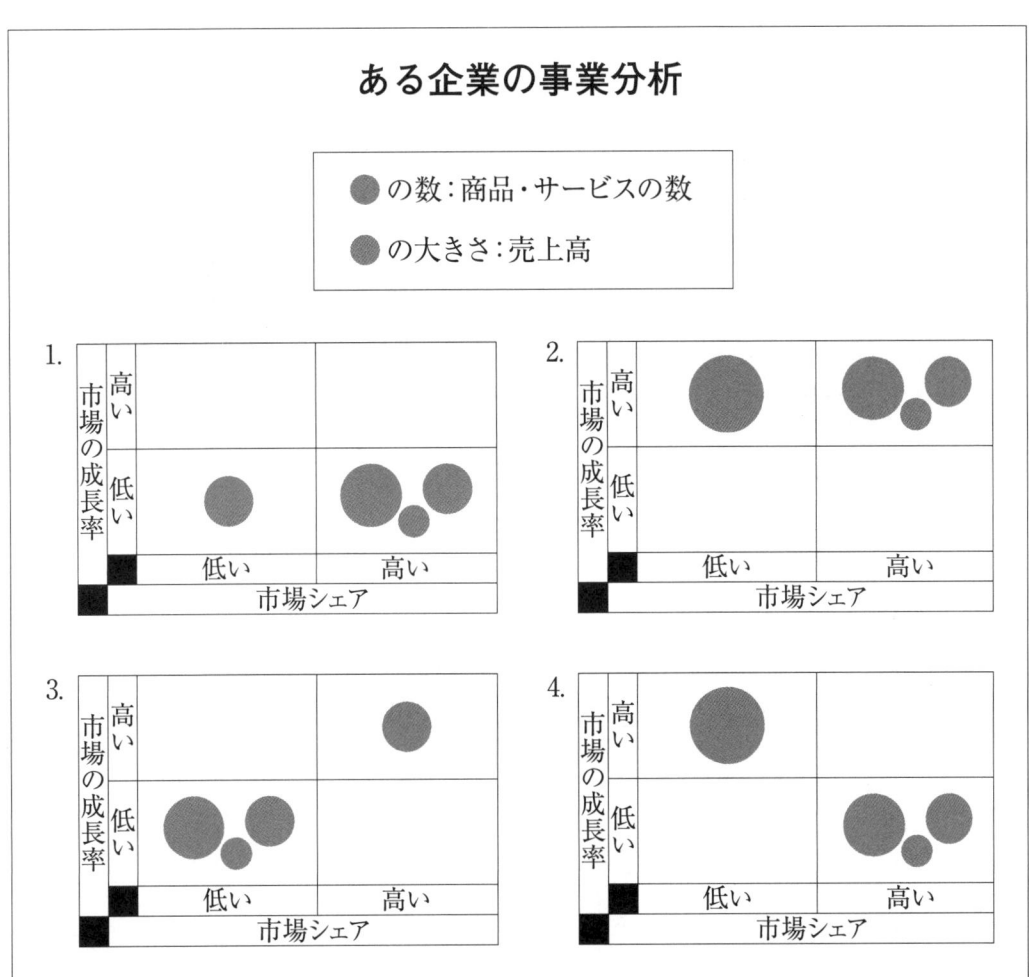

8 番

　先生が，生き物を捕る方法について話しています。この先生の話によると，巻き狩り猟における射手は，図のどの部分と同じ役割を果たしていますか。　8

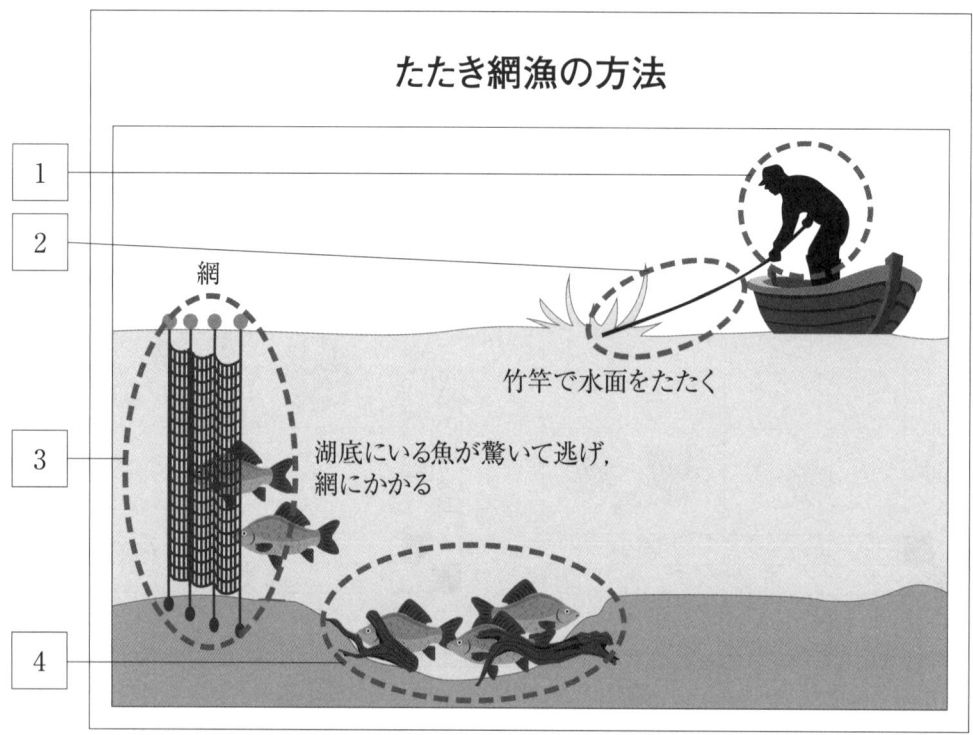

たたき網漁の方法

1

2

網

竹竿で水面をたたく

3

湖底にいる魚が驚いて逃げ，網にかかる

4

9 番

大学職員が，学生への情報伝達について話しています。現在この大学は，どのように学生に情報を伝達していますか。

9

1.

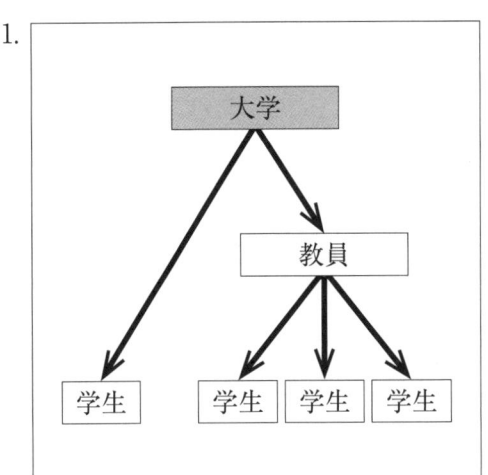

2.

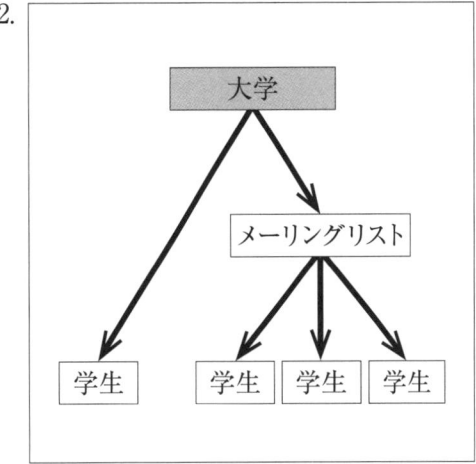

3.

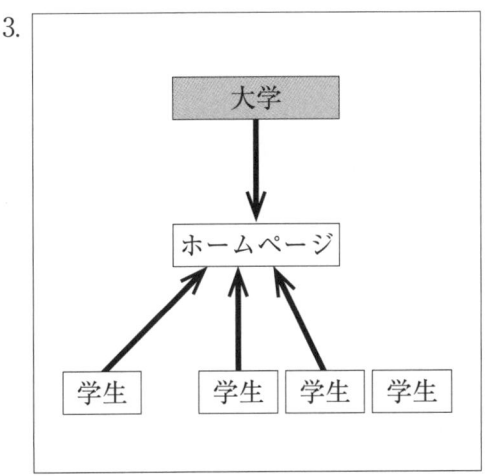

4.

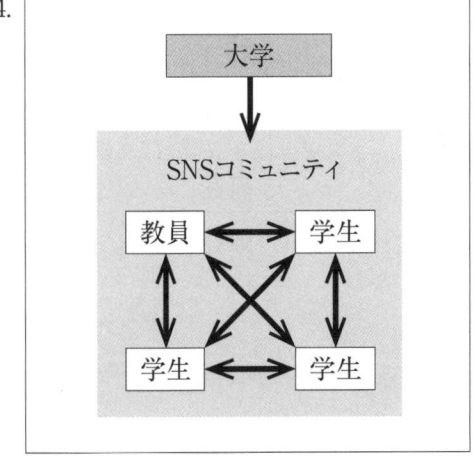

10番

　男子学生と女子学生が，植物を用いた実験の結果について話しています。この二人の学生が行った実験結果を表にすると，どうなりますか。　　10

1.

	蜜	細菌の量
雄花 おばな	薄い うす	多い
雌花 めばな	濃い こ	少ない

2.

	蜜	細菌の量
雄花	濃い	多い
雌花	薄い	多い

3.

	蜜	細菌の量
雄花	薄い	多い
雌花	濃い	多い

4.

	蜜	細菌の量
雄花	濃い	少ない
雌花	薄い	多い

11番

先生が，ネズミという動物について話しています。この先生の話によると，個体数が減少したネズミの種類とそのネズミの生息地の組み合わせとして正しいものはどれですか。

11

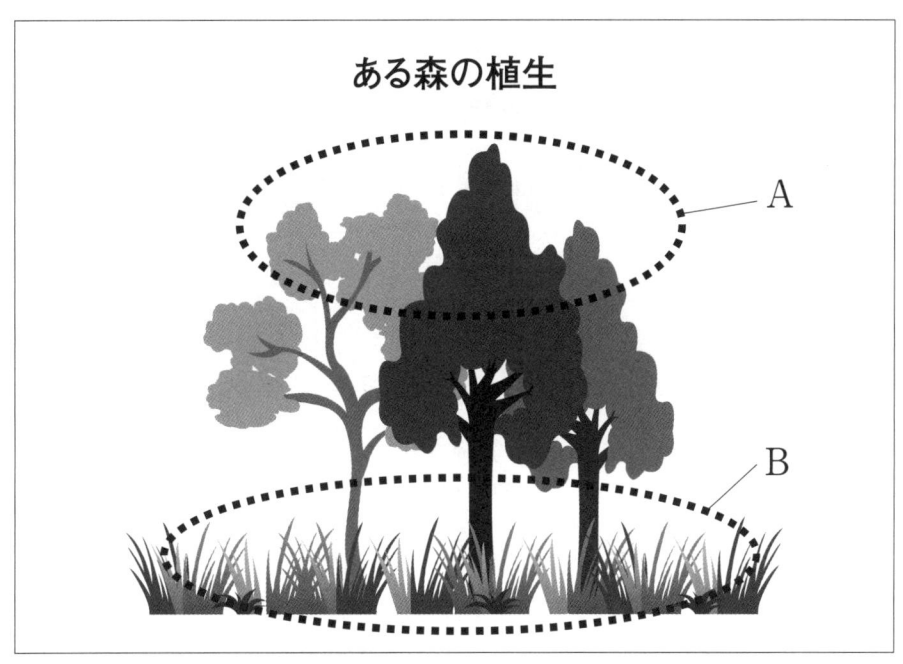

	種類	生息地
1	アカネズミ	A
2	アカネズミ	B
3	ヒメネズミ	A
4	ヒメネズミ	B

12番

　先生が，列車の乗り降りをするホームに設置するホームドアについて話しています。この先生によると，資料の空欄A，B，Cに入る言葉として正しい組み合わせはどれですか。

12

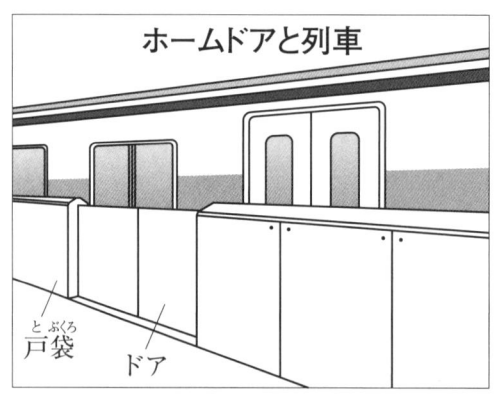

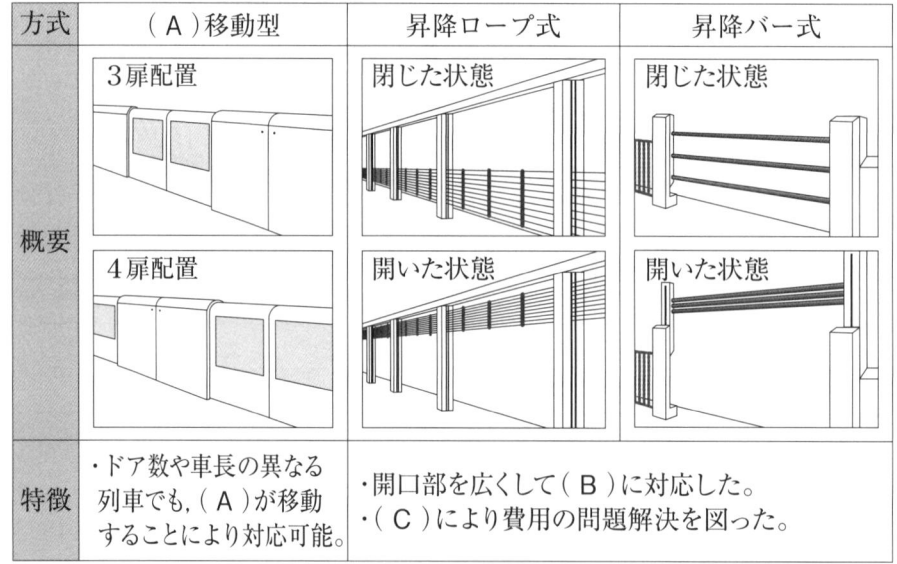

1．A：戸袋　　　　B：複数種類の列車　　C：軽量化

2．A：戸袋　　　　B：停車位置のずれ　　C：ホームの補強

3．A：列車位置　　B：複数種類の列車　　C：ホームの補強

4．A：列車位置　　B：停車位置のずれ　　C：軽量化

聴解問題
説明

　聴解問題は，音声を聴いて答える問題です。問題も選択肢もすべて音声で示されます。問題冊子には，何も書かれていません。

　<u>問題は一度しか聴けません。</u>

　このページのあとに，メモ用のページが 1 ページあります。音声を聴きながらメモをとるのに使ってもいいです。

　聴解の解答欄には，『正しい』という欄と『正しくない』という欄があります。選択肢 1，2，3，4 の一つ一つを聴くごとに，正しいか正しくないか，マークしてください。正しい答えは一つです。

― メ モ ―

第7回の問題はこれで終わりです。

解答はp.282を参照してください。

実戦問題

解答時間 **55** 分

聴読解問題
説明

　聴読解問題は，問題冊子に書かれていることを見ながら，音声を聴いて答える問題です。

　<u>問題は一度しか聴けません。</u>

　それぞれの問題の最初に，「ポーン」という音が流れます。これは，「これから問題が始まります」という合図です。
　問題の音声の後，「ポーン」という，最初の音より少し低い音が流れます。これは，「問題はこれで終わりです。解答を始めてください」という合図です。

　選択肢1，2，3，4の中から答えを一つだけ選び，聴読解の解答欄にマークしてください。

1 番

先生が環境学の授業で，自然の保護について話しています。この先生の話によると，この大学の近くで行われている活動はどれにあたりますか。 1

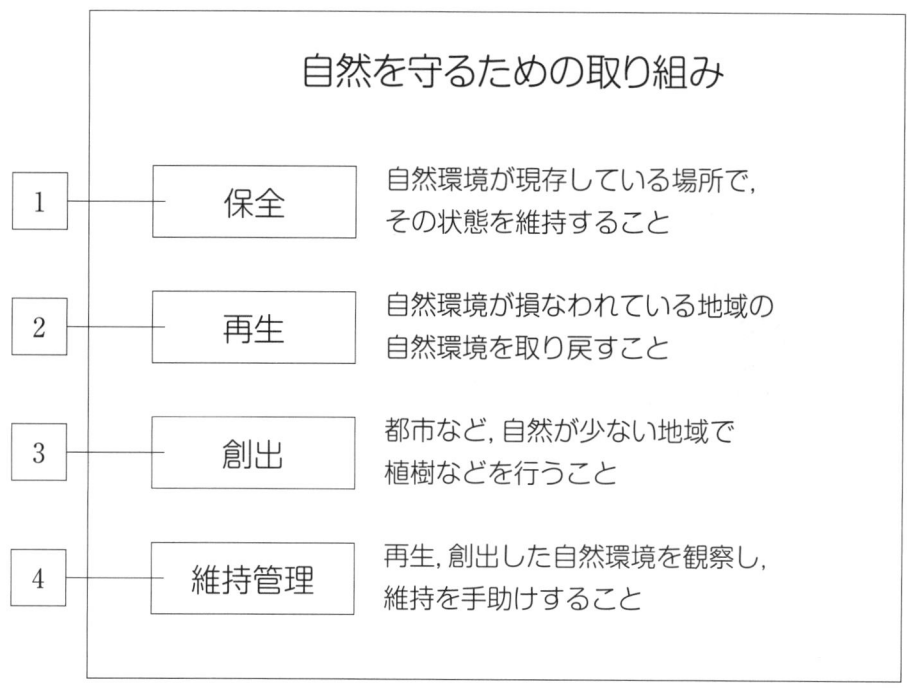

2番

先生が，生物学の授業で，ペンギンという鳥に関する実験について話しています。先生が最後にする質問の答えはどれですか。 2

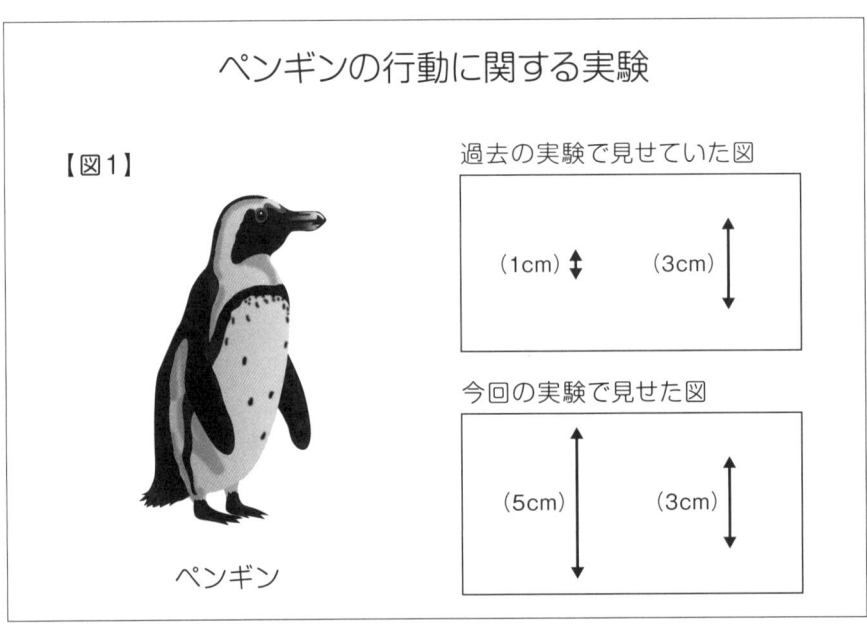

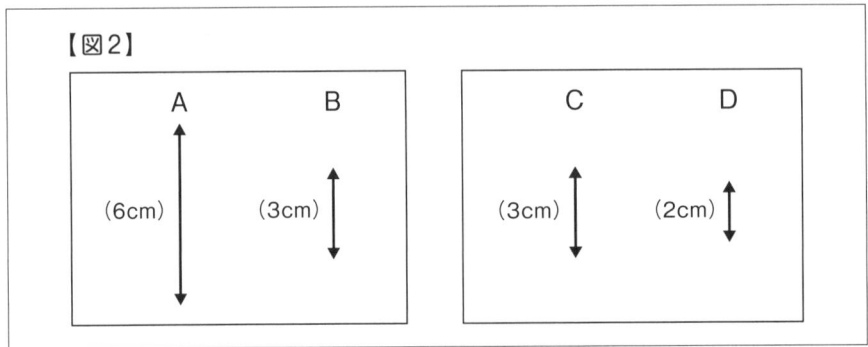

1．AとC

2．AとD

3．BとC

4．BとD

3番

　男子学生と女子学生が，昨日吹いた風について話しています。この二人の話から，昨日の風の強さは，「風の強さと吹き方」を示す表のどの風速だったと考えられますか。　3

	平均風速 [m/s]	人への影響	樹木への影響	車での走行	建物への影響
1	10以上15未満	・風に向かって歩きにくい	・樹木が揺れる	・横風の影響を受ける	・物が飛び始める
2	15以上20未満	・風により転倒する可能性もある	・小枝が折れる	・通常の速度では困難が生じる	・雨戸が壊れる
3	20以上25未満	・何かにつかまる必要がある			・風で飛ばされた物でガラスが壊れる
4	25以上30未満	・屋外で行動するのは危険	・樹木が倒れる	・車の運転は危険	・ブロック塀が壊れる
	30以上				・屋根が飛ばされる

風の強さと吹き方

4番

　先生が医学の授業で，終末期の身体機能について話しています。この先生が，終末期に対応することが困難であると考えているのはどれですか。　4

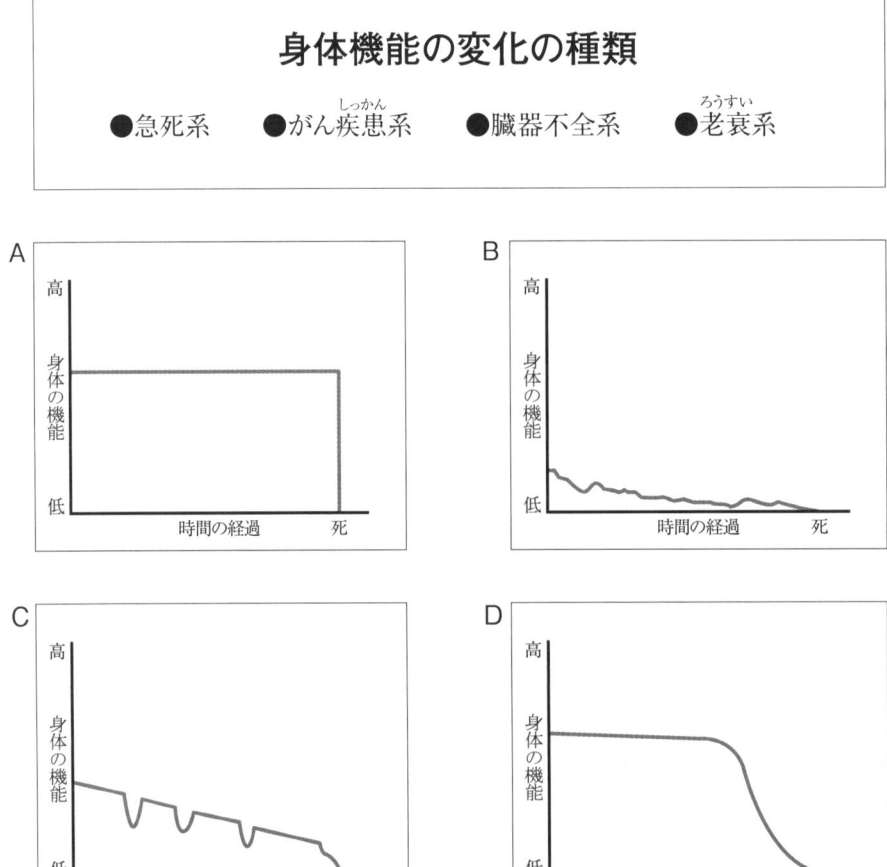

1．AとB

2．BとC

3．CとD

4．AとD

5番

　先生が授業で，会話の形について話しています。この先生が最後に挙げる例は，図のどれにあたりますか。 ⬚5

三角形ゲームの例

	迫害者	犠牲者	救済者
1	父	息子	母
2	息子	母	父
3	母	息子	父
4	父	母	息子

6 番

　先生が社会学の授業で，新しい技術の普及について話しています。この先生が注目していた技術は，現在，図のどこの段階にあると考えられますか。　　　　　6

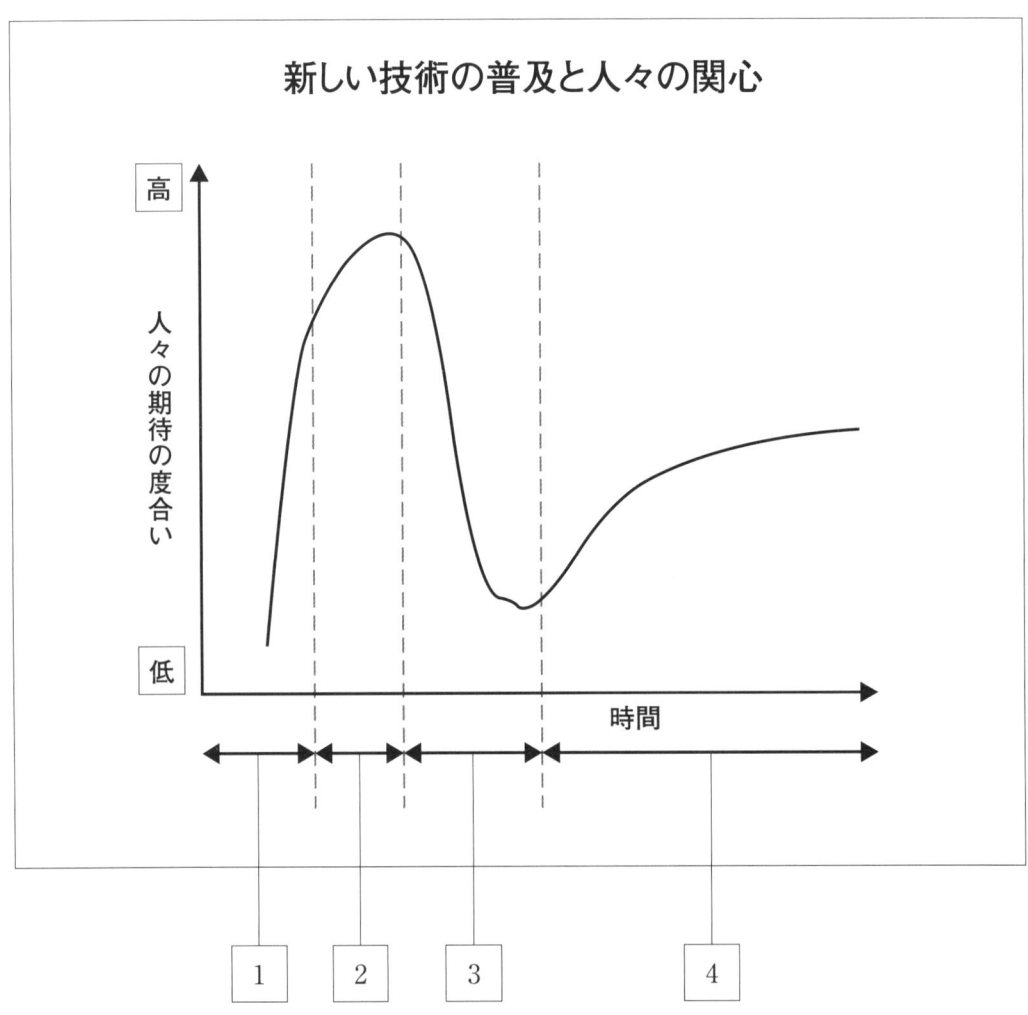

7番

先生が日本文化の授業で，地鎮祭（じちんさい）という日本の儀式について話しています。この先生が，日本の文化を特に表していると考えているのはどの部分ですか。　　7

1.

2.

3.
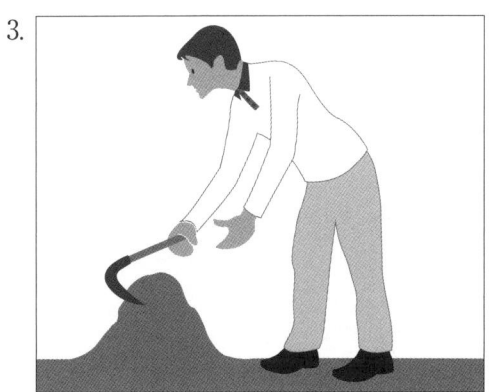

4.

8番

女子学生と男子学生が, 鳩という鳥による被害について話しています。この女子学生の
自宅はどのレベルに当てはまりますか。 $\boxed{8}$

鳩による被害のレベル

	レベル		状況	被害
$\boxed{1}$ ──	レベル1	休憩	・明るい時間に休む ・滞在時間は比較的短い	・軽度の騒音 ・軽度の糞汚れ
$\boxed{2}$ ──	レベル2	待機	・ベランダの床面にまで侵入 ・長時間滞在する	・軽度の騒音 ・糞汚れ
$\boxed{3}$ ──	レベル3	ねぐら	・安全な場所と認識 ・夜にも長時間滞在	・早朝・夜の騒音 ・重度の糞汚れ
$\boxed{4}$ ──	レベル4	巣作り	・巣として利用し始める	・早朝・夜の騒音 ・重度の糞汚れ

9 番

　先生が，農家でのハチという昆虫の飼育について話しています。この先生によると，表の農作物の場合，代用花粉を使う必要があるのはどの時期ですか。 9

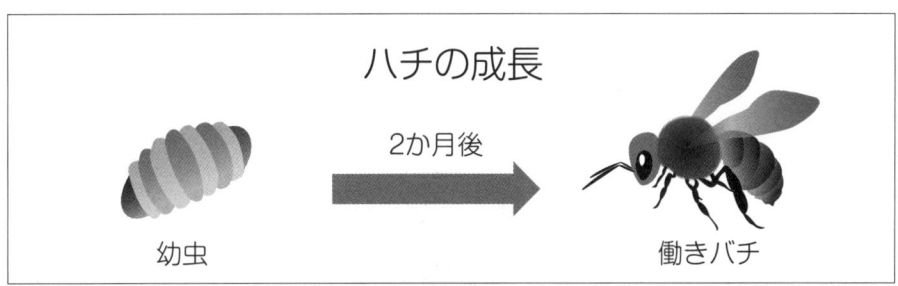

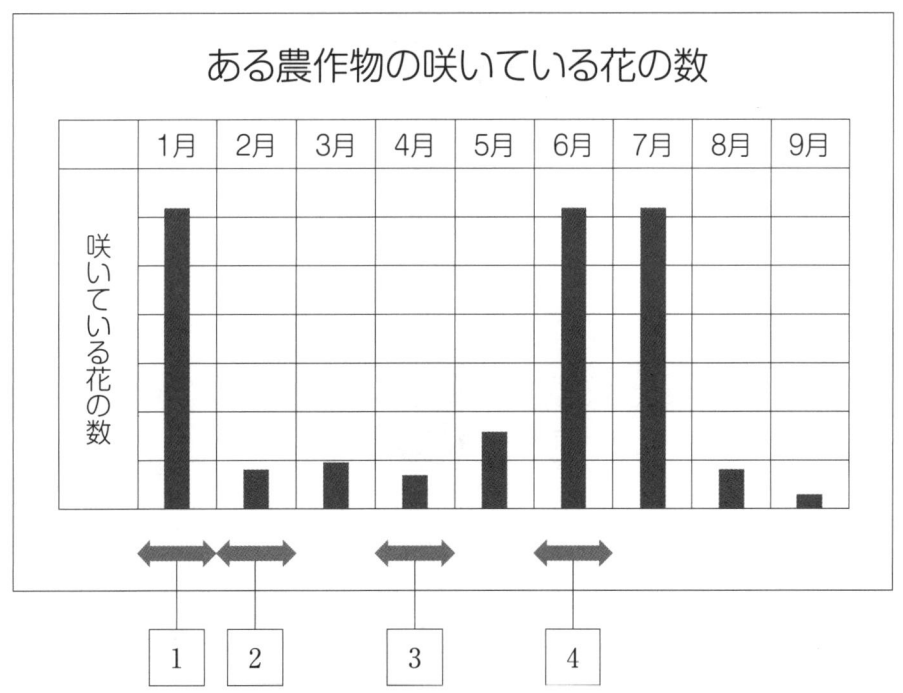

10番

　先生が，自動運転に用いるセンサーについて話しています。この先生が，このあと詳しく説明するのは，図のどの部分に関することですか。 | 10 |

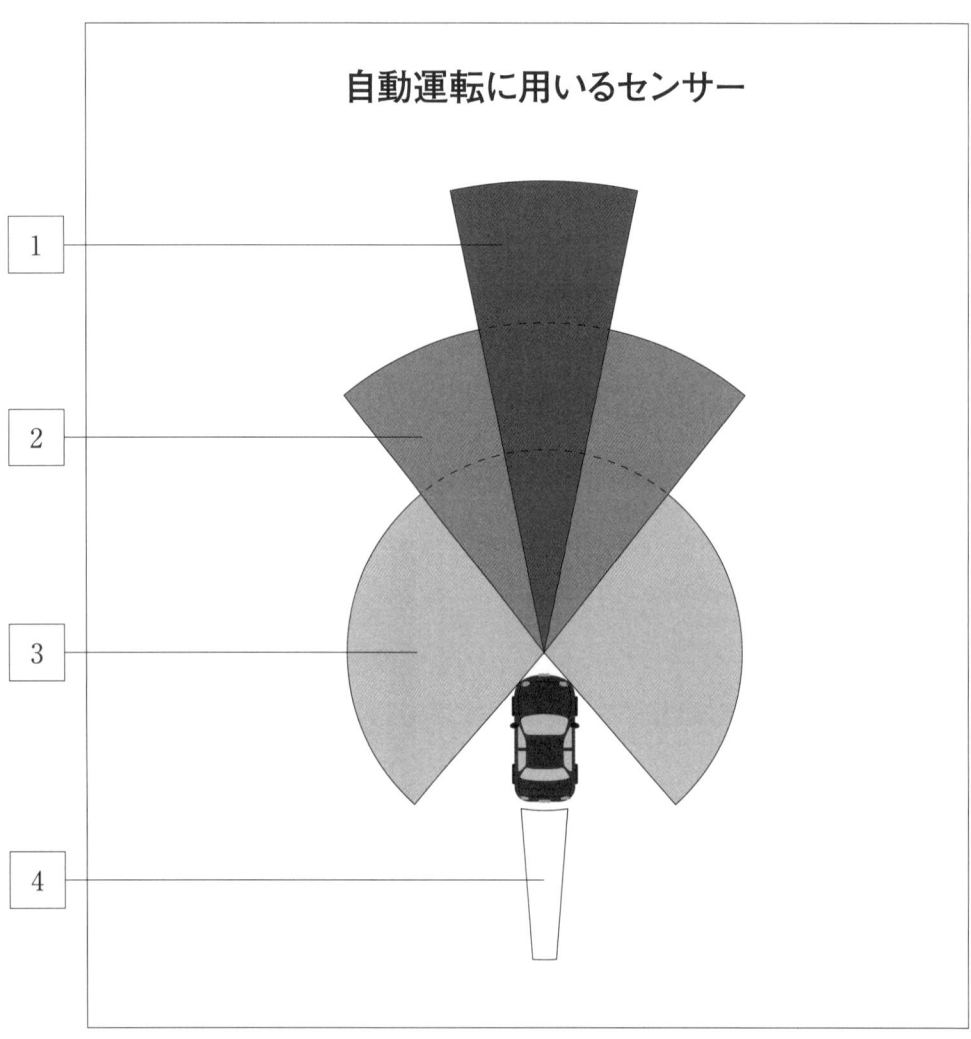

11番

　先生が教育学の授業で，親の養育態度について話しています。この先生が話している，親の養育態度の変化はどれですか。　　　　　　　　　　　　　　11

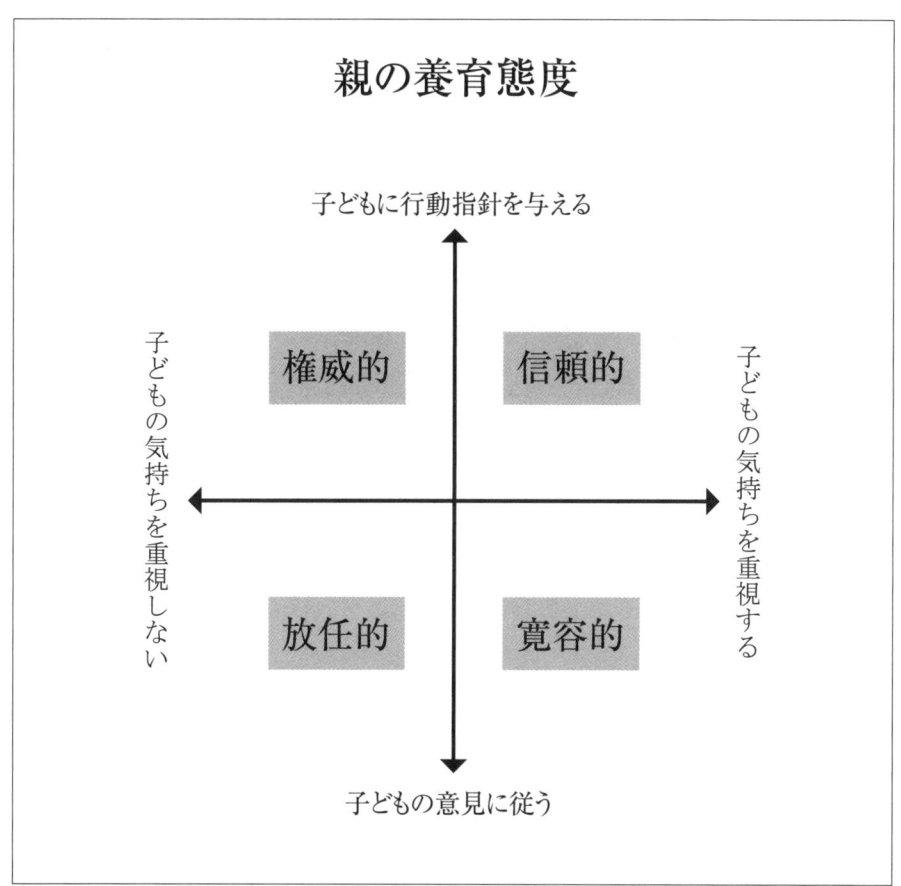

1．権威的→寛容的

2．権威的→信頼的

3．信頼的→放任的

4．信頼的→寛容的

12番

　先生が心理学の授業で，見取り図を見せながら話しています。この先生が最後にする質問の答えはどれですか。　　　　　| 12 |

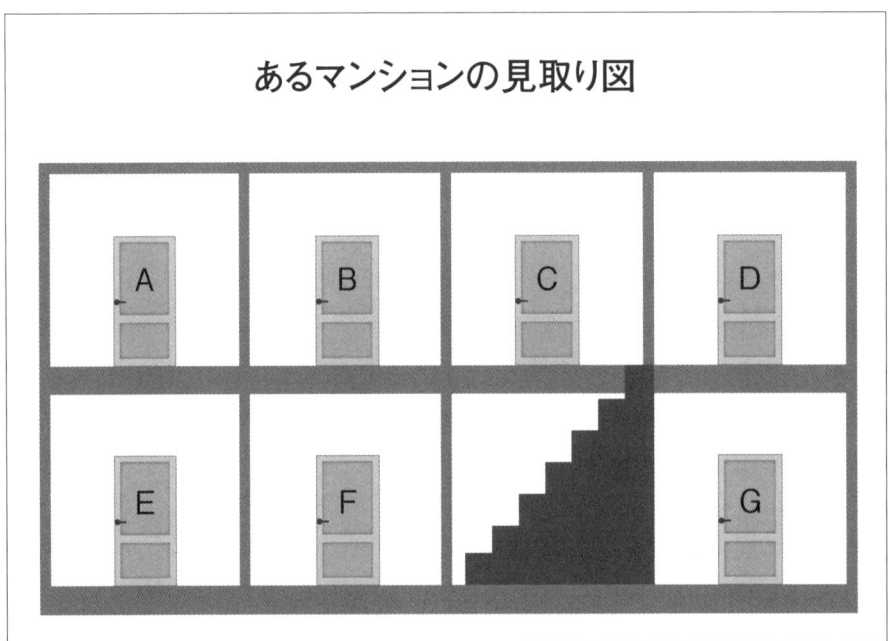

1．部屋Bの住人

2．部屋Cの住人

3．部屋Eの住人

4．部屋Gの住人

聴解問題
説明

　聴解問題は，音声を聴いて答える問題です。問題も選択肢もすべて音声で示されます。問題冊子には，何も書かれていません。

　<u>問題は一度しか聴けません。</u>

　このページのあとに，メモ用のページが1ページあります。音声を聴きながらメモをとるのに使ってもいいです。

　聴解の解答欄には，『正しい』という欄と『正しくない』という欄があります。選択肢1，2，3，4の一つ一つを聴くごとに，正しいか正しくないか，マークしてください。正しい答えは一つです。

― メ　モ ―

第 8 回の問題はこれで終わりです。

解答は p.282 を参照してください。

第**9**回

実戦問題

解答時間 55分

音声の再生及び得点分布の確認

QRコードを読み取っ
てオンライン解答用
紙に解答を記入し、正
解と得点分布を確認
してください。

聴読解問題

説明

　　聴読解問題は，問題冊子に書かれていることを見ながら，音声を聴いて答える問題です。

　　問題は一度しか聴けません。

　　それぞれの問題の最初に，「ポーン」という音が流れます。これは，「これから問題が始まります」という合図です。

　　問題の音声の後，「ポーン」という，最初の音より少し低い音が流れます。これは，「問題はこれで終わりです。解答を始めてください」という合図です。

　　選択肢１，２，３，４の中から答えを一つだけ選び，聴読解の解答欄にマークしてください。

1番

先生が，人間の行動習慣の変化について話しています。この先生は，どの段階からどの段階への変化が難しいと言っていますか。 　　1

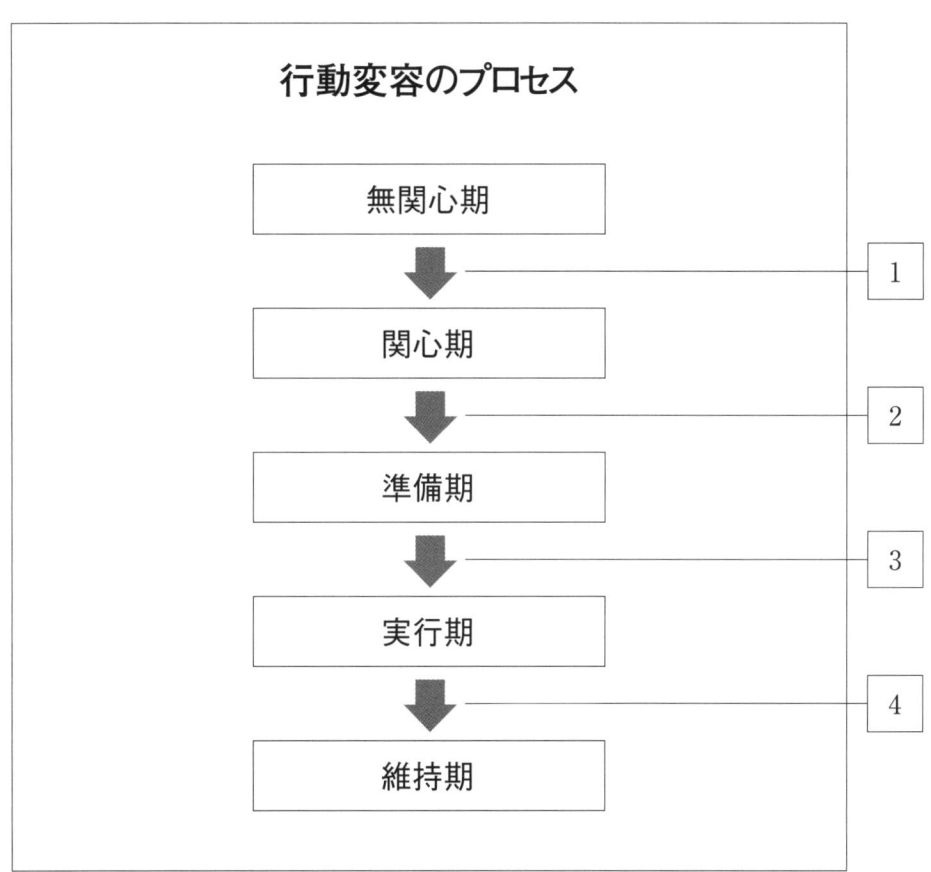

2番

　先生が観光学の授業で，エコツアーについて話しています。この先生が最後にする質問の答えはどれですか。　　　　 2

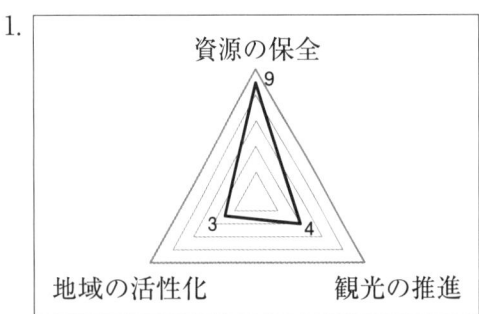

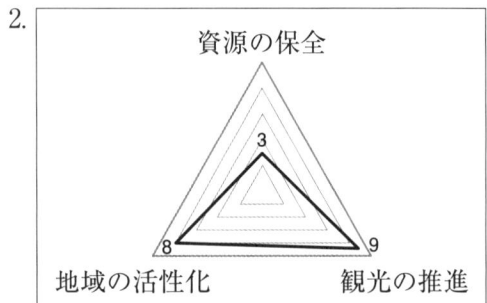

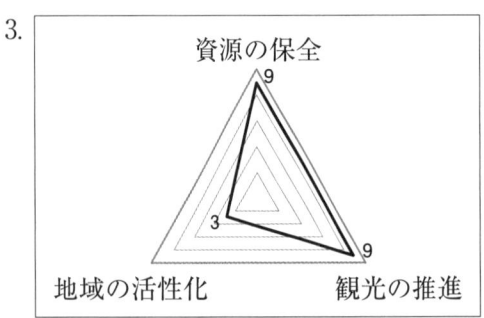

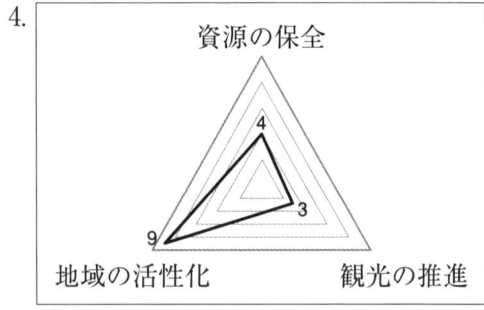

3番

　男子学生と女子学生が，来週のボランティア活動について話しています。この学生たちの話によると，来週のボランティア活動の人数とパフォーマンスは，予定と比べてどのようになりますか。

3

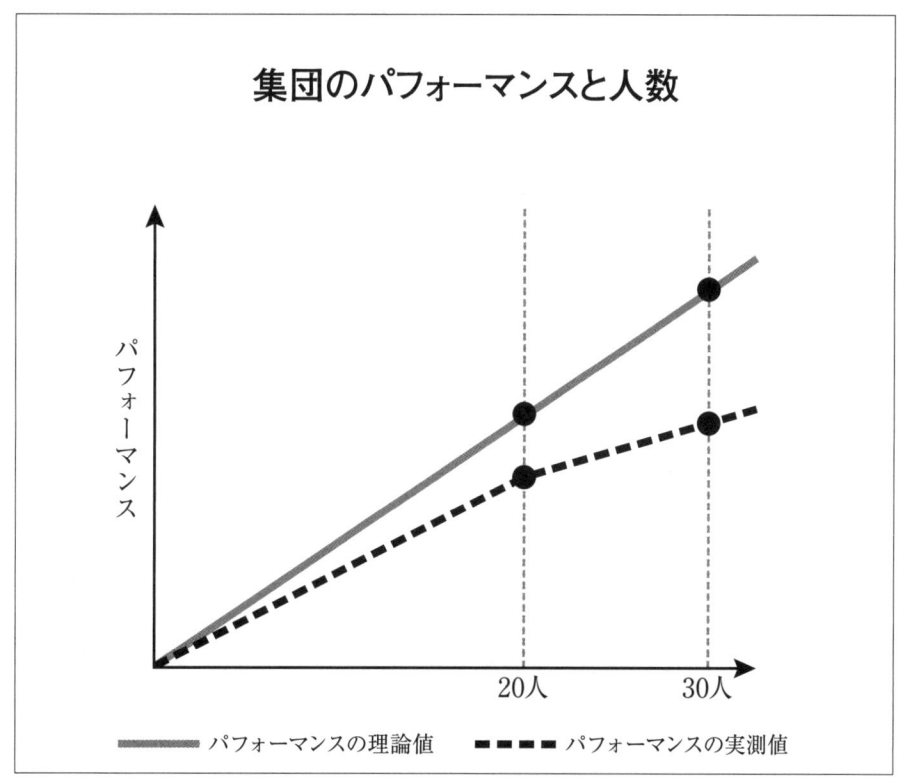

	参加人数	一人ひとりのパフォーマンス	全体でのパフォーマンス
1	20人	予定と同じ	予定と同じ
2	25人	予定より下がる	予定と同じ
3	30人	予定より上がる	予定より下がる
4	30人	予定より下がる	予定より上がる

4番

先生が，ハシブトガラスという鳥の捕食行動について話しています。この先生によると，ハシブトガラスによる卵の捕食行動が最も多く起こった場所はどこですか。　4

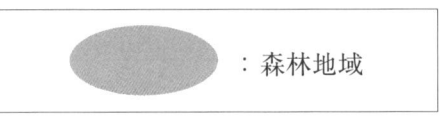

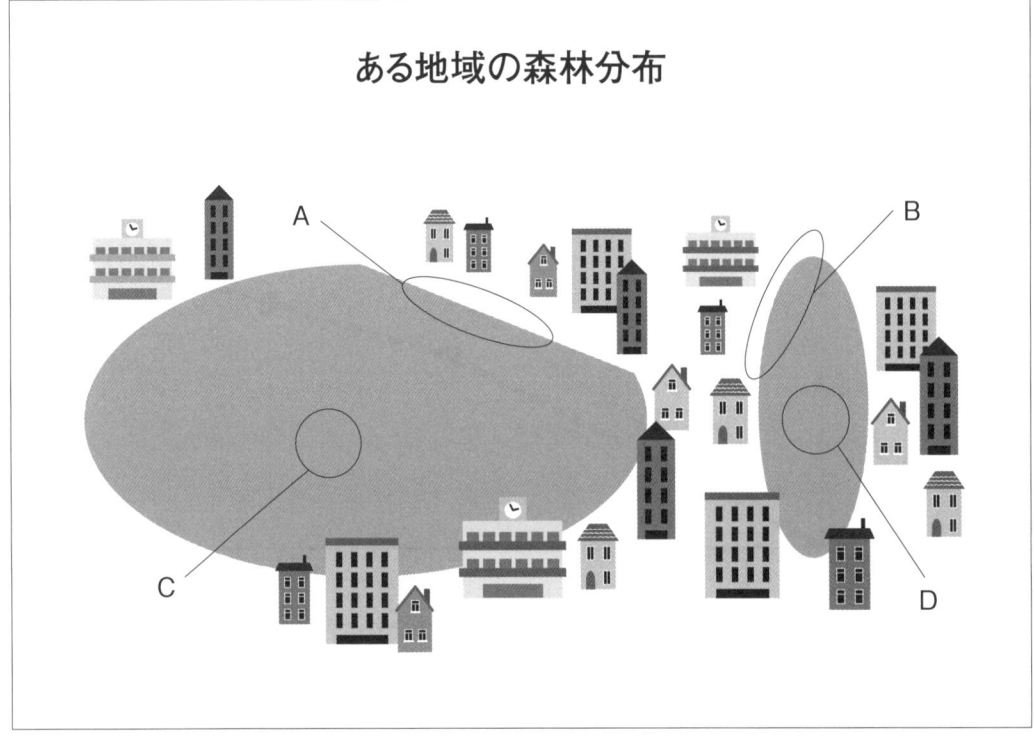

1．AとB

2．AとC

3．BとD

4．CとD

5番

先生が，伝統的工芸品に選ばれる基準について話しています。伝統的工芸品に選ばれる
可能性があるのはどれですか。 ⑤

1.
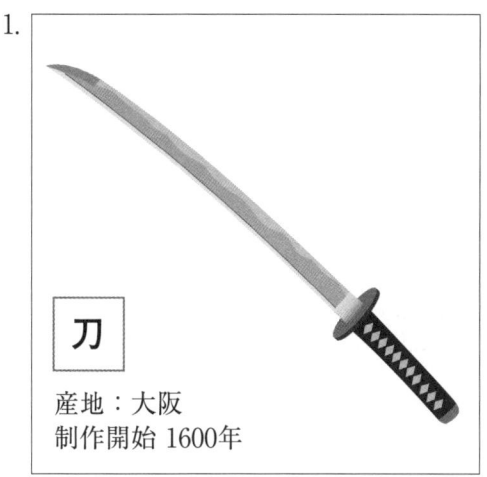

刀

産地：大阪
制作開始 1600年

2.
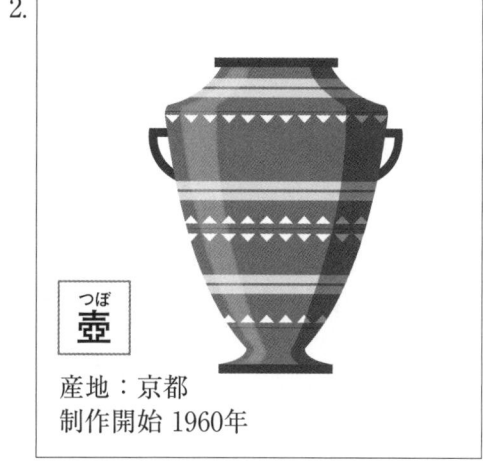

壺
つぼ

産地：京都
制作開始 1960年

3.

人 形

産地：九州・本州など各地
制作開始 1880年頃

4.
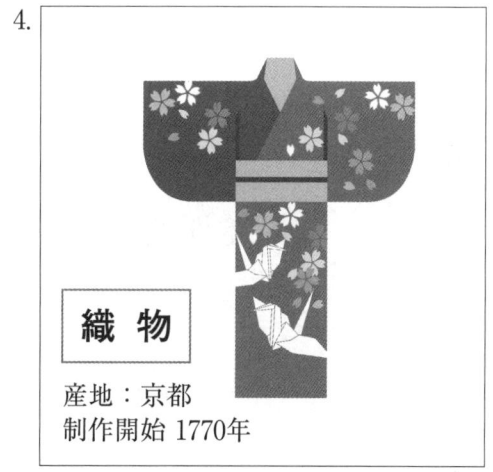

織 物

産地：京都
制作開始 1770年

6 番

先生が，すしを販売している企業の戦略について話しています。この先生の話によると，資料１のＢの魚が利益を上げているのはどの項目ですか。　　　6

【資料1】

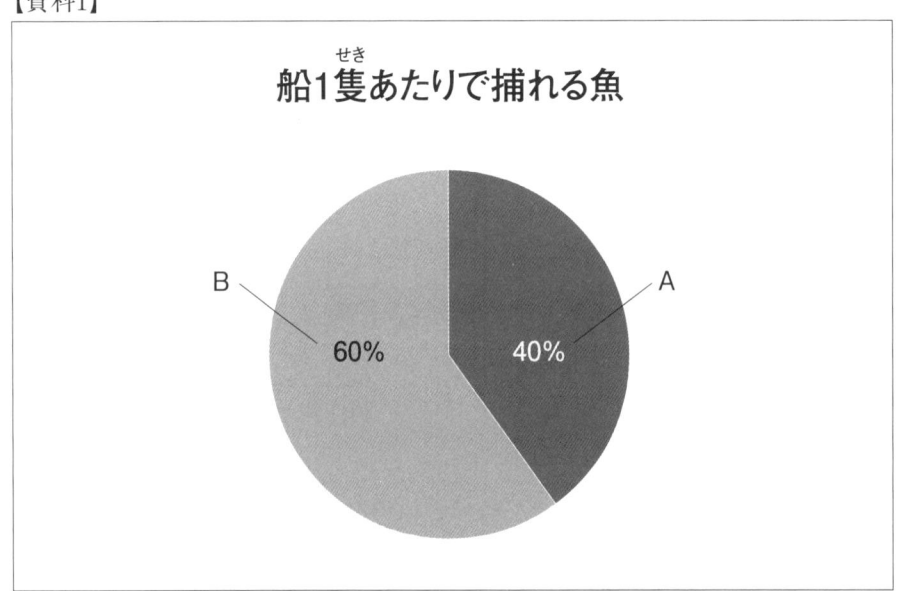

【資料2】

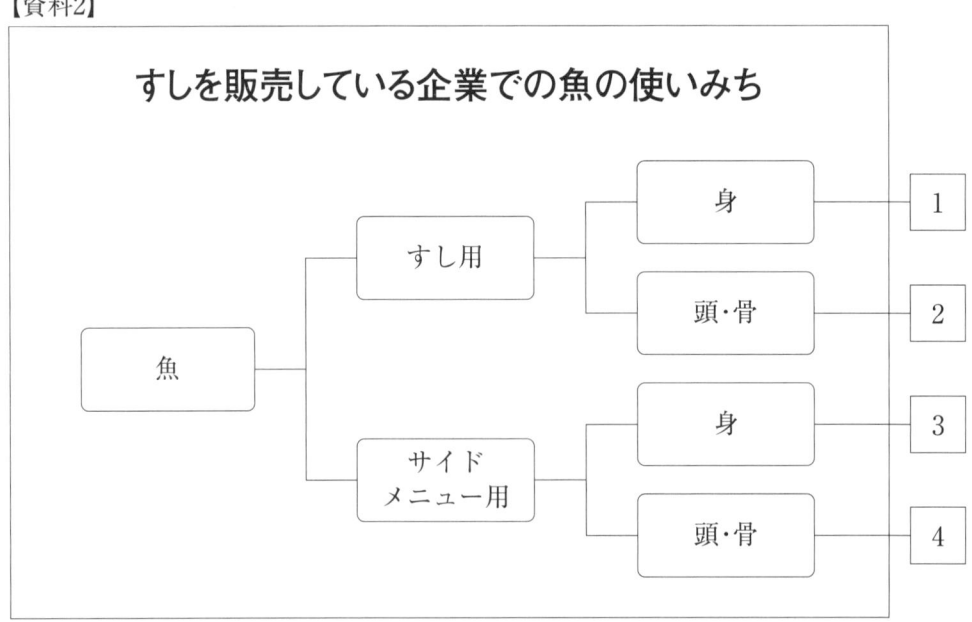

7番

女子学生と男子学生が，事故の対策について話しています。この男子学生が大事だといっているのは，どの段階に関する対策ですか。

<table>
<tr><td></td><td>7</td></tr>
</table>

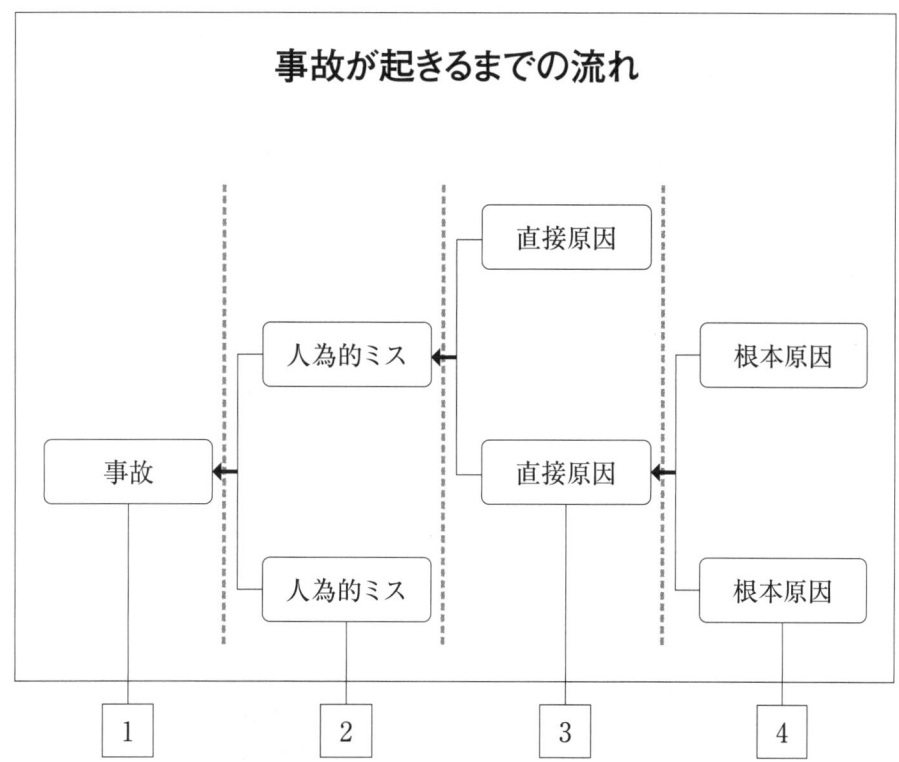

8番

先生がマーケティングの授業で，商品の陳列について話しています。先生が最後にする質問の答えは図のどの部分ですか。　　　　　　　　　　8

商品の陳列

客層	身長
成人男性	170cm程度
成人女性	160cm程度
子ども（5〜6歳）	110cm程度

- 200cm
- A
- 150cm
- B
- 100cm
- C
- 50cm
- D

1．A・B

2．B・C

3．C・D

4．B・D

9番

　先生が授業で，イヌワシという鳥について話しています。この先生が最後にする質問の
答えはどれですか。　　　　　　　　　　　　　　　　　　　　　　　　　　　| 9 |

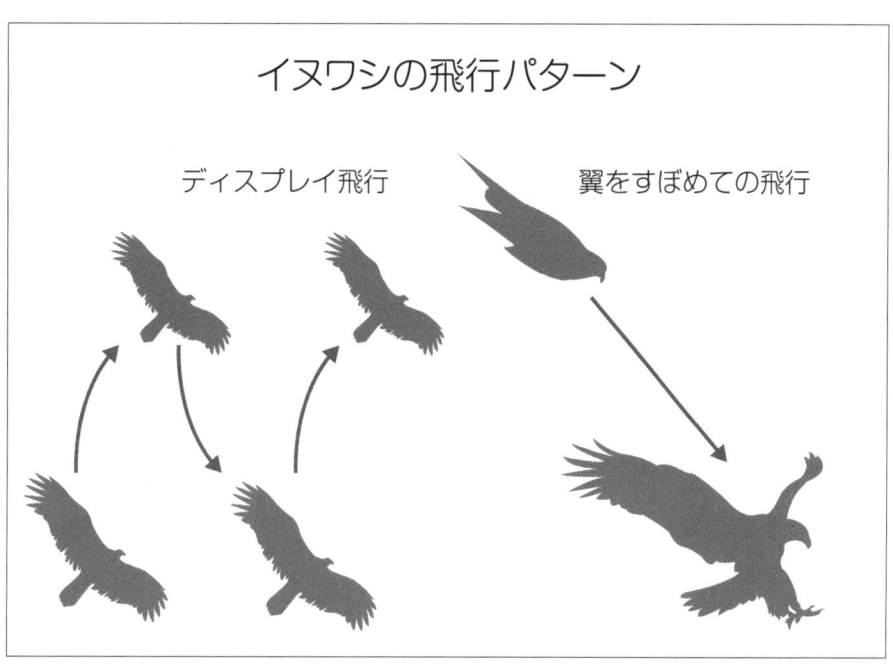

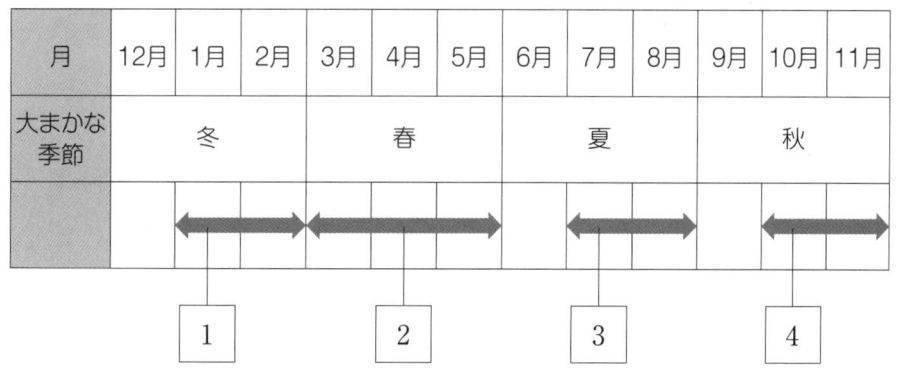

10番

　先生が，スポーツと感情の関係について話しています。この先生が示している資料はどれですか。 　　　　　　　　　　　　　　　　　　　　　　　　　　　　　　　　　10

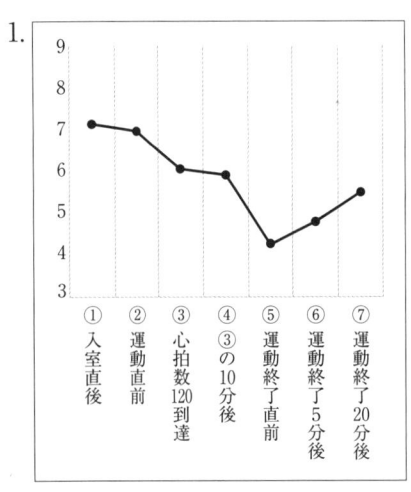

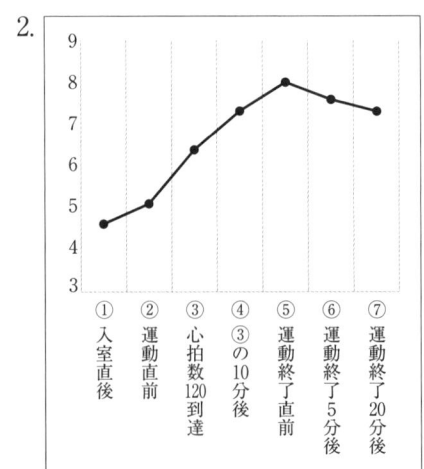

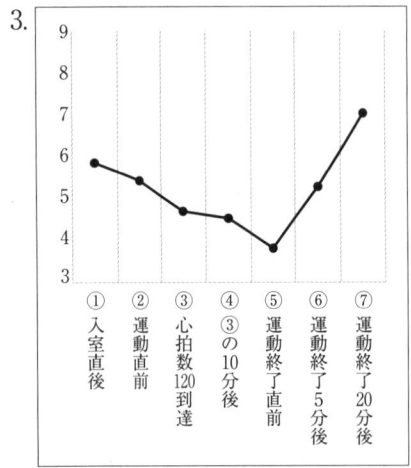

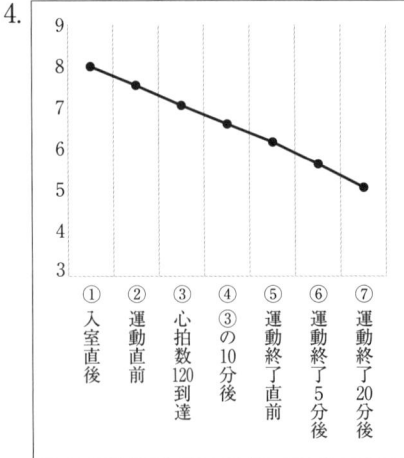

11番

　先生が，バラスト水について話しています。この先生が最後にする質問の答えはどれですか。　　　　　　　　　　　　　　　　　　　　　　　　　　　　　　　| 11 |

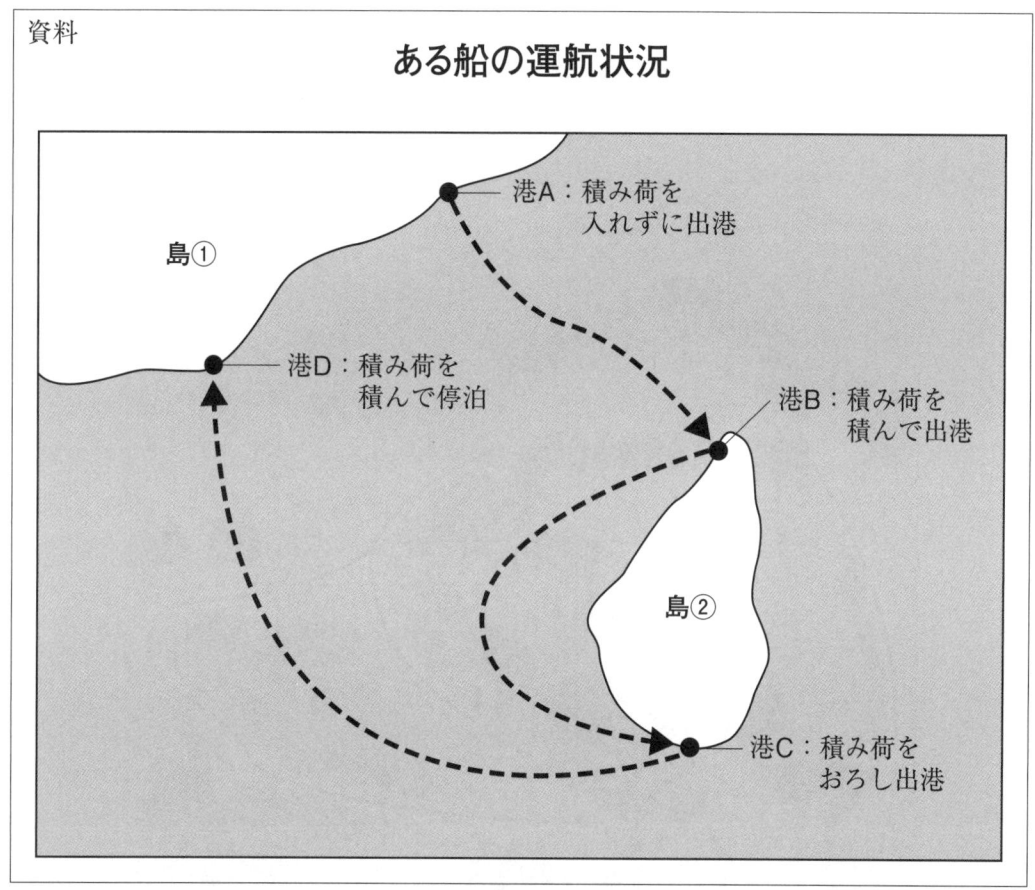

資料

ある船の運航状況

港A：積み荷を入れずに出港

島①

港D：積み荷を積んで停泊

港B：積み荷を積んで出港

島②

港C：積み荷をおろし出港

1．港 A, C

2．港 A, B, C, D

3．港 B, D

4．港 C, D

12番

　先生が，災害時の避難経路について話しています。この先生が話している災害が起こった場合，どの避難経路を使用して逃げるべきですか。　　 12

1．経路ア

2．経路イ

3．経路ウ

4．経路エ

聴解問題
説明

　　聴解問題は，音声を聴いて答える問題です。問題も選択肢もすべて音声で示されます。問題冊子には，何も書かれていません。

　　問題は一度しか聴けません。

　　このページのあとに，メモ用のページが 1 ページあります。音声を聴きながらメモをとるのに使ってもいいです。

　　聴解の解答欄には，『正しい』という欄と『正しくない』という欄があります。選択肢 1，2，3，4 の一つ一つを聴くごとに，正しいか正しくないか，マークしてください。正しい答えは一つです。

― メ　モ ―

第 9 回の問題はこれで終わりです。

解答は p.283 を参照してください。

実戦問題

解答時間 55分

音声の再生及び得点分布の確認

QRコードを読み取っ
てオンライン解答用
紙に解答を記入し、正
解と得点分布を確認
してください。

聴読解問題
説明

聴読解問題は，問題冊子に書かれていることを見ながら，音声を聴いて答える問題です。

<u>問題は一度しか聴けません。</u>

それぞれの問題の最初に，「ポーン」という音が流れます。これは，「これから問題が始まります」という合図です。

問題の音声の後，「ポーン」という，最初の音より少し低い音が流れます。これは，「問題はこれで終わりです。解答を始めてください」という合図です。

選択肢１，２，３，４の中から答えを一つだけ選び，聴読解の解答欄にマークしてください。

1番

　先生が，スポーツ中の情報の処理について話しています。この先生が最後に話す例はどの段階を強化したものですか。　　　　　　　　　　　　　　　　　　　　　　　　　1

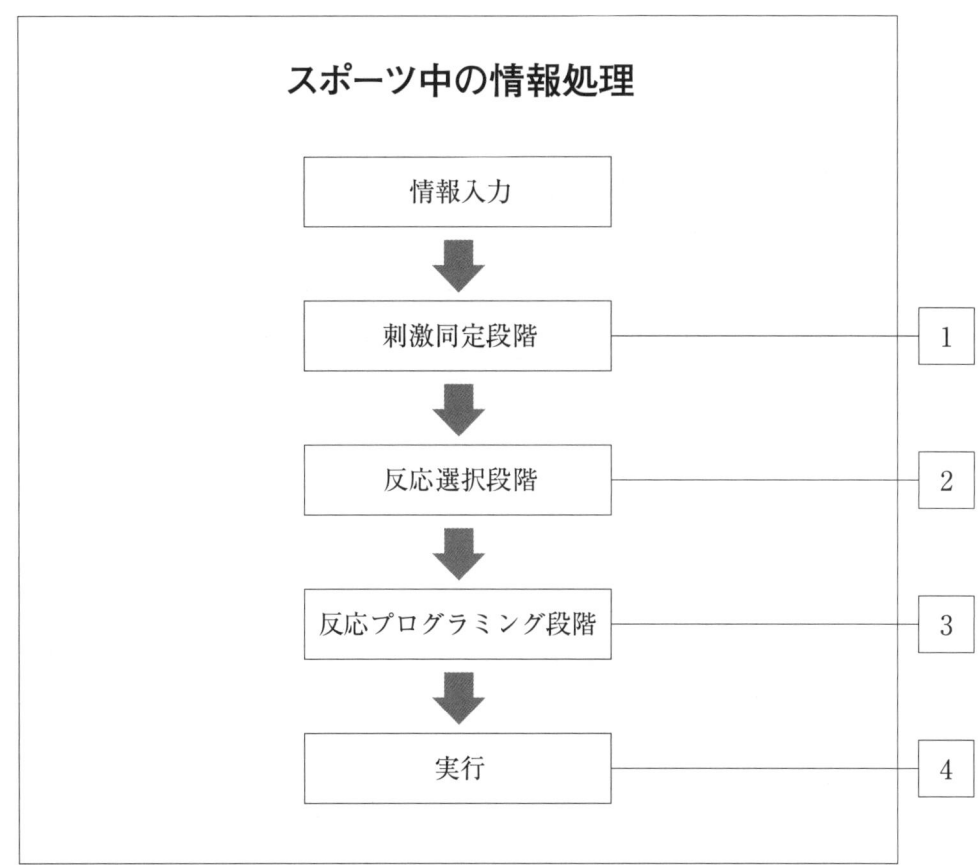

2番

　男子学生と女子学生が，会社の分類について述べています。この男子学生が予想する現在の状況を示しているのはどれですか。　　　　　2

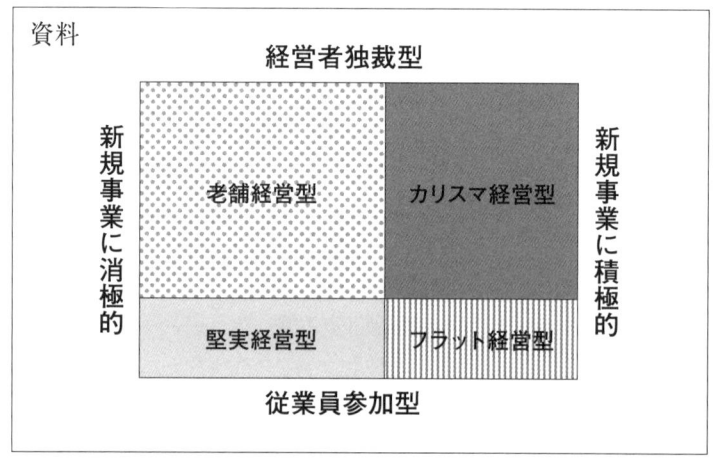

1.
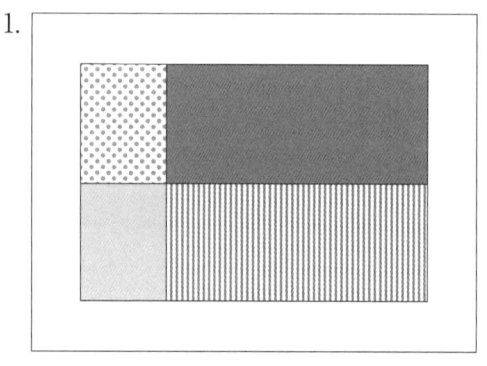

2.
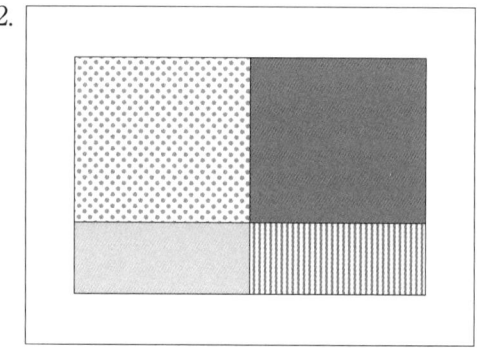

3.
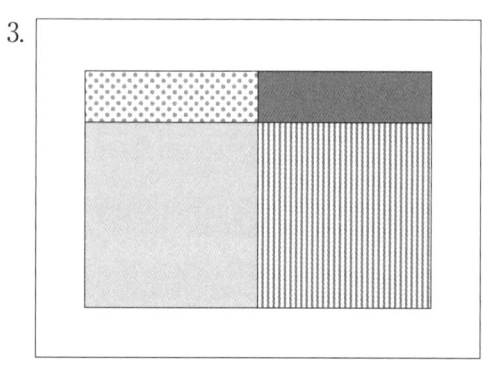

4.
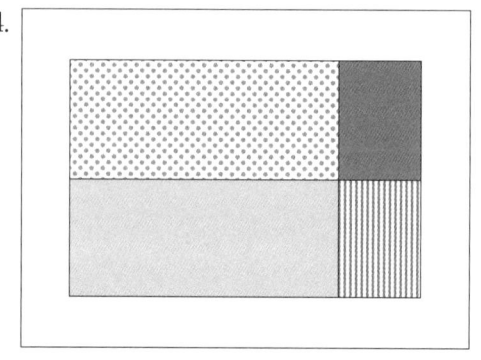

3番

先生が授業で，電車と動物の衝突事故について話しています。この先生の話によると，衝突事故を減らした直接的な対策といえるものはどれですか。 <u>3</u>

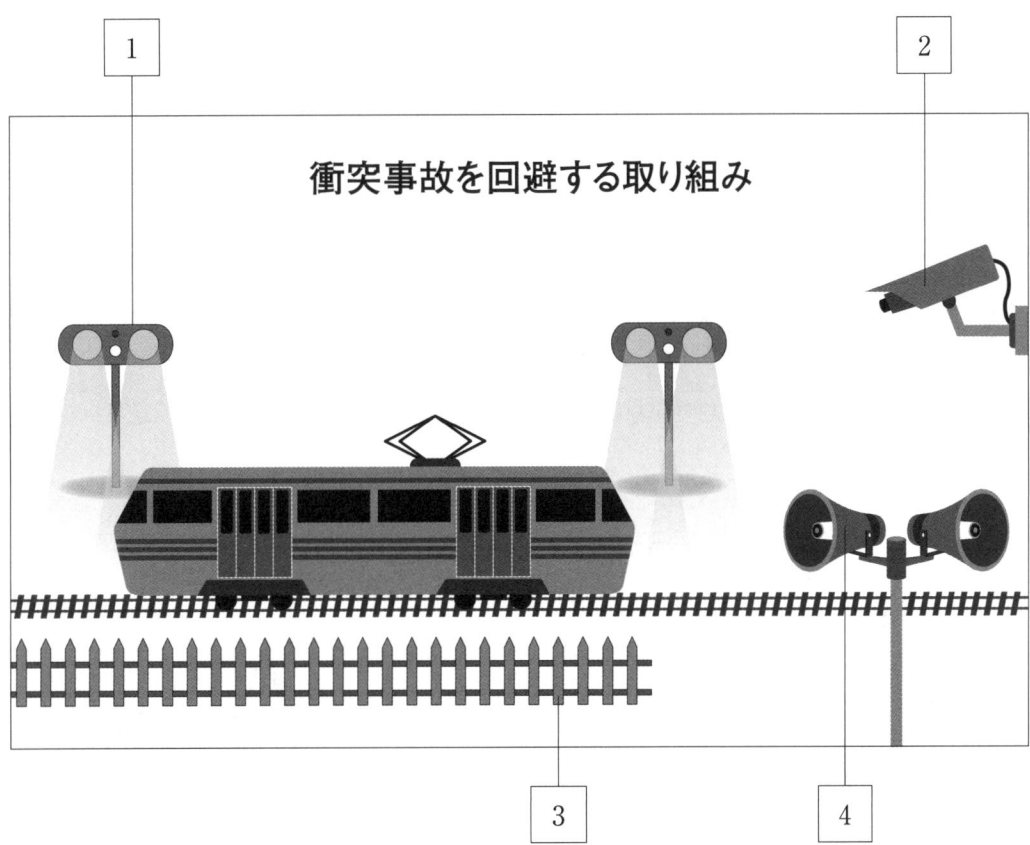

4番

　先生が，花粉の飛散について話しています。この先生の話によると，地表の花粉量を示したグラフはどれですか。

4

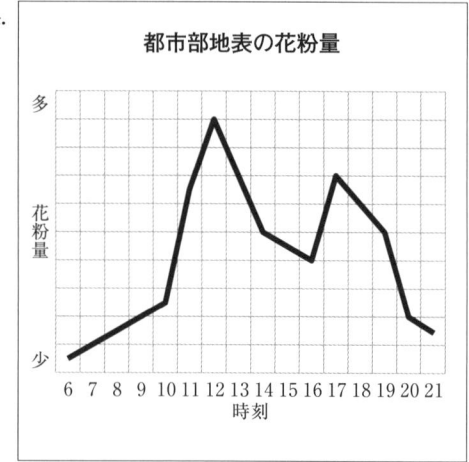

5番

　先生が，ヒトとカラスの視覚について話しています。この先生が最後に行った実験の結果は，どのようになると予想されますか。　　5

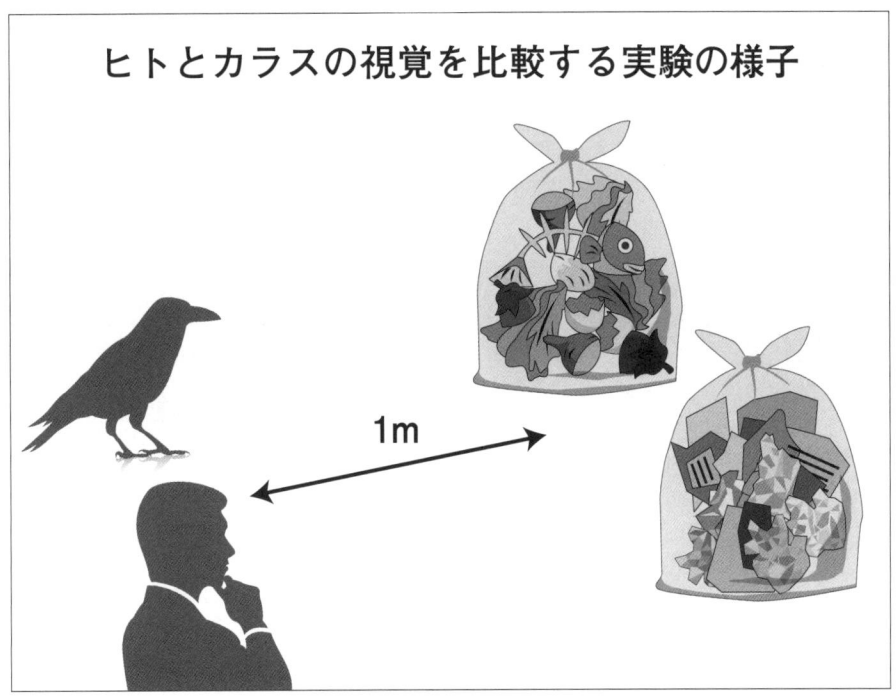

1．ヒト：90％以上，　カラス：90％以上
2．ヒト：90％以上，　カラス：50％程度
3．ヒト：50％程度，　カラス：90％以上
4．ヒト：50％程度，　カラス：50％程度

6番

　先生が，ある都市の町並みの変化について話しています。この先生の話によると，この都市の町並みはどのように変化しましたか。　　　　　　　6

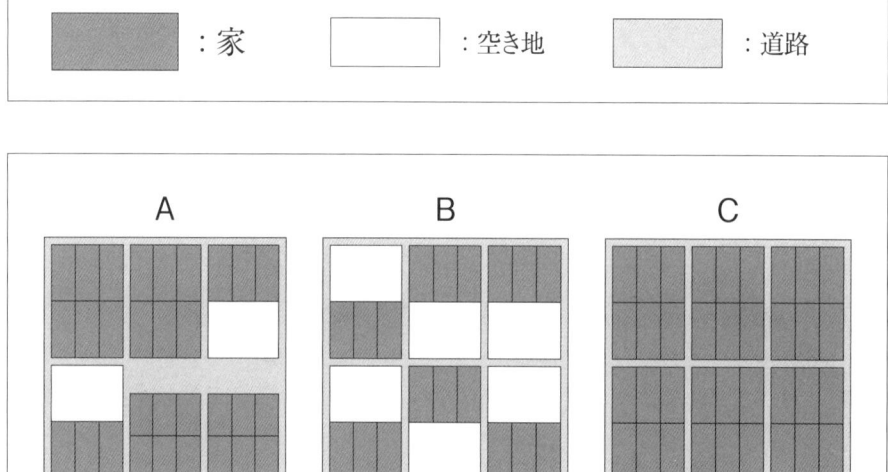

1．A→B
2．B→C
3．C→A
4．C→B

7番

　先生が経営学の授業で，役職ごとの能力について話しています。この先生が最後に挙げる例は，図の中のどのスキルを補うことにあたりますか。　　　　7

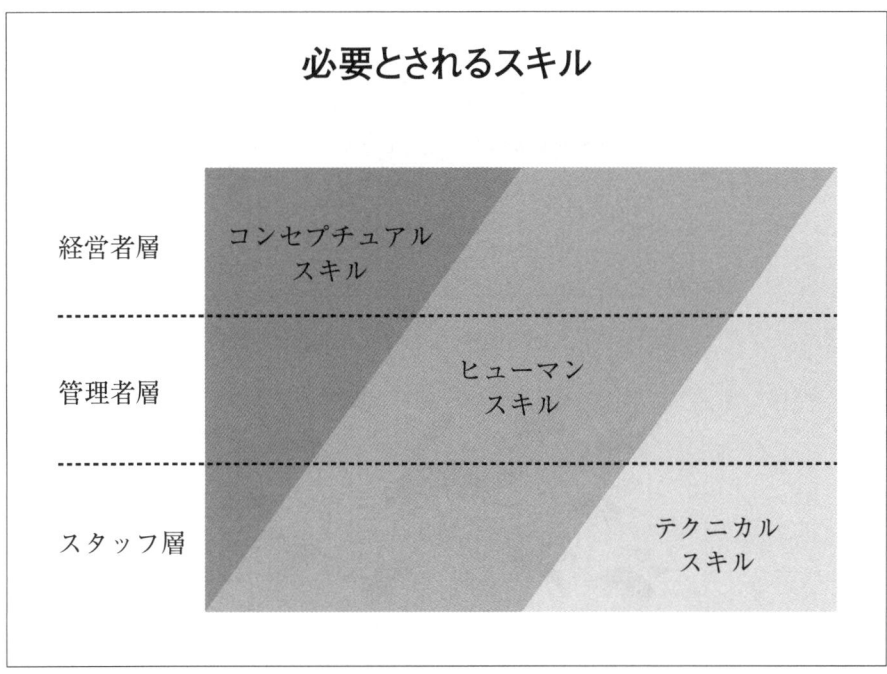

1．コンセプチュアルスキル

2．ヒューマンスキル

3．テクニカルスキル

4．コンセプチュアルスキルとヒューマンスキル

8番

先生が，ニホンミツバチという昆虫の防衛行動について話しています。この先生の話によると，ニホンミツバチの警報フェロモンは，図のどの行動を引き起こしますか。 8

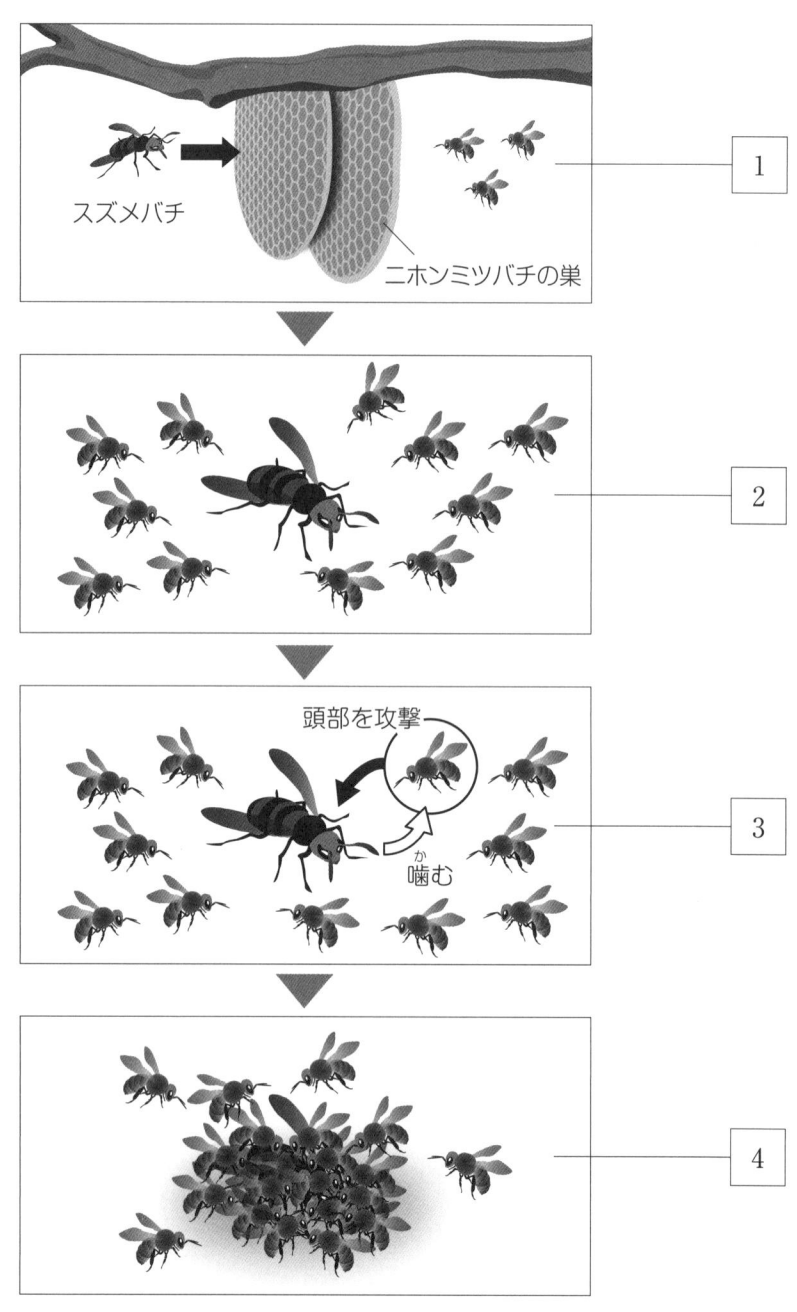

9番

先生が，熱帯林保全に関する新たなアプローチについて話しています。この先生によると，行政に求められている仕事は図のどの部分ですか。

<u>9</u>

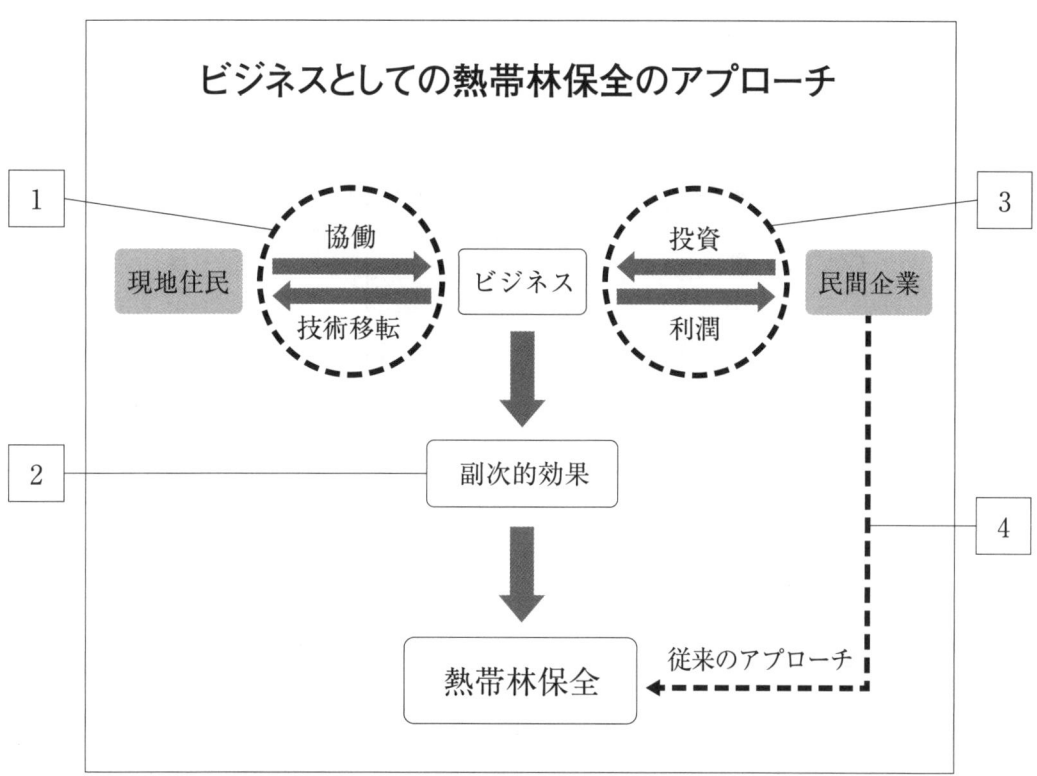

10番

先生と学生が，旅行市場について話しています。この先生が学生に見せた図はどれですか。 | 10 |

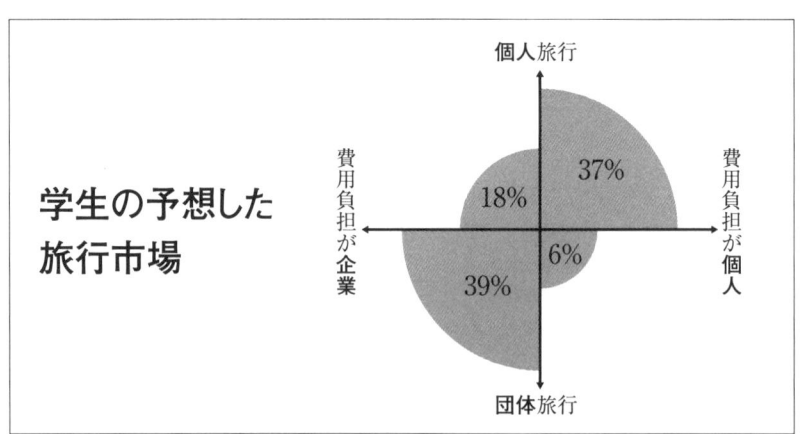

1.
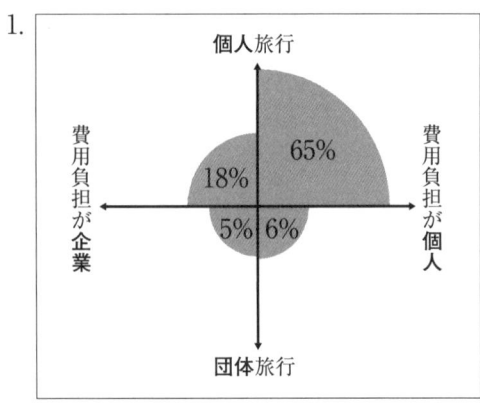

2.
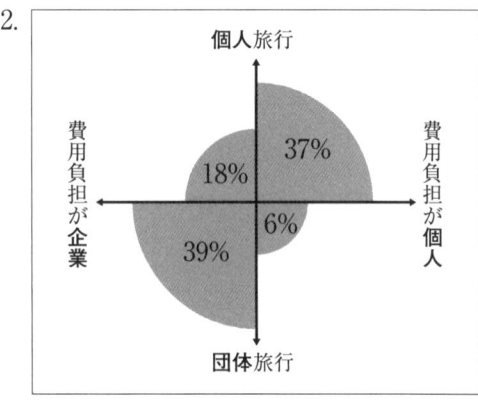

3.
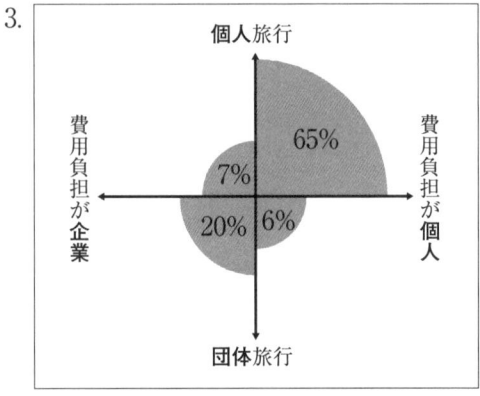

4.
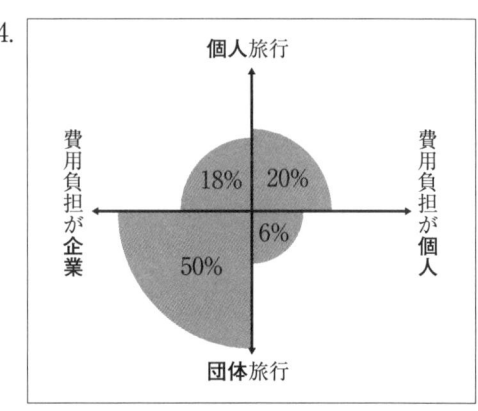

11番

先生が，生物の進化について話しています。この先生が研究している対象は，どの種分化に当てはまると考えられますか。　　　　11

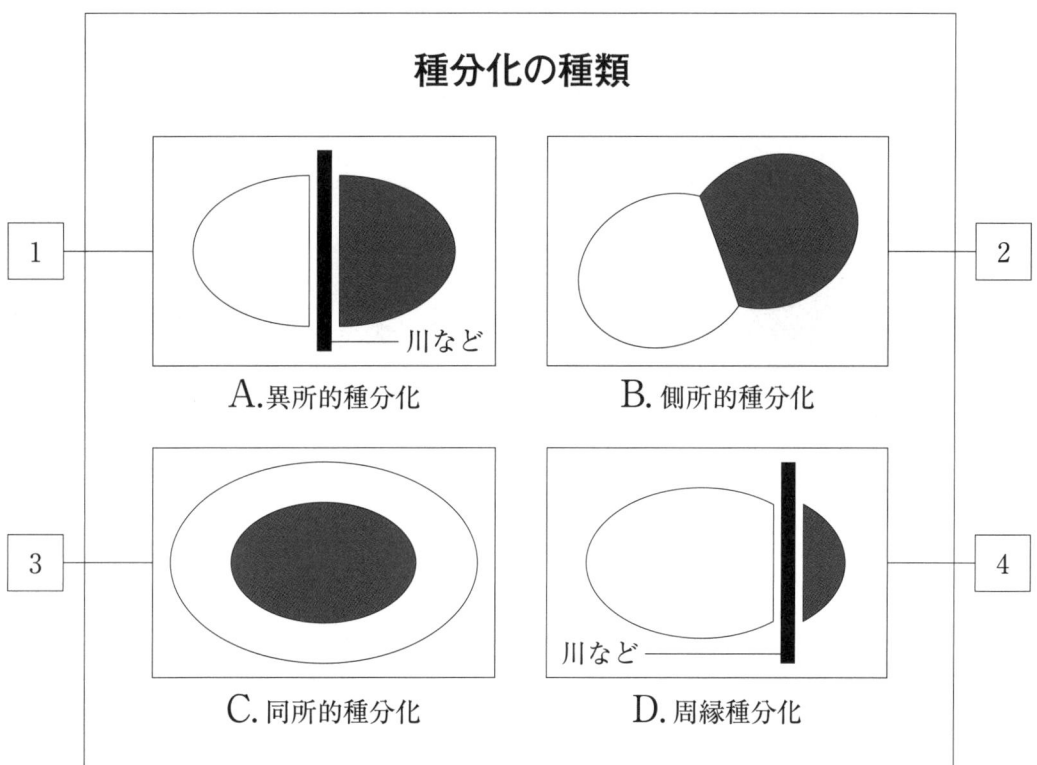

12番

先生が，赤ちゃんの視覚について話しています。この先生が最後にする質問の答えはどれですか。 12

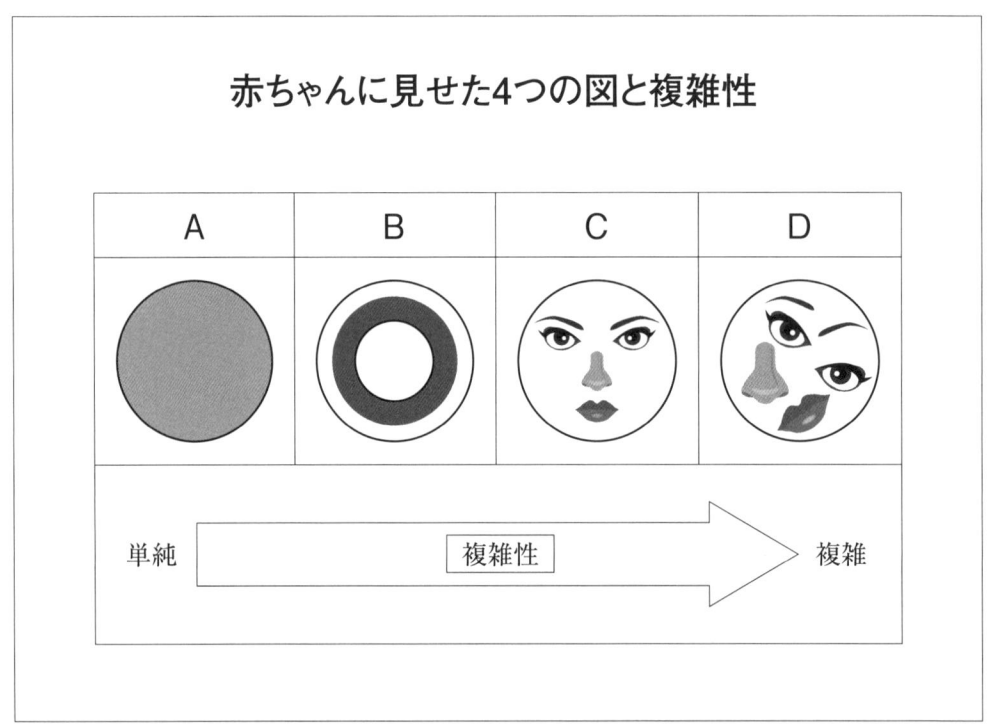

1. C→D→B→A
2. C→B→A→D
3. D→C→A→B
4. D→B→A→C

聴解問題
説明

　聴解問題は，音声を聴いて答える問題です。問題も選択肢もすべて音声で示されます。問題冊子には，何も書かれていません。

　問題は一度しか聴けません。

　このページのあとに，メモ用のページが1ページあります。音声を聴きながらメモをとるのに使ってもいいです。

　聴解の解答欄には，『正しい』という欄と『正しくない』という欄があります。選択肢1，2，3，4の一つ一つを聴くごとに，正しいか正しくないか，マークしてください。正しい答えは一つです。

― メ　モ ―

第10回の問題はこれで終わりです。

解答はp.283を参照してください。

スクリプト

第1回

1番　先生が，経営学の授業で，企業経営について話しています。この先生によると，企業経営で特に重要なのは図のどの部分ですか。

　会社をつくり，経営を行うときは，大きく分けて4段階のプロセスを経ます。順番にみていきましょう。まず，企業の種類の選択です。日本の企業にはさまざまな形があります。この形態は税金や会計に影響があります。次に，戦略の形成です。この段階では，企業の目的を決めます。この部分が不明確だと，企業が存在する理由が曖昧になってしまいます。そして，その目的達成に向けて，業務を具体的に進めていくのが次の段階です。ここでは仕事を切り分け，それぞれの仕事に，経営資源をいかに効率よく配分していくかがポイントとなります。最後の段階は，この枠組みを維持するために組織内の人々のやる気を管理することです。どんな形の枠組みを作っても，そこで働く従業員にやる気がなければ意味がありません。

　こうしたプロセスの中で特に重要なのは，目的を達成するために，実際に業務を形づくっていく部分です。最初に最適な形を作っても，企業の規模が変われば，形を変化させていく必要があります。ですから，経営者は企業の規模が変わるたびに，時間をかけてこの作業を行わなければなりません。

2番　先生が，eラーニングという勉強方法について話しています。この先生によると，eラーニングを実施する前と後の結果として正しいものはどれですか。

　eラーニングとは，インターネットを使用した学習方法のことです。この方法の良いところは，音声や動画での学習ができることや，勉強する時間が自由なことです。今日は，このeラーニングを使って語学を勉強した時の効果を測定した実験についてみていきましょう。

　語学の能力を，語彙，表現，聞き取り，書き取りの4つに分け，それぞれの能力に関するテストを行い，eラーニングを行う前と後で比べてみました。語彙と表現のテストは筆記試験です。一方，聞き取りと書き取りは，流れる音声を聞いて解答するテストです。

　結果，eラーニングを実施した後，テストの平均点は4つすべての能力で伸びました。それぞれの能力をみていくと，5点ほど平均点が伸びた能力と，eラーニング実施前とほぼ変わらない能力に分かれました。また，eラーニングによる学習効果は，音声処理を行う分野のほうが高いという結果にもなりました。

3番　先生が，エネルギー政策における三つの視点について，図を見せながら話しています。この先生が，今後進めるべきだと言っている発電方法はどれですか。

　我が国の産業を支える上で，エネルギー政策はたいへん重要です。図1を見てください。これは，エネルギー政策を考える上で大切な三つの視点を示したものです。三角形の頂点は，それぞれ，二酸化炭素の排出量，国家安全保障，経済性を表します。各国の状況をもとに三つの視点のバランスを考えれば，最適な発電方法を導き出すことができます。

　具体的に，図2に示した四つの発電方法について検討してみます。まず，環境保護の観点から，国際的な合意に基づいて，二酸化炭素の排出量削減には積極的に取り組んでいかなければなりません。また，発電方法ごとの経済性も重要です。たとえ二酸化炭素を排出しない発電方法であっても，天候によって

発電量が大きく変化したり，事故を起こした際の対応に莫大なコストがかかったりすると，国全体のエネルギー供給が不安定になります。また，燃料を輸入に頼っている場合，安全保障上のリスクになります。以上を考えると，日本が今後進めていくべき発電方法は，これだと思います。導入に課題はありますが，日本は火山も多いので，資源は豊富だと考えられます。

4番　男子学生と女子学生が，ペンギンの生態について話しています。この男子学生によると，ペンギンがえさを捕ろうとしているのは，図のどこに当たりますか。

男子学生：ねえ，これ見て。ペンギンの潜水の様子を示したものだよ。

女子学生：グラフになってるの？

男子学生：そう。このグラフは，ペンギンの潜水深度と羽ばたき行動の回数を表したものなんだ。深く潜る時はやっぱりたくさん羽ばたいてるんだね。

女子学生：ほんとうだね。ペンギンは空を飛ばないけど，水の中で翼を羽ばたかせているんだね。ところで，潜水した後も何度か羽ばたいているようだけど，これはどうしてなの？

男子学生：これはね，えさを捕るために動いている証拠なんだ。もしかしたら，潜水深度が深くなったり浅くなったりしているのは，えさとなる魚を探したり追いかけたりしているからなのかもしれないね。

女子学生：なるほどね。ところで，ペンギンは水面に向かって上昇する時は羽ばたかないんだね。

男子学生：鋭いね。その通りだよ。浮力を上手く利用しているんだ。

5番　先生が生物の授業で，アサガオという植物について話しています。この先生が挙げる例では，アサガオは開花するとどのようになりますか。

　アサガオは，つぼみのときと花が咲いたときの色が異なる花として有名ですが，これはなぜなのでしょうか。実は，アサガオの花は，細胞内の溶液が酸性かアルカリ性かによって色が変わるのです。この図はアサガオの花びらの構造を示しています。他の植物と同様に，アサガオも花びらの表側と裏側の一番外側にのみ色素があります。アサガオは，花が咲くとき，時間とともに細胞内の溶液の性質が変化します。それによって色素が変化し，花の色が変わって見えるというわけです。

　例えば，あるアサガオは，つぼみの状態では赤紫色をしていますが，花を咲かせるときれいな青色になり，しおれると再び赤色に戻ります。これは，つぼみのときには細胞内の溶液が酸性だったのが，開花によってアルカリ性に変わったためです。次回の授業では，なぜ，開花によって細胞内の溶液の性質が変わるのかについて説明します。

6番　先生がグラフを見せながら，生活のレベルについて話しています。グラフのAに入る項目はどれですか。

　皆さんは，自分の生活レベルは，社会の平均的な生活レベルと比べて，どの位置にあると思いますか。お金持ちでもないし，貧乏でもないからちょうど中間くらいかなと思う人が多いと思います。このアンケートでもそういう結果になっており，またそういった回答の割合は年ごとの大きな変化がないのも特徴的です。

　一方で，変わってきているのは，自分の生活レベルが社会の平均とは異なると考えている人たちの割

合です。生活レベルが低いと考えている人たちは年々減ってきています。このことから貧困の問題が軽減したと考える人もいますが，本当にそうなのかは慎重に見極める必要があります。ちなみに，このグラフは，「わからない」と答えた人を抜いて作成してあります。

7番　先生が，工学の授業で，京弓（きょうゆみ）という工芸品の構造について話しています。この先生の話によると，弓の芯（しん）はどのような構造になっていますか。

　京弓とは，弓の一種です。弓で矢を射るためには，弓が柔らかく曲がり，弾力をもっている必要があります。また，弓が折れないような耐久性も必要です。そのため，弓は複数の材料を合わせて作られています。その構造について，京弓の断面図を見ながら説明しましょう。

　京弓の主な材料は，竹です。弓は，断面図で見ると「外竹（とだけ）」「芯」「内竹（うちだけ）」という構造になっています。まず，外竹と内竹は，その名の通り，竹で作られています。そして，芯は半分以上が竹で作られており，竹以外では，ハゼという木とモミジという木が使われています。ハゼはモミジに比べて硬いですが折れやすく，モミジはハゼに比べて硬くないですが折れにくい性質があります。

　この2種類の木のうち，硬い方の木を芯の外縁に配置し，折れにくい方の木を中心付近に配置しています。そうすることで，矢を飛ばしやすく丈夫な弓が完成するのです。

8番　先生が，企業の成長について話しています。この先生によると，図のAとBに入る内容の組み合わせはどれですか。

　ある企業は，日々モノを生産しています。この企業が成長する過程についてみていきましょう。

　モノを作るための設備を増やしていけば，製品の生産量を増やすことができるので，生産性が徐々に上がっていきます。しかし，ある程度設備が整ってくると，設備を増やしたところで過剰になるだけで，生産性は上がらなくなってきます。

　このような状態になった企業が，さらに生産性を向上させるためには，研究や開発を行うことで新しいモノを製造できるようにして，新しい分野でお金を稼げるようにする必要があります。例えば，牛乳を製造している企業が，チーズの製造も行える技術を持つなどです。そうした上で，新しい製品を生産するための設備を増やしていけば，さらに生産性を向上させることができます。

9番　女子学生と男子学生が，4つのグラフが示された資料を見ながら，発表について相談しています。この二人はどの形式のグラフを使って発表を行うことにしましたか。

女子学生：アンケート調査の結果が返ってきたよ。
男子学生：ありがとう。それじゃ，さっそくグラフにしよう。
女子学生：グラフっていろいろ種類があるけど，どれを使おうか。
男子学生：それぞれのグラフには特徴があるから，扱うデータによって，向いているグラフと向いていないグラフがあると思う。例えば，左上のグラフは，量の大小を比べるのにいいけど，変化を知りたい場合は右上のグラフのほうが見やすいよね。
女子学生：うん。左下のグラフは数値の割合を一目で把握するのに向いてるね。そして，右下のグラフは，さらにその割合を比較するためのものだよね。

男子学生：今回は，年代ごとの好きなスポーツについて調査したわけだから，どのスポーツが好きか，その割合が示せて，同時に年代ごとに比較できるものにしよう。

10番　先生が心理学の授業で，対人関係と空間について話しています。この先生が最後にする質問の答えはどれですか。

　人は誰でも社会生活において，他(ほか)の人と適切な距離を保っています。なぜなら，人間には，他人に入ってほしくない個人的な空間があるからです。基本的に，初対面の人や親しくない人に対しては，相手から120cm以上の距離を取って会話をする必要があります。それ以上近づくと相手はストレスを感じてしまうのです。会社の同僚や学校の先生などある程度親しくしている人に対しては120cmよりも近づいても問題はありません。むしろ距離を取りすぎると良好な関係を築くのに支障が出ることも考えられます。ただし，近づきすぎてはいけません。80cm未満のように体が触れるくらい近い距離は，家族や恋人といった間柄の人に限られるからです。片手を伸ばしたときに簡単に届いてしまう範囲には入らない方が良いでしょう。

　また，距離感だけでなく相手との位置関係も大切です。人は自分の利き手側，一般に右側の領域には安心感を抱き，逆に利き手ではない方の領域には警戒心を抱きます。

　それでは，もしあなたが普段から親しくしている大学教授に話しかける場合，良い関係を保つのに最も適切な立ち位置はどこになるでしょうか。

11番　先生が，地層と地下水について話しています。この先生が，薄くなると言っている層はどれですか。

　日本では昔から地下水を使って生活をしていました。しかし，地下水の過剰な採取による地盤沈下，つまり地面が沈んでしまう現象が問題となっています。この地盤沈下がどのようにして起こるかを説明します。

　地面の下は，いくつかの層でできています。飲料水などを扱う企業が使う井戸は，表層のすぐ下の不圧帯水層(ふあったいすいそう)ではなく，粘土層に挟まれた被圧帯水層(ひあったいすいそう)から水を汲みます。深く掘らなければならないので費用はかかりますが，被圧帯水層の方が水圧が高いので，井戸の水位が高くなるうえ，安定した量の水が確保できるのです。しかし，地下水を過剰に使うことで，水を採取した層の水圧が低くなります。水圧の低下により，接していた層から水分が流れ込みます。その結果，接していた層が薄くなってしまいます。こうして地盤沈下が起こるのです。

12番　先生が，心理学の授業で同調について話しています。この先生が最後にする質問の答えはどれですか。

　同調とは，他者の意見に自分の意見を合わせることを言います。同調はどのような場面で起こりやすいのでしょうか。私は，2つのチームを使って実験を行いました。一方のチームはメンバー同士が非常に親しく，もう一方のチームはメンバー同士があまり親しくありません。それぞれのチームで社会的に重要度が高い問題と重要度が低い問題について議論してもらいました。基本的に，仲の良いグループほど同調しやすくなるのが特徴です。また，社会的に重要度の高い問題については，同調することよりも自分の意見を伝えることのほうが優先される傾向にあります。今回の実験では，メンバーの関係性と話

題の重要度については，関係性のほうが強く行動に影響するという結果が出ました。下のグラフは，今回の実験の結果を表したものです。横軸は，何回他人に同調したかを示しており，縦軸は同調した人の割合を示しています。

　では，質問です。上の図のDの場合を表したグラフとして適切なものはどれですか。

13番　先生が，道路に沿って植えられている街路樹について話しています。この先生によると，イチョウが街路樹として選ばれる最も大きな理由は何ですか。

　街路樹に使用されている木の種類の中で，特に多いのがイチョウです。イチョウの木が街路樹に選ばれる理由は，木の形が美しく，成長がはやいことです。秋には紅葉し，季節も感じさせてくれます。また，病気になりにくく，車の多い環境にも耐えられる丈夫な木でもあります。一方で，イチョウは秋になると，銀杏と呼ばれる実を落とします。銀杏には独特の臭いがあり，落ちた実の掃除に手間がかかるなど，街路樹としてのデメリットもあります。イチョウの他にも，美しくて育てやすい木が多くある中で，それでもイチョウが街路樹として選ばれるのはなぜでしょうか。その大きな理由は，災害対策という観点にあります。イチョウの木は水分が多く，燃えにくいという性質を持っています。過去の大震災でもイチョウの木が，火が燃え広がるのを防いだという記録があります。このように，イチョウは単に見た目の美しさや育てやすさがあるだけではなく有益な性質を持っているのです。

この先生によると，イチョウが街路樹として選ばれる最も大きな理由は何ですか。
１．見た目が美しいから
２．火に強いから
３．成長がはやいから
４．病気になりにくいから

14番　男子学生と女子学生が，日本の労働力不足について話しています。この女子学生は，労働力を確保するにはどうするべきだと言っていますか。

男子学生：最近，日本の今後の労働力不足のニュースが目立つね。
女子学生：そうだね。少子高齢化だから，労働人口が増えないよね。
男子学生：昨日見たニュースでは，外国人の労働力の可能性について特集してたよ。
女子学生：そういう取り組みも大事だよね。でも，法律の整備とかいろいろ課題があるよね。
男子学生：まあ，少しずつ改善していくしかないんだろうね。
女子学生：私は，日本人自体の労働力にも，まだ可能性があると思うんだ。
男子学生：日本人の？　例えばどんなこと？
女子学生：女性の力だよ。日本は女性が働きにくくて，社会に出られない人が多いでしょ。働けるのに働けてない力がたくさん眠っていると思うんだよね。
男子学生：そうだね。女性が働きやすくなるということは，子どもを育てやすくなることにもつながる可能性があるから，少子化の改善にも効果があるかもしれないね。
女子学生：そう。海外の力を借りるための政策よりも，国はもっと労働環境や子育て環境の整備に力を入れるべきだと思うんだ。

この女子学生は，労働力を確保するにはどうするべきだと言っていますか。
1．少子化の解消に力を入れる。
2．外国人労働者のための法整備をする。
3．海外の労働環境を参考にする。
4．女性の社会進出を促進する。

15番　先生が，ヤドクガエルというカエルについて話しています。この先生は，どうしてヤドクガエルは子どもを遠くの池に移すと考えていますか。

　ヤドクガエルというカエルは，落ち葉の中に卵を産みます。そして卵から子どもが生まれると，その子どもを遠くの池まで運びます。たとえ近くに池があったとしても，遠くの池まで運ぶのです。
　遠くに子どもを運ぶ行為は非常に危険性が高いと言えます。長い移動で体力を使いはたして餓死する恐れがあります。また，移動距離が長くなれば長くなるほど，天敵に食べられてしまう確率も高くなります。それでもヤドクガエルが子どもを遠くの池まで運ぶのには，いくつかの理由が考えられます。ひとつは，遠くに移動することで食糧などの資源を同じ種の間で争わなくて済むということです。他には，移動によって広い範囲で繁殖することになり，遺伝的多様性を得られ，種として，多様な環境に適応できるようになることが考えられます。私は，ヤドクガエルが生息している環境を考慮すると，前者の可能性が高いと考えています。

この先生は，どうしてヤドクガエルは子どもを遠くの池に移すと考えていますか。
1．天敵に捕食される確率を減らすため
2．同じ種同士での争いを減らすため
3．子だけで捕食者に遭うことを避けるため
4．多様な遺伝子を残すため

16番　先生が，コミュニケーションについて話しています。この先生は，上司は従業員にどのように指示を伝えるのがいいと考えていますか。

　日本ではお互いがどのような考えであるかを推し量る文化があります。そのため，仕事の場でも，「状況に応じて」などという曖昧な言葉がよく使われてきました。同じ文化を共有する日本人同士では，はっきりと意思を伝えなくても，お互いの反応を見て相手の気持ちを推測し，適切に対処することができていました。しかし，現代は多文化社会になり，日本の当たり前が国内でも通用しなくなってきました。このような場合の対処法として最も良いのは，具体的な言葉で相手に伝えるということです。
　たとえば，会社で製造している商品において，先月と比べて不良品が増えていたとします。不良品の数を減らしたい場合に，上司は従業員にどのように伝えるのがいいでしょうか。

この先生は，上司は従業員にどのように指示を伝えるのがいいと考えていますか。
1．「不良品が多いので，不良品を無くすように努力をしてほしい。」
2．「不良品を減らすために，確認の時間を2倍に増やしてほしい。」
3．「不良品が多くなったら，状況に応じて作業を改善してほしい。」
4．「不良品が出る状況をなくすために，全員が仕事に集中してほしい。」

17番　先生が，離岸流（りがんりゅう）という現象について話しています。この先生は，離岸流への対処の方法について，まずはどうするべきだと言っていますか。

　　皆さんは海で泳いでいる時に，いつの間にか岸から離れていたという経験はありませんか。これは離岸流と呼ばれる，海岸から沖の方へ向かう潮の流れによって起こることです。波は海岸に向かって打ち寄せ続けるので，そのままだと海岸に海水がたまってしまいます。そのため，海水が沖に戻ろうとする力が働くわけです。この現象は目に見えにくいので，危険を感じにくいかもしれません。ですが，多くの事故を引き起こすほど危ない現象ですので，しっかり対処法を覚えておく必要があります。
　　離岸流に流された場合，多くの人はそのまま戻ろうとして岸に向かって泳ぎますが，潮の流れに逆らって泳ぐのは難しいですし，体力も多く消費してしまいます。こういった時は，まず，岸と並行に泳ぐことで，潮の流れから脱出することが可能になります。潮の流れから脱出したあとで，岸に向かって泳ぎましょう。

この先生は，離岸流への対処の方法について，まずはどうするべきだと言っていますか。
1．海岸に向けてまっすぐに泳ぐ。
2．海岸に沿って横に泳ぐ。
3．体力を消費しないように何もしない。
4．潮の流れから脱出できるまで流される。

18番　男子学生と女子学生が，子どもの理科離れについて話しています。この男子学生は，理科離れを止めるために，どのようなことを提案したいと言っていますか。

男子学生：子どもの理科離れが進んでいると聞いたけど，本当にそうなのかな。僕は理科が大好きなんだけど。
女子学生：そんな傾向があるというニュースを私も見たことがあるよ。私の友達にも，理科嫌いな人が多い印象があるな。
男子学生：もしそうなら，どうしてなんだろう。国語や数学より授業数が少ないからかな。理科に触れる機会が少ないから好きになれないとか？
女子学生：うーん，その答えを出すのは難しいね。あなたはどうして理科が好きなの？
男子学生：そうだな…，実験も楽しいけど，一番の理由は，生活の中で理科の知識が役に立っていると感じるからかな。
女子学生：それなら，理科離れを止めるには，そういったことを伝えられるような工夫が授業に必要なのかもしれないね。
男子学生：そうだね。今度，教育実習があるから先生に提案してみようかな。

この男子学生は，理科離れを止めるために，どのようなことを提案したいと言っていますか。
1．理科の知識は将来役に立つと教えること
2．理科の授業で，実験をたくさん行うこと
3．理科と生活のつながりを実感させること
4．理科の授業の時間数を増やすこと

19番　先生が，災害時の非常食について話しています。この先生は，非常食の備えについて，どのような方法を勧めていますか。

　皆さんは災害に備えて非常食を確保していますか。地震や台風などの自然災害はいつ発生するか分からないので，普段から用意をしておく必要があります。ただ，非常食といっても消費期限があります。実際に災害が起きて，非常食が必要となったときに期限切れだと意味がありません。そこで，近年広まりつつあるのが，ローリングストック法という方法です。これは，普段の生活に非常食の備えを取り入れる方法です。普段から保存に適した食料や水を多めに買っておき，日常で使った分だけ補充をしていくというものです。そうすると，常に一定量の非常食の備えができる上に，入れ替えも行われるので，消費期限が過ぎてしまうということもなくなります。注意点としては，必ず古いものから使用するということ，使った分は必ず補充することですね。この方法は，食料だけではなく，薬などの医療品や電池などの日用品にも応用することができます。

この先生は，非常食の備えについて，どのような方法を勧めていますか。
1．消費期限の長い非常食を買う。
2．日常の食料と共有し入れ替えを行う。
3．非常食は定期的に廃棄する。
4．普段よく食べているものを買っておく。

20番　先生が，娯楽について話しています。この先生によると，最近の若者がテレビをあまり見なくなった理由は何ですか。

　以前，大学生と娯楽について話していたときに，興味深いことに気がつきました。彼らは，スマートフォンで本を読んだり動画を見たりはしますが，テレビはあまり積極的に見ないということです。確かに，一昔前なら学生同士が昨日放送されたテレビ番組について話しているのが日常でしたが，最近はそういうことが少なくなっているように思います。

　近年，若者の読書量が減ったことを題材にした新聞記事なども出ています。しかし，実際には，本を読まない若者よりもテレビを見ない若者が増えていると思われます。その理由として，最近の若者は，娯楽そのものに時間を割くのではなく，余った時間でできる娯楽に価値を見出していることが考えられます。娯楽に自分の時間を合わせるのではなく，自分の時間に合わせられる娯楽を楽しむようになったと言えるでしょう。

この先生によると，最近の若者がテレビをあまり見なくなった理由は何ですか。
1．インターネットの動画の方がテレビより面白いから
2．生活が忙しくテレビを見る時間の余裕がないから
3．テレビは決まった時間に見る必要があるから
4．テレビよりも本に興味があるから

21番　男子学生と女子学生が，ストレスチェックについて話しています。この女子学生は，ストレスチェックの問題点は何だと言っていますか。

男子学生：今日，大学の保健センターで，ストレスチェックを受けてきたよ。

女子学生：ストレスチェックって，何？

男子学生：いくつかの質問に答えることで，その人のストレスが，今どのような状態にあるかがわかるテストなんだ。学校ではまだ義務化されていないけど，従業員が一定数以上いる企業では，必ず行わなければならないことになっているんだよ。

女子学生：そうなんだ。もし，従業員の中にストレスの高い人がいたら，企業は何か対策をする義務はあるのかな。

男子学生：いや，特にそういった法律はないみたいだね。

女子学生：だったら，あんまり意味がないんじゃないかな。ストレスが高い人に対して，しっかり対応できるようにしないと。

男子学生：確かにそうだよね。

この女子学生は，ストレスチェックの問題点は何だと言っていますか。
1．ストレスチェックが学校で義務づけられていないこと
2．ストレスチェックの質問が現状と合っていないこと
3．ストレスチェックが大きな企業でしか実施されていないこと
4．ストレスチェックの結果に対する対応が十分ではないこと

22番　先生が，経営を学問として学ぶ意義について話しています。この先生によると，経営を学問として学ぶことには，どのような良い点がありますか。

　よく，「実際のビジネスは複雑で難しいから経営を学問として学んでも役に立たない」という意見を聞きます。たしかに，ビジネスの現場には必ずしも教科書通りにはいかないことがあります。しかし，だからといって経営学を学ぶ必要がないとは思いません。経営を学問として学ぶことで，世の中のあらゆる経済活動を，消費者の視点だけではなく，経営者の視点でも見ることが出来るようになるからです。例えば，普通は，遊園地に行っても，乗り物が面白い，楽しいといったお客としての感想を持つだけですが，経営学を学んだ人は，「なぜこの場所に遊園地を作ったのだろう」とか，「この乗り物の料金は適切なのか」といったように，経営の観点からも考えることができるようになります。つまり，物事を様々な視点から捉える方法を身につけることができるのです。これが経営を学問として学ぶことの意義だと思っています。

この先生によると，経営を学問として学ぶことには，どのような良い点がありますか。
1．複数の視点から物事を見ることができるようになる点
2．消費者の要望を適切にとらえることができるようになる点
3．経営学以外の学問にも知識を応用することができる点
4．実際のビジネスの現場で通用する人間になれる点

23番　男子学生と女子学生が，大学の研究について話しています。この男子学生は，大学ではもっと何をするべきだと言っていますか。

　男子学生：大学の研究って，面白いけど，やりがいのなさも感じるよね。

女子学生：どういうこと？　研究すればするほど，新しい発見があったり認識が深まったりして，すご
　　　　　くやりがいがあるじゃない。
男子学生：うん，それは僕も同感。でも研究ってそれだけじゃだめだと思うんだよね。
女子学生：何が足りないの？
男子学生：その研究を活用することが大事なんだよ。知識も技術も，研究者が認識しているだけじゃ価
　　　　　値が半減すると思うんだ。だけど，今は研究結果を活用していることが感じられないんだよ
　　　　　なあ。
女子学生：開発した技術を製品に反映したりとか，考古学の知識を観光に活かしたりとか，自分の研究
　　　　　を実際に活かしたいということだね。
男子学生：そう。研究は社会に活用されてこそ価値があると思うんだ。学問の価値ってそこにあるんじゃ
　　　　　ないかな。大学でも，そういった活動をもっとするべきだと思うんだよ。

この男子学生は，大学ではもっと何をするべきだと言っていますか。
１．研究者に知識を広く認知させること
２．新たな技術を生み出すこと
３．専門的な知識をより深く探究すること
４．研究成果を社会に還元すること

24番　先生が，温暖化による航空機の問題について話しています。この先生が話の中で，実現が難しい
　　　と言っているのはどのようなことですか。

　　　現在，航空機は，世界をつなぐ大切な交通機関です。航空機は，天候不良に弱い交通機関ではありま
すが，天候は一時的なものなので大きな問題ではありません。
　　　これに対して，現在問題になっているのが，温暖化によって航空機の運航に支障が出ることです。航
空機は，滑走路を走ることで揚力という浮かぶ力を得て，上昇します。しかし，地球温暖化によって気
温が上がると，空気の密度が低くなり，揚力が十分に得られなくなります。そうなった場合にどう対処
するかというと，まず，重量を減らします。乗客や荷物を減らすわけです。また，より大きい揚力を得
るために，空港の滑走路を長くする必要があります。実際に，将来の温暖化に備え，新しく建設した空
港の滑走路を通常よりも長く作った国もあります。しかし，これはどの空港でも実現できるわけではあ
りません。特に都市部にある空港では，長い滑走路を作るための広い土地を確保できない場合も多いの
です。また，新たに空港を建設するには莫大な費用もかかります。

この先生が話の中で，実現が難しいと言っているのはどのようなことですか。
１．気温の上昇を防ぐこと
２．雨の日に運航すること
３．空港の滑走路を長くすること
４．飛行機の重量を軽くすること

25番　先生が，将来に関するアンケートについて話しています。この先生は，中学生が「なりたい職業
　　　がある」と答えた割合が少ない理由は何だと言っていますか。

　「将来，なりたい職業がある」と答えた生徒の割合は，小学5年生が約70％と最も高く，その後は，学年が上がるにつれて割合は下がり，中学3年生が約40％と最も低くなっています。高校生になると，その割合は増え始め，高校3年生では，約60％になります。なぜ，中学生は「なりたい職業がある」と答える生徒の割合が少ないのでしょうか。

　重要なことは，この結果を受けて，中学生は将来に対する意識が低いと考えるのは間違いだということです。その証拠に，「この1年の間に，自分の将来について，深く考える経験をしたか」という質問については，「した」と答えた人の割合は，小学生よりも中学生のほうが高いのです。視野が広がり，社会についての知識も増えるなかで，自分の将来を現実的に考え始めたからこそ，なりたい職業を決めきれない姿を読み取ることができます。

この先生は，中学生が「なりたい職業がある」と答えた割合が少ない理由は何だと言っていますか。
1．自分の将来について真剣に考えていないから
2．知識がついたことで，かえって職業を選択できずにいるから
3．小学生に比べて自分の将来について考える機会が少ないから
4．社会の現実を知るようになり，将来に夢を持てなくなっているから

26番　男子学生と女子学生が，人間の目について話しています。この男子学生は，目に関してどのように考えていますか。

男子学生：人間の目は，人によって，右目か左目かでよく使う側があるらしいよ。
女子学生：利き手みたいなものかな。お箸を持ったり，字を書いたり，よく使う方が右とか左とかあるよね。
男子学生：その通り。目の場合は，利き目って言うみたいだよ。
女子学生：そうなんだ。私の利き目ってどっちなのかな。利き手は右の人が多いよね。
男子学生：利き目も右目の人が多いらしいから，右目なんじゃないかな。
女子学生：そうなんだ。右目も左目も同時に使うのに，不思議だね。どうして右目が利き目だという人が多いのかな。右手をたくさん使ってきたからかな。
男子学生：それについては，人間の進化と関係があるらしいよ。人間の脳は，言葉を管理する部分が左側にあるんだ。人間が言葉を使ううちに，左の脳が発達したみたいだね。
女子学生：それ，知ってる。それで，左側の脳が体の右側を操っているんだよね。
男子学生：そう。だから，右手が利き手という人が多いんだよ。目の場合も同じだね。

この男子学生は，目に関してどのように考えていますか。
1．利き目の割合は，言葉の発達に関係している。
2．利き目は普段から意識してたくさん使うとよい。
3．右手を使ううちに右目を利き目とする人が増えた。
4．利き目が左目の人は，言語の能力が低い。

27番　先生が，鉄道の安全対策について話しています。この話の中で，先生が強調している内容はどのようなことですか。

電車は大勢の乗客を乗せていますが，動かすのは一人の運転士です。人間が動かすものですから，どうしてもミスが起こる可能性があります。ですから，電車には様々な安全装置があり，ミスが起こりにくい工夫がされています。さらに，万が一運転士がミスをしたり，急病になって運転ができなくなったりしても事故が起こらないようになっています。

たとえば，運転士が1分以上操作をしなかった場合に運転台のブザーが鳴り運転士に注意を促します。さらに5秒以内にボタンを押さないと自動的にブレーキがかかるシステムがあります。

また，線路内にある信号は，電車と電車の間の距離を把握することによって，電車同士がぶつからないように調整します。もし運転士がうっかりして信号を見落としてしまっても，電車の車体についている自動列車停止装置が，自動的にブレーキをかけてくれる仕組みになっています。

このように，大勢の乗客を乗せて毎日何本も走る電車には，何重にも安全対策が取られているのです。

この話の中で，先生が強調している内容はどのようなことですか。
1．鉄道の安全管理は複数の段階で対策が講じられていること
2．乗客の命を預かる運転士の訓練は厳しく何度も行われること
3．日本の鉄道の安全管理には最新の技術が使われていること
4．鉄道の安全管理は充実しているが，一部不十分な点があること

第2回

1番　先生が倫理学の授業で，偏見について説明しています。この先生が特に認識すべきだと言っているのは，図のどの部分ですか。

人間が物事について考えたり，知識を得たりする時に障害となるのが，先入観や偏見です。この図は，人間の先入観や偏見を四つに分類したものです。一つ目は，人間という種族に共通する感覚に基づいた偏見を表しています。遠近法のように，近くのものは大きく見え，遠くのものは小さく見える錯覚などのことです。二つ目は，自分の考えを絶対視することにより生まれる偏見です。三つ目は，言葉の使い方や意味の捉え方の違いから生まれる偏見で，うわさ話を本当のことだと思い込むようなことです。同じ言葉でも，人によって解釈が異なることはよくあります。最後に四つ目は，権威や伝統によって生じる偏見です。例えば，有名な教授の意見は何でも正しいと思ってしまいがちです。これは，教授自身に権威があるからですね。

どの偏見も，簡単には克服できません。特に，現代の社会では，自分の意見を疑わなかったり，有名な科学者の意見を無批判に受け入れたりしがちです。このような傾向を克服することは難しいですが，それを認識した上で，物事を冷静に判断すべきでしょう。

2番　先生が，社会学の授業で，地方都市の交通について話しています。この先生が話す，今後の都市のあり方を図にするとどうなりますか。

現在，高齢者の増加などにより，地方都市を取り巻く環境は厳しくなっています。今日は交通を改善することによって，地方都市を活性化させる計画について話します。

　中心市街地は，企業の支店があったり他の主要都市などに向かう際に拠点となったりする場所のことを指します。一方，周辺市街地は市民が住宅などを構え生活を送る場所です。中心市街地と比べて，規模が小さい傾向にあります。生活圏は，日常生活を行う上で必要となる機能を集約したエリアのことを言います。今まで地方都市は，市街地同士が交通網でつながり，中心市街地を含む複数の市街地で生活圏を形成していました。しかしながら，高齢化が進んだ結果，複数の市街地の往来はほとんどなくなりました。そのため，これからは市街地一つ一つが生活圏になり，コンパクトに生活が送れるようにする必要があります。また利用者の少ない交通網に費用をかけるようなことをせず，一つの大きな市街地を中心として，様々な場所に行けるような交通網を敷くべきです。

3番　先生が，カマキリという昆虫について話しています。この先生の話によれば，カマキリが餌を捕らえることに成功する可能性が高いのは，図のどの範囲ですか。

　カマキリは，ほかの昆虫を餌として捕食します。カマキリの外見上の特徴は，大きな鎌のような前足です。この足は歩くためにも使いますが，主に獲物を捕らえるときに大きな役割を果たすので，進行方向に向いています。

　鎌のような前足で餌を捕ると聞くと，前足を大きく振りかざし獲物の昆虫を傷つけてから捕食するように感じますが，実際はそうではありません。前足のけい節とたい節の間で獲物を挟み込むように捕獲するのです。ですから，カマキリは前足が向いている方向の獲物しか捕らえることができません。また，けい節とたい節の間で獲物を捕らえるため，獲物の大きさにも限度があります。自分自身より大きい獲物になると捕まえることが非常に難しくなります。

4番　女子学生と男子学生が，就職活動について話しています。この女子学生が就職活動でアピールしようと考えている能力はどれですか。

女子学生：もうすぐ就職活動が始まるね，不安だな。

男子学生：就活では，自分の長所をいかに企業にアピールできるかが大事だと思うよ。

女子学生：どんな長所をアピールしたら，企業は興味を持ってくれるんだろう。

男子学生：これは，国が発表した資料なんだけど，すべての社会人に求められている能力を表しているんだ。

女子学生：へえ。こんなにいろいろな能力が必要なんだね。自信が無いよ。

男子学生：大丈夫だよ。自信を持てる能力がひとつでもあれば，それをアピールすればいいんだ。例えば，僕は今まで生徒会長をやったり，サークルで新しいイベントを企画したりして，みんなをまとめた経験がある。だから，僕ならこの能力をアピールするな。

女子学生：あなたはいつも自分から周りに働きかけるタイプだもんね。私は，人と人を繋げたり，いろいろな人の意見を聞いたりするタイプだから，これをアピールしようかな。主体性がないってことかもしれないけどね。

男子学生：それも，ここに書いてあるように大切な能力の一つだよ。それに君は試験のとき，何日も前から逆算して勉強してたよね。これも一つの長所だよ。

女子学生：そうだけど，勉強するのは大学生にとって当たり前だから，それは強みになるとは思えないな。

5番　先生が，グローバル企業における組織形態について話しています。この先生が例に挙げた企業は，これからどの形態を取りますか。

　現代はグローバル化が叫ばれて久しいですが，それに伴ってグローバル企業の組織構造にも大きな変化が起きています。グローバル企業の組織は，支配力の強さと子会社との関係から，主に4つの形態に分かれます。ある会社では，海外進出した当初は全ての権限が本社に集中していたため，すべて本社からの指示で事業を行うという，グローバル組織と呼ばれる形態を取っていました。しかし，徐々に海外の子会社に権限を移すようになり，現在は本社からの細かい指示は少なくなり，各々の海外子会社が独立して事業を行うようになりました。このことによって急速な環境の変化に対応できるようになりましたが，このような組織では各子会社の間で連携がなく，まだまだ効率性に欠けています。そのため，今後この会社は，あくまで子会社の自立的な事業運営を変えることなく，双方向的な協力関係のもとに，本社が子会社同士の連携を調整するような組織に移り変わっていくでしょう。

6番　先生が，大学の改革について意見を述べています。この先生の話を整理すると，「反対」に分類される改革はどれですか。

　この大学では，現代社会に対応して7つの改革を行おうとしています。大学には，主に学生の教育と，研究の発展という，ふたつの目標があると思いますが，私は何よりも学生の教育を重視すべきだと考えています。
　まず，学生に新しい教育の機会を増やすことを積極的に行うべきだと思います。また，研究発表の場を増やすことや，教員の給与体系を見直すことは，教員の意欲向上に直結し，それが大学全体の教育の質を高めることにつながるでしょう。地域や他大学との連携も積極的に行うべきです。学生の数に関することですが，私は人数を減らして，より密度の高い教育が実現できるなら賛成したいと思いますが，これに関しては様々な方向から検討する必要があると思います。最後に，先ほど私は，学生に新たな教育の機会を与えることを積極的に行うべきといいましたが，それを学生全員に一律に課すのは問題ではないでしょうか。学生に費用の負担を強いることにもなりかねません。

7番　先生が，睡眠について話しています。この先生によると，グループAとグループBのゲームの結果として正しいものはどれですか。

　睡眠が人の能力にどのような影響を与えるかを学びましょう。各グループの人数が同数になるようにグループAとグループBに分けます。両方のグループに9時から16時まであるゲームを何度も繰り返し行ってもらいました。途中，両グループに休憩をとってもらいましたが，グループAには睡眠を，グループBには寝ずに休憩をとってもらいました。
　休憩の前は，両方のグループに大きな成績の差は現れませんでした。研究者たちは，睡眠には能力を維持する力があるということを知っていたため，休憩後は，睡眠をとったチームは成績を維持し，一方のチームは成績が落ちた後再び上昇すると考えました。
　しかし，休憩後に成績を維持したのは予想とは異なるチームだったのです。そして，もう一方のチームは，休憩後の成績が休憩前に比べ大きく上がっていました。このように，睡眠には成績を向上させる役割もあるようです。

8番　男子学生と女子学生が，PSM分析について話しています。この男子学生が最後にする質問の答えはどれですか。

男子学生：今日マーケティングの授業でPSM分析というのを習ったんだ。

女子学生：へえ。どういうもの？

男子学生：一言で言うと，商品の価格に応じて顧客がどういう気持ちを抱くのかを分析して，最も良い価格を探ろうというものなんだよ。これを見て。これら四つの質問で，商品の価格への感じ方を調べるんだ。

女子学生：そうなんだ。じゃあ，例えばこの安いと感じる価格の線と高いと感じる線が交わった線は，顧客としては安くも高くも感じない妥当な価格ってことだね。

男子学生：その通り。ただ，売る側としてはこの価格には設定しにくいんだ。なぜなら，この価格だと買う側にとってお得な感じが無いんだ。売る側としてはもちろん利益を出したいから，価格を高く設定したいわけだけど，お得だと思って買ってもらえないと顧客の心をつかめないからね。

女子学生：となると，ポイントは，お得感もあって，できるだけ多くの利益も出る価格ということだね。

男子学生：その通り。それを踏まえると，顧客にとっても売る側にとっても最も良い価格はどこに当たると思う？

9番　先生が，避雷針の設置について話しています。この先生が最後にする質問の答えはどれですか。

　雷のエネルギーはすさまじく，直撃すると人間の体や電化製品に多大なダメージをもたらします。そのため，落雷への対策を行う必要性があることは言うまでもありません。その際に行われる対策として，避雷針の設置が挙げられます。避雷針というのは，雷を誘導して呼び込み，エネルギーを地面に逃がすことで，建物などへの被害を抑える装置のことです。

　では，どのような建物に避雷針を取り付けるべきなのか見ていきましょう。まず，高さが20メートルを超える建物は避雷針の取り付けが義務とされています。ですので，それ以下の高さの場合は取り付ける必要はありません。しかし，低い建物であっても，周りに建物がなかったり，近くに避雷針の設置がなかったりする場合は取り付けるべきですね。

　では，この図で避雷針を取り付けるべきなのは，どの建物だということになりますか。

10番　先生が，スポーツ選手を支援する方法について話しています。この先生によると，図の空欄AとBに入る言葉の組み合わせはどれですか。

　現代のスポーツ選手の練習は，無計画に長時間やるのではなく，科学的な方法に基づいて行われています。科学的な研究に基づいた練習を行うことで，選手のけがを減らしたり，効率的に結果を出したりすることができます。今日は，スポーツの科学的な研究が行われている施設において，選手の支援がどのように行われているかについて話します。

　まず，スポーツ選手側から，研究施設のサポート部門に課題の相談があります。サポート部門は，今までの研究結果に基づき，選手側に対して解決方法を提案します。一方で，サポート部門はその課題を調査部門に提供します。調査部門は，その課題について得た情報を使って研究を深め，研究結果をサポート部門に共有します。サポート部門は，新しく得た研究結果を使い，更に発展的な提案ができるように

なります。

11番　先生が社会心理学の授業で，人間関係について説明しています。この先生が最後にする質問の答えはどれですか。

　社会心理学で，人間の心を三つに分ける方法があります。まず一つ目が親としての心，二つ目が大人としての心，三つ目が子どもとしての心です。

　図のXを見てください。Pは親の心，Aは大人の心，Cは子どもの心を表しています。Xでは，自分も相手も大人の心で接しています。互いを大人と認識し，合理的なやり取りをしているときがこの状態です。図のYはお互いが親の心で，相手の子どもの部分に接しています。例えば，自分が相手に対して最近遅刻が多いと指摘したとしましょう。そのとき相手が忘れ物の多さを指摘し返してきた場合はこの状態です。喧嘩が始まってしまいますので，二人の関係は不安定な状態と言えます。

　安定した状態とは，お互いが相手に期待する立場と，実際の言動が一致しているときです。例えば，親など目上の人から遅刻が多いことを指摘され，自分はそれを聞き入れたとします。相手は自分に，従順な子どもの心であることを期待し，自分もその期待に沿っています。関係の矢印が平行で，安定した状態です。では，この状態を表しているのはどの図だと言えますか。

12番　先生が，動物の足跡の付き方について話しています。この先生が最後にする質問の答えはどれですか。

　森の中を歩いていると，動物の足跡を発見することがありますが，その足跡から動物の種類を知ることができます。例えば，ウサギは跳ねて前に進みます。ですから着地のときに横に並ぶ後ろ足の跡がつきます。また，前足が縦に並んでいるのも特徴です。リスは，似たような足跡がつきますが，前足が横に並びます。

　森にいる動物ではありませんが，イヌの足跡はどうでしょうか。イヌは前足の足跡を後ろ足で踏んで歩きます。ですから，足跡としては前足の足跡と後ろ足の足跡が重なっています。

　そして，森に棲むタヌキの場合はイヌと少し似た足跡がつきます。ただ，前足と後ろ足が半歩ずれるので足跡が重なることはありません。二つずつの足跡が左右に二列に並びます。キツネは前足と後ろ足が直線状につきます。

　さて，足跡の観察は畑などで農作物に被害があったときにも有効です。図のAとBは畑を荒らした動物の足跡です。Bの動物はすでに追い払いましたが，Aの動物はまだ追い払えていません。この畑の持ち主はどの動物への対策をすると良いと考えられますか。

13番　先生が，効率の良い仕事を行う方法について話しています。この先生は，効率の良い仕事をするために，どのようなことが大切だと話していますか。

　皆さんは，ワーキングメモリという言葉を知っていますか。ワーキングメモリとは，一時的に情報を脳に保持し，処理する能力のことです。私たちは，日々の仕事の中で，一度に多くの情報を受け取ることがあります。そういった時に，情報を一時的に記憶し，その情報に優先順位をつけて，順番に処理していくことができるのは，ワーキングメモリのおかげです。しかし，ワーキングメモリの容量には限界があります。仕事でミスが増えたり，スピードが落ちたりしてしまうのは，ワーキングメモリの容量を

超えていることを意味します。ですから，全てを頭で覚えようとするのではなく，普段からメモを取ったり，疲れたら一時的に仕事から離れたりするなど，ワーキングメモリに負担をかけないようにすることが大切です。ワーキングメモリの容量を増やすトレーニングもありますが，それよりも，容量を超えないようにすることを優先すべきです。

この先生は，効率の良い仕事をするために，どのようなことが大切だと話していますか。
1．優先順位をしっかり頭に入れて仕事すること
2．ミスを減らすように経験を積むこと
3．メモを取ったり，気分転換をしたりすること
4．ワーキングメモリの容量を増やす訓練をすること

14番　先生が，自然科学について話しています。この先生は，自然科学とはどのようなものだと言っていますか。

　自然科学の研究は，正解が定まっているものとは限りません。研究とは，まだ解明されていないことを明らかにする過程そのものだからです。だからこそ私は，みなさんに間違えることを恐れないでほしいと思っています。そもそも自然科学の歴史は，当たり前だと思われていたことが事実ではないという証明の積み重ねです。なので，むしろ，みなさんがこれから学ぶ学問の様々な理論や定理を疑ってかかるくらいの気持ちのほうがいいでしょう。遥か昔は，地球は真っ平だと信じられていましたが，それは間違いだと証明され，「地球は丸い」と考えが改まりました。しかし，その後，丸いと思われていた地球も，実は完全に球体の形をしているわけではないことがわかりました。つまり，現在当たり前だと思われていることでも，実は真実ではないという可能性を多く含んでいるのです。

この先生は，自然科学とはどのようなものだと言っていますか。
1．誤りを正し，知識を更新していくもの
2．間違いから一つの正解を導き出すもの
3．絶対的な真実を明らかにするもの
4．仮説と実験が常に繰り返されるもの

15番　男子学生と女子学生が，自動運転について話しています。この男子学生は，どうして自動運転を推し進めるべきだと考えていますか。

男子学生：自動運転の車のコマーシャルが増えてきたよね。
女子学生：そうだね。でも，機械に運転を任せるのって，少し怖いな。
男子学生：安全性は自動運転で最も重要な課題だね。それに，事故が起きたら，誰が責任をとるのかっていう問題もある。
女子学生：事故の回避の仕方も人間がプログラムするんだもんね。メーカーにも責任が発生するかもしれないよね。
男子学生：それでも僕は，自動運転に賛成だよ。これからの日本では特に必要になると思うんだ。
女子学生：それはどうして？
男子学生：日本は今少子高齢社会でしょ。お年寄りの運転の安全性が問題になってるけど，地方は交通

の便がよくないから，みんな車を使わざるを得ないんだ。

女子学生：自動運転の車が普及すれば，年齢が上がっても長く運転を続けられるということだね。

男子学生：そう。足腰が弱いお年寄りにはすごく便利で生活も助かるし，お年寄りの活動の幅も広がると思うんだ。

女子学生：これからますます高齢化が進む日本にはピッタリってわけだね。

この男子学生は，どうして自動運転を推し進めるべきだと考えていますか。

１．人間の運転よりも安全性が優れているから

２．事故の際の責任の所在が明らかになるから

３．高齢者の生活や活動の助けとなるから

４．今後，車の使用者が増えると予測されるから

16番　先生が，心理学の授業で話しています。この先生の話から，どのようなことがわかりますか。

　試験や面接の前日などに，不安や緊張を感じる人も多いと思います。私たちの感じる不安や緊張にはＳ遺伝子とＬ遺伝子という２つの遺伝子が関わっていると言われています。Ｓ遺伝子を持っている人は緊張しやすく，Ｌ遺伝子を持っている人は緊張しにくいのです。遺伝子は両親から一つずつもらって２つでひと組となるので，遺伝子の種類としては，緊張しやすいSS型，緊張や不安が中程度のSL型，緊張や不安に強いLL型に分類することができます。日本とアメリカの人たちのＳ遺伝子とＬ遺伝子の割合について調べた研究結果によると，日本ではSS型とSL型に分類される人の割合が多く，反対に，アメリカ人はLL型に分類される人の割合が多く存在していることがわかりました。

この先生の話から，どのようなことがわかりますか。

１．アメリカ人は日本人より緊張や不安を感じやすい人の割合が多い。

２．日本人はアメリカ人に比べ緊張や不安を感じやすい人の割合が多い。

３．日本人とアメリカ人の間に緊張や不安の感じやすさの差はない。

４．緊張や不安を感じることについて，遺伝子は関係ない。

17番　先生が，企業の人事について話しています。この先生は，すぐに退職する社員が多い会社は，人材の配置をする上で，どのような視点が欠けていると言っていますか。

　近年，新入社員が入社してもすぐに退職してしまうということが問題になっています。このようなことを防ぐために，本日は人材の配置の観点からお話をします。

　人材を配置するときに，一般的に重視されるのは，まず，この仕事を行う力があるかという「能力」です。次に，その仕事をやりたいのか，という「志向」です。どちらも仕事へのモチベーションにつながる大きな要因です。こういったことはどの企業でもしっかり考慮されていると思います。

　ですが，それでもなぜか退職者が減らないという企業に，欠けている視点があります。それは「相性」です。社員の退職理由として多いのは，人間関係です。非常に難しい問題ですが，人には，合う，合わないという相性がどうしても存在するものです。これを人事や上司が意識するだけで，問題が起きたときにも適切なサポートが可能になり，人間関係がスムーズになる可能性が大いに高まるのです。

この先生は，すぐに退職する社員が多い会社は，人材の配置をする上で，どのような視点が欠けていると言っていますか。
1. 社員が仕事のモチベーションを保てること
2. 社員同士が円滑な関係を築けること
3. 社員がこの仕事に向いていること
4. 社員が将来のビジョンを描けること

18番　女子学生と男子学生が，エコ活動について話しています。この女子学生の昨日の行動と，同じ種類に分類されるものとして，どのような例が考えられますか。

女子学生：昨日，近所のリサイクルショップで机を買ったの。まだきれいだし，安いし，エコだし，いいことばっかり。
男子学生：それはよかったね。そういえば，リサイクルショップってたくさんあるけど，あれって本当はリサイクルじゃないよね。
女子学生：どういうこと？
男子学生：リサイクルって，例えば空き缶を回収して，溶かして別の製品を作るみたいに，原料に戻して新しい製品を作ることなんだよね。まだ使える製品をそのままの形で別の場所で使うのは，リユースっていうんだよ。
女子学生：そうか。じゃあ，私がしたのはリユースなんだね。
男子学生：そうだね。エコの活動としてよく聞く「３Ｒ」は，今話したリサイクル，リユースと，もうひとつあるんだけど，知ってる？
女子学生：それは知ってる，リデュース。そもそものゴミの量を減らすことだよね。
男子学生：うん，そう。それがまず一番大事だよね。

この女子学生の昨日の行動と，同じ種類に分類されるものとして，どのような例が考えられますか。
1. 生ごみを肥料に変えて使用する。
2. 牛乳瓶を洗い，消毒して繰り返し使用する。
3. 商品を包む包装紙を使わないようにする。
4. 二酸化炭素の排出の少ない商品を選んで使用する。

19番　先生が，代替療法と呼ばれる治療法について話しています。この先生は，代替療法の注意点について，どのようなことを最も強調していますか。

　代替療法とは，現代医学を補い，人間が自らもつ，病気やけがを治す力や免疫力を高めることで，健康を維持するような治療法のことを指します。最近の健康ブームの後押しもあり，代替療法に関する本や雑誌は数多く出版されています。
　しかし，日本には代替療法に取り組む専門の政府機関は存在しないため，インターネットや出版物で得られる情報が正しいかどうかは慎重に見極めなければなりません。例えば，代替療法の一つである健康食品やサプリメントには，体の中で薬と同じようなはたらきをするものがあります。特に，医師による治療と併せて服用する場合は注意が必要です。病院で治療している最中に健康食品やサプリメントを服用すると，症状や検査の値に変化が生じた際，それが病院の治療そのものによる変化なのか，代替治

療による変化なのかがわからず，治療に悪影響を及ぼすリスクがあります。

この先生は，代替療法の注意点について，どのようなことを最も強調していますか。
1．自然治癒力や免疫力を高めるだけでは，病気は治らないこと
2．専門の機関に頼らず，自己判断で行う必要があること
3．健康食品やサプリメントには，薬のような効果はないこと
4．医師の治療と代替治療を併せて行うのはリスクがあること

20番　先生が，チームについて話しています。この先生は，チームが成果をあげるために最も必要なことは何だと言っていますか。

　チームとは，一人ひとりが力を最大限発揮し，一丸となって共通の目標を達成しようとする組織のことです。仕事，スポーツなど，いろいろな場面で人々はチームで行動します。
　チームとして最大限の成果を出すためには様々な要素が必要です。例えば，全員が目標を共有し，同じ方向を向いていなければいけませんし，それぞれが自らの役割を責任を持って全うしなければなりません。また，常に進捗状況を共有し，臨機応変に改善することも求められます。そんな中で，最も気をつけなければならないのは，全員が主体的に行動できているかどうかです。強いリーダーシップを持った人を中心に，その指示通りに動くことは，統制が取れていると見ることはできます。しかし，そのことで個人の持つ能力が発揮できなくなるとすれば，チームを作る意味がありません。一人ひとりが自ら動いて，それぞれの得意分野で能力を発揮するときにこそ，チームは成果をあげることができると言えるのではないでしょうか。

この先生は，チームが成果をあげるために最も必要なことは何だと言っていますか。
1．チーム内で頻繁に状況を報告し合うこと
2．リーダーの決定をメンバーが尊重すること
3．一人ひとりが自ら行動できる環境を整えること
4．一人ひとりの役割と責任を明らかにすること

21番　新聞記者と書店の店主が話しています。この店主は，どのようなサービスを始めたと言っていますか。

新聞記者：近年，紙の本の売り上げが大きく低下している中で，こちらの本屋では売り上げを伸ばしていますね。大きな理由として，インターネットを使った新しいサービスがとても好評だと伺いました。
店　　主：はい，3年前から，ネットを通じてお客様向けに本を選ぶサービスを始めました。
新聞記者：選ぶ，とは，お客さんの読む本を書店が選ぶということですか？
店　　主：はい，選びます。ですが，一方的に選ぶわけではありません。お客様の中には，本を読みたいと思っていても，どんな本を読みたいかを具体的に思い浮かべることができない方もいます。そこで，当店ではお客様のニーズを探って本を選びます。
新聞記者：どのようにしてニーズを探るのでしょうか。
店　　主：ネット上で，お客様にアンケートを実施しています。そこからお客様のご興味やお人柄など

を推測し，お客様に合った本を選び，発送するのです。

新聞記者：なるほど。本の知識が豊富なスタッフがいるからこそできるアイディアですね。

店　　主：はい。お客様にも，自分で選ぶだけでは手に取ることがない本を読む機会ができると好評です。そのおかげで，実際に書店に足を運んでくださるお客様も増えて，店舗での売り上げも伸びているんです。

この店主は，どのようなサービスを始めたと言っていますか。

1．いろいろな分野の本を偏りなく紹介するサービス

2．お客様に合った本を提供するサービス

3．インターネット上で本が読めるサービス

4．お客様の購入した本を無料で配送するサービス

22番　先生が，タンポポという植物について話しています。この先生によると，タンポポは都市環境に対応して，どのように変化したと考えられますか。

　タンポポは土に生える花で，ふわふわとした綿毛で遠くまで種子を運びます。そうすることで，同種の個体から離れたところで芽を出すことができるので，同種間の競争を避けることができるのです。そのため，パラシュートの役割をする綿毛は幅が広く，種子はなるべく軽い方が遠くに飛べて良いのです。

　しかし，都市のような環境ではどうでしょう。都市部では，土がむき出しになっているところは少なく，コンクリートやアスファルトなどの上に種子が着地する可能性がとても高くなります。種子を遠くまで運んでも，タンポポが芽を出せるような環境にたどり着くことは大変難しいのです。そのため，飛ぶことに特化していた綿毛や種子は，落ちることに力を入れるようになりました。つまり，親のタンポポが咲いている付近の土に真っすぐ落ちるような変化を遂げたのです。

この先生によると，タンポポは都市環境に対応して，どのように変化したと考えられますか。

1．綿毛が細くなり，種子が重くなった。

2．綿毛が細くなり，種子が軽くなった。

3．綿毛が幅広くなり，種子が重くなった。

4．綿毛が幅広くなり，種子が軽くなった。

23番　女子学生と男子学生が，ある国の観光計画について話しています。この女子学生は，この計画の最も重要なメリットは何だと考えていますか。

女子学生：ねえ，外国に京都があるって知ってる？

男子学生：外国に京都？　どういうこと？

女子学生：日本の京都を再現した街を建設する事業計画が進んでいるんだよ。日本風の別荘や温泉付きのホテルもあるんだって。

男子学生：そうなんだ，すごいね。確かに京都のような日本の歴史を感じられる街が好きで日本に来る観光客は多いよね。街が完成したら飛行機に乗らなくても気軽に日本を楽しめるね。

女子学生：建物だけじゃなくて，日本人の料理人や旅館のスタッフが一緒に作り上げているから，料理もサービスも本格的な日本風になっているんだって。力が入っているよね。

男子学生：これで，本当の日本にも興味をもって，来日してくれる人が増えるかもしれないね。

女子学生：経済的な効果も大事だけど，こういう事業計画では，国同士の友好的なムードが高まることが一番意味のあることだと思うな。

この女子学生は，この計画の最も重要なメリットは何だと考えていますか。

1．外国にいながら，日本の食事や温泉を気軽に楽しめる。

2．文化を知ることをきっかけに，友好的な雰囲気を高められる。

3．日本をより身近なものに感じて，来日する人が増える。

4．日本の文化を知ってもらうことにより経済効果が期待できる。

24番　先生が，アクセサリーを身に着ける理由について話しています。この先生が話をしている例では，金（きん）のアクセサリーを身に着けるようになった理由は何ですか。

　現代では着飾る目的で使用されることの多いアクセサリーですが，かつては異なる目的のために利用されることもありました。例えば，船での航海が盛んに行われるようになった時代は，今よりも船を製造する技術や気象を把握するための知識が未熟だったため，船の乗組員は死と隣り合わせでした。そのため，船の乗組員は自分が死んだときのために金のアクセサリーをするという習慣を持っていたようです。金はその時代でもある程度の共通の価値を持っていました。そのため，万が一航海中に死んで，母国以外の場所で葬式を上げることになったとしても，立派な葬式を行えるようにと願って身につけられていたのです。金のアクセサリーをお金（かね）に換えて，誰かに葬式を挙げてもらおうと考えていたわけですね。このように，過去には着飾る目的以外にアクセサリーを身に着ける理由があったのです。

この先生が話をしている例では，金のアクセサリーを身に着けるようになった理由は何ですか。

1．船の安全のお守りにするため

2．航海中でもおしゃれを楽しむため

3．自分が死んだときに家族に伝えるため

4．死んだときの対応をお願いするため

25番　先生が，ＳＮＳ（エスエヌエス）を使用する時の注意点について話しています。この先生が，話の最後で特に気をつけなければならないと言っているのは何ですか。

　SNSは時間，空間を超えて世界中の人々とコミュニケーションがとれる画期的なツールです。ただその一方で，SNSの利用の仕方を誤ると，罪の意識がないままに，加害者になってしまう危険があります。自分のパスワードをむやみに教えないことや，意図的に誰かを傷つけるような言動をしないなどは，SNSが普及する前からインターネットを利用する際に注意されてきたことだと思います。しかし，こんな場合はどうでしょうか。あなたが親しい友人と一緒に写った写真をSNSに投稿したとします。これはおそらく悪気はないことだと思いますが，友人の許可なく行（おこな）ったとすれば非常に問題です。友人は，自分の顔などの情報が誰でも見られる場所に置かれたことを知らないのです。世界中の人が閲覧できるSNSだからこそ，より気をつけなければなりません。

この先生が，話の最後で特に気をつけなければならないと言っているのは何ですか。
1．他者に対する批判
2．パスワードの管理
3．自分以外の人のプライバシー
4．不確実な情報

26番　女子学生と男子学生が，災害時の医療について説明しています。この二人の話によると，最優先で治療が必要なのはどんな人ですか。

女子学生：授業で災害時の医療について話し合ったんだ。
男子学生：本当に治療が必要な人を優先的に治療するために，患者をみて選別することが必要なんだよね。
女子学生：うん，選別っていう言葉が怖いけど，災害のような非常時には仕方のないことかもしれないね。
男子学生：どう選ぶかが大事なことだよね。
女子学生：災害が起こった時，最初に病院に来る人たちは，だいたい自分で歩ける怪我が軽い人たちで，重傷者は遅れて運ばれて来るらしいよ。
男子学生：そうなんだ。じゃあ，あらかじめ優先順位を決めておかないと，重傷者が来た時に対応できなくなることも考えられるんだね。
女子学生：そう。それに，重傷者だからといって助かる見込みのない人に時間をかけていたら，助かるはずの人を助けられなくなる可能性もあるんだよ。
男子学生：助かる見込みがある人で治療が必要な人を優先しないといけないんだね。
女子学生：その判断基準が難しいんだけどね。もし，自分の身近な人が，優先順位が低いと判断されたとき，納得できるのかとか。まだまだ課題は多いみたいだよ。

この二人の話によると，最優先で治療が必要なのはどんな人ですか。
1．最初に自分で病院にやってきた人
2．重傷を負った子供や若い人
3．一番重傷だと判断された人
4．重傷だが助かる見込みがある人

27番　先生が，知識について話しています。この先生は，暗黙知や形式知について，どのように考えていますか。

　皆さんは，暗黙知という言葉をご存じですか。暗黙知とは，人々の個人的な経験などによって作られた知識です。この知識は個人のものですから，他人に説明するのが難しいものです。例えば，野球の上手い人でも，上手にボールを打つためのバットの振り方を他人に教えるのは難しいのと似ています。
　しかし，この個人の貴重な財産である暗黙知を，目に見える形，つまり形式知にして人々と共有することで，新しいものを生み出すことができるかもしれません。というのも，あなた自身が無意識に行っていることが，他人にとっては画期的なことである可能性があるからです。ですから，普段，無意識に行っていることを改めて意識することは，とても大切なことなのです。

この先生は，暗黙知や形式知について，どのように考えていますか。

1．個人の知識を共有することは，新しいものを創造する可能性をもつ。

2．自分以外の人間が無意識に行っていることは，画期的にみえる。

3．形式知は，自分以外の人に教えるのが難しい。

4．暗黙知は個人の経験なので，他人に伝えるべきではない。

第3回

1番　先生が，道路の舗装について話しています。この先生が紹介する二つの方法は，道路の構造のどの部分に差がありますか。

　最近，雨が降っても水たまりができない道路がありますよね。滑りにくくなって事故が防げますし，水がはねて汚れることが少なくなる効果もあります。これは，道路の舗装に特殊な素材を使っているからなのです。

　舗装してある道路の構造は，表面の見えるところから順に，表層・基層・路盤・路床となっています。水をたまりにくくする舗装の仕方にはいくつか種類がありますが，今日は二つ紹介します。一つ目は水をたまりにくくすることだけが目的のものです。これは，表層の素材だけを水が通るものにして，表面の水が染み込むようにします。その下の基層は水を通さないので，たまった水は排水施設に流れ込みます。もう一つは，基層も水を通す素材にするものです。その下の路盤と路床はもともと水を通すので，水は下まで到達します。この場合，雨は地下まで浸透し，地下水となることが期待できますし，局所的な大雨などのときに排水施設の負担の軽減にもなります。

2番　先生が，海洋資源について話しています。この先生が，今後期待したいと言っている資源はどこで採掘されますか。

　海の底には様々な資源があります。この資料の海域では，深さ1500mくらいのところに油を採取することができる岩の層があります。硬くて採掘が難しい層なので，過去には利用ができませんでしたが，採掘技術の向上に伴い利用が可能になりました。次に，深さ1000mから4000mの範囲の斜面には，ガスを取り出すことができる，生物に由来した物質が存在します。新たなエネルギー源として期待されていますが，物質の特性上，現在の技術では利用することが困難な状況です。他に，海底の山の頂上から採掘される鉱物もあります。これは地殻が熱されてできた金や銀を含む鉱物です。そして，深さ4000mより深い場所ではレアアースが採掘できます。レアアースとは携帯電話などに使用される，現代社会に欠かせない金属資源です。

　エネルギー問題の解決のために，採掘技術の向上は不可欠であると思います。特に，現在まだ現実的な利用が実現していない資源に関しては，これからの技術の発展が期待されるところです。

3番　男子学生と女子学生が，災害時の警戒レベルについて話しています。この女子学生が，今回重要な変更があったと考えているのはどのレベルですか。

男子学生：さっきの授業で，新しくなった災害の警戒レベルについて学んだけど，実際，警戒情報が出ても，いつ避難したらいいか分からないよね。

女子学生：どうしてそう思ったの？

男子学生：だって，レベル3や4の警戒情報って，結構頻繁に発表されてるけど，実際に被害が起こらない場合も多いでしょ。

女子学生：その考え方は危険だよ。災害が発生してからだと，避難することも危険になるんだよ。特に家族の中に高齢者がいたりする場合は避難に時間もかかるし。

男子学生：まあ，そうだけど。

女子学生：今回の変更の特に大事なところは，避難のタイミングが分かりやすくなったことなんだよ。一般の人は「避難指示」で避難して，高齢者や避難に時間がかかる人はその前の段階で避難することが，表を見てすぐわかるでしょ。

男子学生：今まではそうじゃなかったの？

女子学生：避難を促す情報には，3種類あったんだよ。「避難準備」と「避難勧告」と「避難指示」。これだと，どれが出たときに避難すればいいか分かりにくいでしょ。今回は特に，全員がいつまでに避難すればいいかのタイミングがわかりやすくなったのがポイントなんだよ。

男子学生：なるほど。それが分かると，避難のタイミングを逃すことが減りそうだね。

4番　先生が，熱エネルギーの効率的な再利用について話しています。この先生が，今後利用の幅を広げると良いと考えているのは，どの熱エネルギーの再利用にあたりますか。

　ある地域では，熱エネルギーの利用を進め，電力の消費量を減らす取り組みをしています。具体的には，地下水とコンピューターの排熱の利用です。まず地下水の利用から説明しましょう。地下水はとても冷たいので，冷蔵倉庫などの冷却が必要な場所で利用できます。また，意外なところではデータセンターにおける利用が挙げられます。データセンターにはコンピューターがたくさんあります。それらのコンピューターを冷やすために，この地下水が使われているわけです。次にコンピューターの排熱の利用について説明しましょう。コンピューターの排熱は冬のような寒い時期に利用することができます。寒さに弱い植物を栽培するためには電気が大量に必要ですが，この排熱を利用すれば，電力の節約ができます。

　このような熱の利用は，さまざまな場所で取り組むべきことです。特に都市部ではコンピューターなど多くの機械の排熱が発生しています。それをさまざまな場所で再利用することができれば，エネルギーの節約につながるのではないでしょうか。

5番　先生が経営学の授業で，企業の戦略について話しています。この先生が紹介する企業の，事業開始時と事業強化後の戦略を示しているのはどれですか。

　この資料は，企業の戦略を図にしたものです。丸は企業が参入している領域を示しています。資料の図の場合，この企業はこれまで参入していた市場に，昔からある商品だけでなく，新しい商品を売り出したことを示しています。

　では，今日はこの戦略の変化について，ある企業を例に挙げて説明したいと思います。

　ある企業は，インターネットで手作りの商品を購入できるサービスを提供するという事業を開始しました。この時，この企業にとっては，手作りの商品は新しい商品であり，インターネットでの販売は新

しい市場です。数年後このサービスは人気になり，事業を強化することにしました。インターネット上の市場だけでなく，店舗での販売も始めることにしたのです。ところで，この変化を考える時に気をつけたいのは商品についてです。引き続き手作りの商品だけに絞って販売していますが，数年の間に手作り商品はこの企業にとって既存商品へと変化しています。

6番　先生が生物学の授業で，ニホンジカという動物の行動について話しています。この先生の話によると，ニホンジカが逃げた経路はどれですか。

　私は，日本の山岳地帯に棲むニホンジカという動物について研究しています。若い頃，私は，ニホンジカが外敵から逃げる際の行動について実験しました。実際にハンターがシカに近づいた時，どのように逃げたかを調べたのです。その結果，シカは，斜面を登ったり下りたりせず，水平方向に走って逃げました。ハンターから効率的に逃げるのなら，ハンターが立っている場所の反対方向，つまり，斜面を駆け下りたほうが良いように思います。実際私は，実験を行う前はそのように予想していました。では，シカはなぜ，このような動きをしたのでしょうか。その理由として，シカの認知能力が関わっていると考えられます。シカは，水平視覚，つまり，横方向の視界を認識する能力が優れているのです。ですから，斜面を駆け下りるよりも，水平方向に逃げたほうが速く走ることができます。この実験の結果から，シカの逃げる際の行動は，物理的な効率よりも，身体的な能力が大きく関わっていると考えられます。

7番　女子学生と男子学生が，研究プロジェクトのチームについて話しています。この二人の話によると，男子学生はどのタイプのリーダーを目指しますか。

女子学生：来週から新チームでの研究プロジェクトが始まるね。
男子学生：僕がリーダーを任されたんだけど，みんなにどんどん指示を出せるタイプでもないから心配だよ。
女子学生：リーダーっていっても，チームのメンバーの成熟度，つまり能力のレベルによってとるべき行動が違うんだよ。必ずしも指示型のリーダーがいいっていうわけではないんだよ。
男子学生：たしかに，メンバーの能力が高い場合は，僕がそんなに指示を出さなくても，メンバーたちがプロジェクトを進めてくれるよね。
女子学生：そうそう。チームのメンバーって，もう3年生や4年生だから，研究には慣れているよね？
男子学生：うん，そうだね。僕より研究内容に詳しい人もいるし，だいたいのメンバーは，やるべきことがわかっていると思う。
女子学生：じゃあ，あなたは，指示を出すというより，メンバーがそれぞれの役割を果たしやすいように，みんなの意見を聞いたり，意見の調整をしたりすればいいんじゃないかな。
男子学生：それってプロジェクトをメンバーに任せてしまうってこと？
女子学生：ううん，そこまでじゃないよ。メンバー全員が，能力が十分というわけでもないしね。
男子学生：そうだね。ありがとう，頑張れそうな気がしてきたよ。

8番　先生が環境学の授業で，水を使う目的について話しています。この先生が，今後さらに注目するべきだと考えている水はどれですか。

　水は都市で使う都市用水と，畑などで作物を育てるために使われる農業用水に分類できます。さらに，

都市用水は使う目的で細かく分類できます。モノを作るために使う工業用水と生活のために使う生活用水です。生活用水には，家で使う家庭用水と，家庭以外で使う都市活動用水があります。都市活動用水は，プールや公園のトイレで使われるような，農作物を作るためでも，モノを作るためでもない，家庭用水以外の水です。

　日本では水の使いすぎが問題になっています。最も水の使用量が多いのは農業用水です。しかし，農業用水の多くは使用後に河川に戻されるため，私たちが意識する必要はあまりなさそうです。工業用水も現在は回収されるものが多くなっています。問題は，それ以外の水の使用にあると思われます。家庭で使う水に関しては，お風呂の水で衣服を洗濯するなどの工夫をしている人も多いですが，それ以外の場所で使われる水については無関心である人が多いのではないでしょうか。これからは，自分自身が使用している意識が少ない，そういった水の使い方にも，もっと注目すべきです。

9番　先生が，OJTという教育方法について説明しています。この先生が最後に紹介する企業の例は，図の中の，どの項目の重要性を示すものですか。

　OJTとは，多くの日本企業で採用されている従業員の教育方法の一つです。OJTの流れとしては，まず実際に仕事を見てもらいます。このときの見せ方によって後（のち）の実践の質に差がでるため，従業員がしっかりと理解できるよう丁寧に行うことが必要です。次にその内容を言語化します。このとき，なぜこの仕事をやる必要があるのかという背景を説明することで，従業員が仕事に意味を見出しやすくなります。仕事に対する理解ができたところで，実際にやってもらいます。最後に，やってもらった仕事の反省点や改善点，また，よかった点などを伝えます。この実践と評価を何回も繰り返し，仕事を身に付けてもらうのです。

　ある企業では，時間の節約のため，実際の業務を見せる代わりに，説明を丁寧にすることで，直接実践に入ってもらうことにしました。しかし，新入社員は何度も失敗を繰り返し，そのたびに反省点や改善点を伝えても，なかなか上手くいきませんでした。これは，仕事のイメージが言葉だけでは伝わらなかったため，どのように行動すればよいのかがわからないまま実践していたことが原因だと思われます。

10番　先生が，スマート・ウェルネスシティという都市計画について話しています。この先生が強調している内容はどれですか。

　スマート・ウェルネスシティとは，少子高齢化や人口減少が進む社会において，すべての人々が心と体の健康を維持し，豊かな生活を営むことができるまちづくりを目指す計画のことです。一人ひとりの市民の健康づくりを促すために，様々な教育活動や情報提供，さらには，ボランティアの育成などを行っています。

　健康づくりの基本的な単位は，個人，家族や友人，さらに，地域や社会に区分されます。人々の健康を守る上で，市民の内面的な充実感を高める主観的環境と，健康状態を科学的に向上させる客観的環境の二つが重要になります。また，それらの環境づくりを評価するための基準も，主観的評価と客観的評価の二つに分けられます。私が特にお伝えしたいのは，主観的環境を改善する上で，客観的な評価が重要になってくるということです。心と体の健康状態を把握するには科学的な根拠が大事ですから，市民の意識を高める上でも，数値的な指標を参考にする必要があるのです。

11番　先生が，ある地域の農業について話しています。この先生の話によると，ある地域の3年目の耕地の分け方として正しいものはどれですか。

　耕地を三つに分けて行う農業があります。その分けた土地の一つに小麦を，一つに大麦を割り当て，残りの一つは休閑地として作物を育てずに休ませます。休閑地には，土に栄養を蓄えさせる役割があります。そして1年経つと，休閑地だった場所で小麦を作り，小麦だった場所で大麦を作ります。このように作物を作る場所を変えることで，土地の栄養が偏ったり減ったりしないようにするのです。

　さらに，この休閑地をもっと効率よく使う方法があります。休閑地で豆類の牧草を育て，家畜を放牧するのです。豆類の牧草には土地の栄養を増やす効果があります。また，家畜の排せつ物は土地の栄養となります。そのようにして1年間土地の栄養を蓄えたあと，先ほど説明したものと同じように毎年循環させます。

　私が先日見学したある畑では，2年前からこのような土地を分けて農業を行う方法をとっていました。今までは休閑地は休ませていましたが，3年目になる今年から，休閑地をより効率的に使用する方法を取り入れたそうです。

12番　先生が生物学の授業で，魚の生態について話しています。この先生が最後に見せる図の魚は，どの位置から光を受けていますか。

　通常，魚は背びれがある背中側を水面側に，腹部を下側にしている体勢を取っています。これは，魚の体の中にある内耳と呼ばれる器官が体のバランスと方向感覚を保っているからです。では，病気やけがなどにより内耳が正常に機能しなくなった場合，魚はどのようになるのでしょうか。

　魚は，内耳が正常に機能しなくなっても体のバランスを保とうとします。その時，魚が判断の頼りとするのは光です。通常，水中にいるときには，光は水面の方向から入ってきます。そのため，光のある方に背中を向けて，体のバランスを保とうとするのです。

　それを示すのがこの図です。内耳が機能しなくなった魚はこのような反応をするのです。

13番　先生が，地方自治体の広報活動について話しています。この先生は，地方自治体が広報活動を行うとき，注意すべき点は何だと言っていますか。

　最近，広報活動の一環として，ユニークな動画を作る自治体が多くなっています。SNSが発達した現代では，人々の目を引く動画は話題を集めやすいからです。これらの動画によって各自治体は，知名度を高め，観光客の集客やその自治体への移住者の増加を目指しているのです。このような動画は，多くの自治体で作られていて，一定の効果を上げているところもあります。こうした自治体の広報活動には，外部の人を意識するだけでなく，そこに住む市民の視点も重要です。自治体の活動は，市民の税金が使われているわけですから，市民の理解や協力なしには成り立たないのです。いくらユニークな動画を作成しても，地元の人々から受け入れられないようなものではいけません。広報活動においては，そこに住む市民に，より地元を好きになってもらう，より地元を誇らしく思ってもらう，そのような視点も持ち合わせていなければならないのです。

この先生は，地方自治体が広報活動を行うとき，注意すべき点は何だと言っていますか。
1．地域住民の理解や賛同を得る。

2．他の自治体にない個性的な動画を作る。

3．SNSでの拡散のしやすさを意識する。

4．住民の税金を浪費しないようにコストを抑える。

14番　女子学生と男子学生が，鳥による農業被害について話しています。この女子学生は今年，どのような対策を実行しようと考えていますか。

女子学生：私の実家は農業をやっているんだけど，毎年，種まきの季節になると畑に鳥がやってきて，まいた種を食べちゃうんだ。

男子学生：へえ。鳥ってすごく目がいいんだね。まいた種がどこにあるかわかるなんて。

女子学生：まいた種が見えるんじゃなくて，人間が種をまいているところを見て，種がある場所を特定しているんだよ。学習能力が高いよね。

男子学生：なるほど。そうしたら，種をまいているところを鳥に見せないのが一番いい作戦なんじゃない？

女子学生：もちろんそうだけど，空を飛んでる鳥に見せないのって難しいでしょ。畑全体を布で覆うわけにもいかないし。それに，人じゃなくて機械でまいても鳥はわかっちゃうんだよね。

男子学生：そうか，何とかできないのかな。

女子学生：今年は，鳥の学習能力が高いことを利用して対策する予定だよ。種に鳥がまずいと感じる薬を塗っておいて，種はまずいと学習させるの。

男子学生：そうなんだ，うまくいくといいね。あ，鳥が取れないぐらい種を深く土に埋めるのはどう？

女子学生：それは去年試したけど，手間がかかるんだよね。

この女子学生は今年，どのような対策を実行しようと考えていますか。

1．機械で種をまく。

2．農地全体を布で覆う。

3．種を深く埋める。

4．種に薬を塗る。

15番　先生が，サービス業の特徴について話しています。この先生が挙げる，サービス業に関するデメリットへの対処法として適切なものはどれですか。

　サービス業の定義にはいくつかありますが，今回は形のある商品を提供するのではなく，形のないものを提供する業種のこととします。このサービス業は，顧客の期待の高さや求めているものの種類によって，提供するサービスに対する評価が全く変わってしまうというのが特徴です。例えば，学習サービスにおいて，授業を提供する側が緻密で高度な授業を用意していても，顧客側が求めているのが気楽に楽しく受けられる授業であった場合，評価が低くなりがちです。また，顧客にとっても不安な点があります。世間の評価が良くても，実際に自分がサービスを体験するまで，そのサービスの内容が自分の求めているものなのかを判断することが難しいということがあります。このような，サービスを提供する側と顧客の間の認識のずれというのは，お互いにとってデメリットとなっています。最初にサービス内容を体験できるようにして，この認識のずれを解消することが大切です。

この先生が挙げる，サービス業に関するデメリットへの対処法として適切なものはどれですか。
1．サービスの値段をできるだけ低く抑えて顧客に提供する。
2．事前にサービス内容についての説明の場を設ける。
3．会社のホームページなどに顧客の評価を積極的に載せる。
4．初回はサービスを無料で試せるようにする。

16番　教育評論家が，学校の先生を志望する学生が減少していることについて話しています。この教育評論家は，先生を志望する学生を増やすためにはどうしなければいけないと考えていますか。

　子供を教育する学校の先生は，とても重要な職業です。しかし，現在，学校の先生になりたいと考える学生が減少しています。
　公立の学校の先生は公務員であり，十分に生活を維持できる給与が支払われます。また，学生の多くは，先生という職業にやりがいがあることを十分に理解しています。それなのに，なぜ，先生になりたいという学生が減っているのでしょうか。
　実際の仕事内容を見てみると，先生の仕事は授業だけではありません。部活動の指導や生活指導，また保護者への対応など，様々な業務があり，長時間働かされているのが実情です。中学校の先生の平均残業時間は，一か月に，平均100時間を超えると言われています。この点を改善しなければ，先生になりたいと考える学生は減る一方です。

この教育評論家は，先生を志望する学生を増やすためにはどうしなければいけないと考えていますか。
1．給与を上げる。
2．働く時間を少なくする。
3．やりがいを学生に伝える。
4．仕事に多様性をもたせる。

17番　男子学生と女子学生が，クモという虫について話しています。この男子学生が観察したクモは，どのように糸を張りましたか。

男子学生：この前，クモの巣が川をまたぐようにできていたんだ。川のこっち側とあっち側に。
女子学生：クモが川の向こう側まで渡って糸を張ったってこと？　そんなことできるの？
男子学生：やっぱりそう思うでしょ？　クモが流れのある川を渡れるわけがないよね。だから，僕はクモが風の強い日に風に乗って対岸に渡ったと思ったんだよ。
女子学生：確かにその可能性は考えられるよね。
男子学生：ところが，気になって観察を続けていたら，クモが風に乗って飛んでいたんじゃなかったんだ。
女子学生：え？　じゃあ，どうやって巣を張ったの？
男子学生：クモが，出した糸を風に乗せて対岸に飛ばしていたんだ。
女子学生：なるほど。そうやって巣を張ったんだね。

この男子学生が観察したクモは，どのように糸を張りましたか。
1．川の水面を歩いて対岸に渡った。

2．風に乗って川を渡った。

3．川の対岸にいるクモと協力した。

4．風を利用して糸を対岸に飛ばした。

18番　ある剣道選手が，剣道という日本の武道について話しています。この選手は，剣道や武道について
どのように考えていますか。

剣道は，日本の伝統的な武道の1つです。竹刀という竹でできた剣を使って一対一で相手と戦います。剣道は，スポーツとも言えますが，他のスポーツと違い，体格の違いや体力の差が比較的影響しにくいため，お年寄りや子供，女性も楽しむことができます。最近は，外国人観光客に向けて剣道の体験教室も開かれており，人気が高まっています。剣道を通じて日本の文化を知ろうとしてくれていることは，とても嬉しいことです。

ところで，剣道をはじめ，柔道や空手といった武道は，他の競技と異なり，基本の部分にあるのは「人間形成」です。つまり，日々の練習を通じて，技術だけではなく，自分自身の内面を磨き，より良い人間になるように努めることこそ，最も重要なことだとされています。そこで，私は剣道を小学校の授業に取り入れると良いのではないかと考えています。現在は野球やサッカーなど，チームスポーツが習い事として人気ですが，剣道は子供の「人間形成」の場として，大きな役割を果たすと考えられているのです。

この選手は，剣道や武道についてどのように考えていますか。

1．お年寄りや女性は体力づくりのために剣道をするとよい。

2．外国人の観光客にも剣道の精神性を学んでもらうべきだ。

3．武道もチームスポーツも基本にあるのは人間形成だ。

4．剣道の基本精神は子供の教育に良い影響を与える。

19番　先生が，食べ物の好みについて話しています。この先生が行った実験で，どのようなことが分かりましたか。

人間には，味覚と言って，舌などで味を感じる感覚があり，この味覚によって甘みや苦みなど5つの味を感じることができると言われます。甘いものは皆さんも大好きだと思いますが，この甘味には依存性があります。だから，甘いお菓子を食べることをやめられないのですね。依存性があるといえば，面白いことに，脂肪にも依存性があると考えられています。脂肪自体は，味もしなければ，においもしません。つまり味覚では感じることができないのです。しかし，食べ物をおいしいと感じる時に，脂肪は重要な役割を果たしているのです。そこで私は，人間のみが脂肪に依存しやすいのかについて調べてみることにしました。今回の実験では，ネズミを使って，脂肪が入っている餌と入っていない餌のどちらを好んで食べるかを観察してみました。すると脂肪が入っている餌のほうが多く選ばれるという結果になりました。また，脂肪の入ったエサを食べたネズミは，その後も脂肪の入ったエサをより好む傾向があることも分かりました。

この先生が行った実験で，どのようなことが分かりましたか。

1．人間以外の動物も脂肪を好む傾向にある。

2．人間は脂肪の入った食品に依存しやすい。
3．人間は他の動物より脂肪に依存しにくい。
4．人間以外の動物も5つの味覚を持っている。

20番　男子学生と女子学生が，教育実習について話しています。この女子学生は，教育実習でどのようにすればよいと言っていますか。

男子学生：来週から教育実習なんだ。緊張するなあ。緊張すると言葉が出てこなくなっちゃうんだよね。
女子学生：わかる。頭が真っ白になっちゃって，「えー」とか，「そのー」とか，そういう意味のない言葉ばっかり言っちゃうんだよね。
男子学生：自分が授業を受けている側だと，そういう言葉が多い先生の授業は聞きにくいもんね。気を付けないと。
女子学生：でも，あんまりすらすらと喋られても，意外と頭に残らない気がしない？
男子学生：確かに。頭の中を通過していっちゃう感じだよね。
女子学生：多分，すらすら喋れなくてもいいから，大事なところははっきり言う，とか，覚えて欲しいところはゆっくり言う，とか強弱をつけるといいんじゃないかな。
男子学生：そうだね。そのほうが学生の頭の中に内容が残るかもしれないね。

この女子学生は，教育実習でどのようにすればよいと言っていますか。
1．意味のない言葉を言わないようにする。
2．強弱をつけた話し方をする。
3．滑らかに話すようにする。
4．緊張しないように準備を整える。

21番　先生が，自動車の製造について話しています。この先生によると，現在の自動車業界はどのような状況になっていますか。

　現在，人間が車を操作しなくても自動で走行する，自動運転の技術の開発が進められています。この自動運転を実現しようと，世界中の自動車メーカーが研究しています。しかし，自動車の自動運転の開発に意欲を示しているのは，自動車メーカーだけではありません。

　自動運転を実現化するためには，道路を認識したり道順を検索したりする機能や，高速で情報を処理する機能が必要になります。そして，それらの機能を開発しているIT企業なども，自分たちで独自の自動車を作ろうと開発を進めています。こういった企業は，世界中で年々増加しています。つまり，競争する企業が増えているということです。

　日本では今まで，自動車メーカーが日本経済を引っ張って来ましたが，その地位を今後も維持できるかは不透明です。

この先生によると，現在の自動車業界はどのような状況になっていますか。
1．自動車メーカーが連携して自動運転を研究している。
2．日本の自動車産業は世界に比べ遅れ始めている。
3．一部の先端技術をもつ企業が自動車産業を独占している。

4．自動車産業は，自動車メーカーだけの産業ではなくなっている。

22番　先生が生物学の授業で，目について話しています。この先生は，アカメアマガエルの目の特徴は何だと言っていますか。

　目は，とてもデリケートな器官ですから，まぶたなどによって物理的に守られています。両生類や鳥類の目には，人間の目とは異なる特徴が見られます。それは，瞬膜（しゅんまく）と呼ばれるものがある点です。瞬膜はまぶたのように目を覆うものですが，透明または半透明で，眼球が乾いたり，ゴミなどで傷ついたりするのを防ぎながらも，外の様子を見ることができるようになっています。

　身の回りの生き物で言えば，両生類であるカエルには瞬膜があります。そしてカエルの中でも，アカメアマガエルは非常に特徴的な目をしています。アカメアマガエルの目にも他のカエルと同じように瞬膜があるのですが，網目のような模様がついているのです。この網目模様には，周りの環境に溶け込み，姿を目立たなくさせる効果があります。この特殊な瞬膜を利用して，アカメアマガエルは外敵から身を守ってるのでしょう。

この先生は，アカメアマガエルの目の特徴は何だと言っていますか。
1．模様のついたまぶたで，エサをおびきよせられること
2．特殊な膜によって外部の刺激を完全に防げること
3．瞬膜によって外敵に襲われる危険性を減らせること
4．状況に応じて目の色を変えられること

23番　男子学生と女子学生が，太陽光発電設備について話しています。男子学生は，太陽光発電のどのような点を評価するようになりましたか。

男子学生：何の写真を見ているの？
女子学生：これは土砂災害の現場の写真だよ。来週のゼミで，防災教育について発表しようと思って。
男子学生：ここに写ってるのは，太陽光パネル？　山の斜面に設置されていると，こういうときに崩れ落ちるリスクがあるわけか。
女子学生：そう。それに，太陽光パネル自体が無事でも，コントロールする機械や電力を蓄える蓄電池が水没しちゃうと，機能しなくなるんだって。
男子学生：そういうのを聞くと，太陽光発電って不安定だなって心配になるなあ。あ，でも大災害のときに正常に機能しなくなるのはどの発電方法でも同じだね。
女子学生：うん。地球環境を守るためには，新しい技術を導入することも大切だから，太陽光発電を普及させることは必要だと思う。それに，太陽光発電には，大きなメリットがあるの。
男子学生：へえ，どんなメリット？
女子学生：うん，例えば停電になったときでも，自立運転のための機能が守られていれば，電力を供給することができるんだよ。過去の震災でも活躍したんだって。
男子学生：なるほど。確かに，各地域に太陽光発電の設備があれば，停電が長引いたときに助かるね。

男子学生は，太陽光発電のどのような点を評価するようになりましたか。
1．山の斜面にも設置できる点

2．地球環境にやさしい点
3．停電しても電力をつくれる点
4．各地域に設備を配置できる点

24番　先生が，プラスチックごみについて話しています。この先生によると，新しいプラスチックごみ
対策が抱える問題点は何ですか。

　現在，世界中でプラスチックごみが問題になっています。この問題の背景には，プラスチックが分解
されにくい素材だという点があります。実際，プラスチックが自然界で完全に分解されるまでには，お
よそ400年以上かかるといわれています。
　ところが，この問題を解決できる可能性のある発見がありました。日本で，プラスチックを分解する
能力をもつ細菌が見つかったのです。現段階では，細菌のみを使ってのプラスチック分解にはかなりの
時間がかかります。しかし，今後研究が進めば，もっと短期間で大量のプラスチックを分解できるよう
になる可能性があり，新しいプラスチックごみ対策として注目されています。
　この研究で最も問題なのが研究費です。すぐには利益につながらないため，企業などからの援助が少
ないのが現状です。地球の環境に関する研究であることからも，国が資金を提供するなど，研究に対し
て援助を行う必要があると考えられます。

この先生によると，新しいプラスチックごみ対策が抱える問題点は何ですか。
1．プラスチックごみ対策の研究費が少ないこと
2．国がプラスチックごみ対策の研究に対して無関心なこと
3．細菌によるプラスチックの分解速度が上がらないこと
4．企業にとってプラスチックごみ対策は利益につながらないこと

25番　男子学生と女子学生が，ある遊園地について話しています。この男子学生は，この遊園地が人気
がある理由は何だと言っていますか。

男子学生：この前，隣の市の遊園地に行ったんだけど，とても楽しかったよ。
女子学生：へえ。そこは，スリル満点なジェットコースターで人気だって聞いたことがあるよ。たしか
　　　　　にあなた好みかもね。
男子学生：もちろん，そのジェットコースターも良かったんだけど，それ以外も楽しめたんだ。よく考
　　　　　えてるなあと思ったのが，アトラクションの配置。乗り物に乗るために並んで待っていたら，
　　　　　他の乗り物に乗っているお客さんやイベントを見学しているお客さんの楽しそうな様子がよ
　　　　　く見えたんだ。あと，掃除をしていた遊園地のスタッフがいきなり踊り始めて，ちょっとし
　　　　　たショーみたいなのが始まったり。
女子学生：待っている間も楽しめたんだね。
男子学生：そうなんだ。だから，入園料はちょっと高かったけど大満足だよ。人気がある理由がわかっ
　　　　　たよ。

この男子学生は，この遊園地が人気がある理由は何だと言っていますか。
1．遊園地全体の清潔感

2．待ち時間を退屈させない工夫
3．客とスタッフの一体感
4．大人も楽しめるアトラクション

26番　先生が，人間関係について話しています。この先生は，人間関係の築き方に関してどのように考えていますか。

　　仕事をしていると，たくさんの人と会う機会があります。相手の性格や好みなどの情報を詳しく知ることができれば，人間関係を円滑にし，仕事も上手く進めることができるでしょう。しかし，一人一人の情報を覚えておくのは，なかなか難しいものです。
　　それでは，どうすれば相手の情報を覚えておくことができるでしょうか。それは，人と初めて会う時には，予習と復習をすることです。ここでいう予習とは，相手の情報を事前に調べておくことです。復習とは，実際に相手と会った後で，その人がどんな人だったのか，という情報を整理することです。予習をすることで，実際に会った時に相手の情報を的確に理解することができます。また，復習をすることで，相手の情報をしっかりと記憶することができます。なお，復習をするのは，相手と会ってすぐに，記憶が新しいうちに行うとよいと言われています。このような習慣をつけておけば，一緒に仕事をする一人一人のことをしっかりと覚えておくことができるでしょう。

この先生は，人間関係の築き方に関してどのように考えていますか。
1．たくさんの人と会えば会うほど，人間関係は上手くいくようになる。
2．事前に相手の情報を調べると，先入観に縛られてしまう。
3．相手に興味を持ってもらえるような話題を準備しておくとよい。
4．初対面の人と会ったあとは，すぐに相手の情報を整理するとよい。

27番　鉄道会社の社長が，電車の混雑について話しています。この社長は，電車の混雑解消のために来月からどのような取り組みを始めると言っていますか。

　　わが社にとって，朝の通勤ラッシュによる混雑の解消は重要な課題のひとつだと考えています。わが社はこれまで，混雑を解消するために様々な取り組みをしてきました。例えば，沿線にオフィスを構える企業と連携し，社員の方々の通勤時間をずらしていただくようにお願いしました。また，東京方面の朝の運行本数の大幅な増加にも着手しました。これらは一定の成果をあげましたが，まだまだ混雑状況の完全な解消には至っていません。現在駅のホームの増設も検討していますが，実現にはまだ時間を必要としています。そこで，来月から新たにポイントサービスを行うことにしました。まず，わが社のアプリをダウンロードしていただきます。その上で，混雑の時間帯を避けてご乗車いただいた方に，一日につき5ポイントを付与させていただきます。このポイントはわが社の運賃の割引としてお使いいただけます。さらに再来月からは，売店での商品の購入の際にもご利用いただけます。

この社長は，電車の混雑解消のために来月からどのような取り組みを始めると言っていますか。
1．運行本数のさらなる増加
2．ポイントによる運賃の割引
3．売店での購入時のポイント利用

4．駅のホームの増設

第4回

1番　先生が建築学の授業で，木材について話しています。この先生が話の中で挙げた例で，木材が腐っていなかったのは，四つの要素のうちどれが制限されていたからですか。

　日本の建築には，木材が多く使われていますが，一定の条件がそろうと腐 朽 菌（ふきゅうきん）という木を腐らせる微生物が活発に活動し，木は腐ってしまいます。ではその条件をみていきましょう。まず，水分。そして次に温度です。木を腐らせる腐朽菌は何種類もいるのですが，それぞれに好む温度があり，暑くても寒くてもたいてい何かの菌が活動します。そして，腐朽菌が生きていくには外部から酸素と栄養分を得る必要があります。腐朽菌の栄養は木材自体です。腐朽菌を繁殖させない方法は，この四つの条件を制限することですが，それは簡単ではなく，建築に使われた木材が，数十年のうちに腐ってしまうというようなことも多くあります。

　一方，数百年も前の建築物に使用された木材が地中から発見されたというケースもあります。なぜ木材が腐らずに残っていたのでしょうか。これは，四つの条件のうちの一つが制限されて，微生物が繁殖しなかったからです。水分が豊富な土の，奥深くに埋まっていたことが，腐らなかった要因であると思われます。

2番　先生が，水質の確認方法について話しています。この先生の話によると，センサーが誤作動を起こしてしまうのは，メダカのどの行動と関わっていると考えられますか。

　メダカは水中の毒物によって，さまざまな反応を示します。例えば呼吸器官を傷つけるような毒物が混入した場合は，呼吸ができず，水面に口を突き出すような行動をします。また，神経に異常を与える毒物が混入した場合には，水槽の中を激しく泳ぎ回ります。また，水槽内の給水側ではなく排水側にメダカが寄っている時にも，水中に何か毒物があることを示しています。いずれの場合も，そのまま水質が改善されなければ，水槽の底で動かなくなり，死んでしまいます。

　私は，この習性によって水質の確認ができると考え，メダカの動きを監視するセンサーの開発を始めました。しかし，開発中に問題が生じています。正常な行動と，異常時の行動との区別がつかない時があるのです。エサを与える瞬間，メダカはエサを食べようと水面に近づきます。また，メダカは寒い時期には冬眠といって，水槽の底で活動を停止します。これらの行動をセンサーが誤って検知してしまうのです。

3番　先生が，ある実験について話しています。先生の話によると，この図の中で，実験で証明されていないのはどの部分ですか。

　現在，世界中で長寿化の研究が活発に行われています。その中で，近年大きく注目を浴びた実験とその結果を紹介します。

　ある研究者が，サルを使って，カロリーを制限した場合に寿命が延びるか否かを検証しました。その

結果，カロリーを減らすと，より長生きできるということが分かったのです。もう一つ，この実験では，サルの体内でサーチュインたんぱく質という物質が増えたことが明らかになりました。このことから，このサーチュインたんぱく質が長寿に関係があるのではないかという期待が沸き上がりました。

　しかし，この実験において，注意しなければならないことがいくつかあります。まず，このサルは生後すぐにカロリー制限を始めているという前提があります。つまり，ある程度年を取ってからカロリー制限を始めても，同様の結果が得られる根拠にはならないということです。もう一つ，サーチュインたんぱく質のことです。これは，他の研究者によって，サーチュインたんぱく質が増えない場合でも，寿命が延びることが証明されました。長寿との因果関係は見つからなかったのです。

4番　男子学生と女子学生が，海外勤務に関するアンケート結果を見ながら話しています。この男子学生が，これから最も対策が必要になると考えている項目はどれですか。

男子学生：これからは海外で働く人が増えそうだけど，このアンケート結果を見ると，社員は色々な不安を抱えているみたいだね。

女子学生：でも，これだけ不安だと思っている社員がいるなら，企業も海外勤務のサポートに積極的に取り組んでいるはずだよ。

男子学生：確かに，英語などの語学の習得は多くの企業で手厚くサポートされているし，仕事の能力に関しても，当然企業は社員の育成に力を入れてるはずだよね。

女子学生：となると，企業にとって大事なのは，仕事以外の面での支援だね。知り合いのいない異国の地だとどうしても精神的に不安定になりやすいし，文化や慣習が違うと慣れるまでストレスが大きいはずだよね。

男子学生：企業側もそこは分かっているんだろうけど，まだ効果的なサポートがないのかな。でもすごく重要なことだから，企業側はより力を入れて取り組まないといけないね。

5番　先生が，企業が課題を解決するときの流れを説明しています。この先生が，企業が社員に教育すべきことと考えているのは図のどの部分ですか。

　この図は，企業の課題解決のプロセスを表した図です。まず，課題を発見することから始まります。企業の活動の中で，改善すべき点や課題を見つけることは簡単なことではありません。現在の企業の状況を正確に把握する必要があるからです。次の段階で，見つけた課題を小さな形に切り分けます。大きな課題の場合，そのままでは処理できないからです。そして，課題を切り分けた上で，解決するための計画をたてます。その計画を実行に移し，企業は課題を解決します。計画を実行に移してもすぐに結果が現れるわけではないので，効果を確認しながら，もう一度，検討をする必要もあります。この一連の流れを行える社員は多くはありません。行動に移せる状態になったものを実行することは比較的誰でもできることですが，その前の段階ができる人材は少ないのです。現状の課題を解決するための方法を考え出し，解決に向けた適切な形にまとめていくことは，誰にでもできることではありません。これからの企業は，特にその部分を教育する必要があるのではないでしょうか。

6番　先生が，人間の葛藤パターンについて説明しています。この先生が最後にする質問の答えはどれですか。

　葛藤とは，二つの感情や欲求がぶつかることを言います。葛藤には4種類あり，全ての葛藤はこれらのいずれかに該当します。接近―接近型は，魅力的なものが同時に二つあることを意味します。例えば，好きなアーティストのコンサートと，部活の大事な試合が同じ日にある時，どちらを選ぶか悩む，といった場合がそれにあたります。一方，回避―回避型はどちらも選びたくないという葛藤です。そして，接近―回避型は，魅力的な対象が一つあるものの，それを選ぶと好ましくないことも起こる場合です。例えば，病気を治したいけれど，そのための薬に副作用があるとき，薬を飲むか飲まないか迷うというようなことです。このように，葛藤にはいろいろなパターンがあるのです。

　私は先生という仕事をしているので，学生の勉強のモチベーションを上げたいのですが，回避型を含む葛藤をもつ学生を担当するのは大変です。特に，「大学には入りたい，だけど勉強は嫌だ。」というような学生は，気分によってやる気をだしたり，やる気を失ったりするので，モチベーションを保つのが難しいのです。ちなみに，この場合は図のどれに当たると考えられますか。

7番　先生が，ハトという鳥を使った実験について話しています。この先生が最後にする質問の答えはどれですか。

　ハトは首を振りながら歩くという不思議な行動をします。この行動がどうして起こるのかを明らかにするために実験を行いました。首を振る条件として，二つの可能性を考えました。一つ目は，景色が移動すると首を振るという可能性です。二つ目は，首と足の動作がつながっており，歩行すると首も動くという可能性です。

　実験では，外の景色が見える箱と外の景色が見えない箱を用意しました。そして，その箱の中で自由にハトを歩かせてみると，どちらの箱の中でも首を振りながら歩きました。次の実験では，ハトの脚を箱に固定して箱の中に入れました。そして箱ごとハトを動かしてみました。すると，外の景色が見えない箱では首を振らなかったのに対して，外の見える箱では首を振ったのです。

　それでは質問です。この実験から考えると，ハトが首を振るために必要な条件はどのようなものだと考えられますか。

8番　先生が心理学の授業で，知性を感じさせる話し方について話しています。この先生が行った実験の結果を正しく表しているのはどのグラフですか。

　相手に知的だと思われる話し方とは，どのような話し方でしょうか。知性を感じさせる話し方は，説得力の強さにもつながるので大切です。

　私は，どのような話し方が知的だと感じられるかについて，二つの視点に分けて実験を行うことにしました。まず，話す速度です。同じ話を，速め，標準，遅めのそれぞれの話し方で伝えます。そして，もう一つの視点は身振り手振り，つまりジェスチャーの有無です。この二点の違いで，知的さを感じることに差が出るのかを調べてみました。

　私は当初，話す速度に関係なく，ジェスチャーがある場合はジェスチャーがない場合よりも知的だと感じられる傾向にあると推測していました。しかし，結果は少々違っていました。話す速度が速い場合だけは，私の予想とは逆の結果になったのです。

9番　女子学生と男子学生が，グラフを見ながら広告費について話しています。男子学生が最も注目しているのは，どれですか。

女子学生：ここ数年のインターネット広告の伸び率はすごいね。

男子学生：僕もそこに目がとまったよ。パソコンやスマートフォンが普及したとはいえ，他との差がすごいよね。

女子学生：1年前の構成比を見ると，広告費の割合が，既にテレビを超えているね。

男子学生：インターネット広告は検索履歴をもとに，個人に対してピンポイントで広告を出せるから効果的だよね。逆に新聞や雑誌といった紙媒体の広告費は大きく減少しているね。

女子学生：今はペーパーレス化がどんどん進んでいるからね。あれ，でもこのプロモーションメディア広告って，ポスターやチラシなんかのことだよね。伸びてはいないけど，去年の構成比のグラフによると，いまだに約3割も占めてるんだ。

男子学生：僕もここが一番興味深いと思ったんだ。プロモーションメディア広告って，全部が紙媒体なわけではないんだけど，紙媒体も多く含むんだよ。それがほとんど減ってないっていうのはすごいよね。

女子学生：紙媒体に関するものの中で，どうしてこれだけ割合が減っていないのか，ちょっと調べてみたいな。

10番　先生が，社会現象の分析方法について話しています。この先生が最後にする質問の答えはどれですか。

　社会で起きている様々な事象のことを社会現象と言います。社会現象には，社会にとってプラスの側面とマイナスの側面が存在します。例えば，スマートフォンを例にすると，スマートフォンの普及により連絡が取りやすくなったというプラスの効果がある反面，歩きながらのスマートフォン操作による事故が増えたというマイナスの側面があります。

　また，社会現象の本来目的が達成されることを顕在的機能と言い，その社会現象が他の側面の事象を引き起こすことを潜在的機能と言います。先ほどの，スマートフォンの普及の場合，連絡を取りやすくなった点が顕在的機能で，スマートフォンを作っている会社の売上が増すことが潜在的機能となります。

　それでは，質問です。日本には年賀状という，新年に挨拶状を送り合う文化があります。目的は新年を祝うことと，日頃の感謝などを示しお互いのつながりを保つことにあります。この文化の側面には，はがきを作るための紙を生産している会社の売上に貢献し，その会社の社員の雇用が安定するという良い点がありました。この雇用の安定という側面は，資料の図のどの部分に当てはまりますか。

11番　先生が，ピーマンの栽培について話しています。この先生によると，エリアCのピーマンの出荷が増える時期として，正しい組み合わせはどれですか。

　今日は，ピーマンという野菜の出荷の状況についてみていきたいと思います。ピーマンを最も多く出荷している地域はエリアAです。このエリアAが多く出荷している時期には，ピーマンの価格は下がり，一方でエリアAが出荷を少なめにしている時期にはピーマンの価格は上がります。エリアA以外の地域は，量を多く生産できるわけではないので，価格の高い時期に出荷することで利益を得ようとします。エリアBもその方法を実施しており，エリアAが最も多く出荷する時期から少し遅い時期で，出荷量が少なくなる時期に，ピーマンを出荷しているのです。このグラフにはありませんが，エリアCもBと同様に，価格の高くなる時期を狙って出荷しているようです。しかし，エリアBとはピーマンの出荷量が増える時期が異なるようです。

12番　先生が，ある都市のごみの削減について話しています。この先生の話によると，紙ごみを示しているのはどれですか。

　ある都市では，ごみの削減のために，ごみの回収を有料化しました。ただし，資源として再活用できるごみの回収は無料のままとしました。資料は，有料化前と後のごみの量を種類別に示したものです。まず全体量として，ごみの量が減ったことが分かります。個別に見ると，家庭ごみの中で最も多い，Aの燃えるごみの量が減っています。一方，Cは有料化前より少し増えています。これはビンや缶，プラスチック容器といったリサイクル可能な容器のごみで，回収の有料化は行われていません。今まで燃えるごみや燃えないごみとして捨てられていたリサイクル可能な容器が分類されて回収されるようになったということです。

　そして，ごみ回収の有料化に伴い，新しいごみの分類が二種類加わりました。「紙ごみ」と「草木ごみ」です。これらは両方とも資源として再利用できるごみなので，無料で回収をしています。新しい種類のごみの中では紙ごみの方が多く回収されました。

13番　先生が，授業で実験を行う意義について話しています。この先生の話によると，なぜ学生は実験を行うべきなのですか。

　最近，学校の授業で実験を行おうとすると，学生から「実験なんて行わずに，しっかり先生が知識を教えてほしい」という声を聞くことが多くあります。しかし，このような場合，学生は知識を得ることを重視しすぎて，答えを導き出す方法について学ぶということを軽視している傾向にあると思われます。

　歴史的にみて，科学の知識は実験などによって証明されて生まれてきたものです。そのようにして生まれた知識を，単に吸収するだけでは，その知識が生まれた過程を知ることができません。それは，答えを導き出す方法や手段を学ぶ機会を失うことであり，それでは新しい知識を生み出す方法を考え出すことができなくなるのです。

　だからこそ，実験を軽視しないで科学の授業を受けてほしいと思います。

この先生の話によると，なぜ学生は実験を行うべきなのですか。
1．知識を生み出す方法を学ぶため
2．科学の歴史を把握するため
3．新しい知識を効率よく吸収するため
4．知識と実践のバランスをとるため

14番　先生が，人間が顔を認識する方法について述べています。この先生によると，人間の顔認識の方法がもつ利点とは何ですか。

　人間にとって顔を認識するということは社会的に重要です。人間は赤ちゃんの頃から，目，鼻，口すべてが正しい位置にあるものだけを顔と認識することができます。あたり前のように思うかもしれませんが，一部の生き物，例えば鳥などは，目だけを顔の認識基準としているため，白い丸の中に黒い丸を置いたような図形を見せるだけで，鳥は反応をするのです。この習性を利用して，畑などには，白黒の鳥よけが置いてあることがあります。鳥のように目だけを顔認識の基準とすれば，単純に判断できるため，顔の認識に時間がかからなくて済みます。しかし，鳥よけなどの，顔でないものに反応してしまう

可能性があります。人間の顔認識の方法は，その恐れを回避したのです。

この先生によると，人間の顔認識の方法がもつ利点とは何ですか。
1．瞬時に顔を認識できる。
2．顔と物の違いを判断できる。
3．生まれた時から顔を認識できる。
4．色の違いを見分けることができる。

15番　男子学生と女子学生が，教育の制度について話しています。この男子学生が，一番問題だと考えていることは何ですか。

男子学生：今日授業でやったんだけど，教育の現場っていろいろ問題が山積みだね。
女子学生：へえ，そうなんだ。子どもが減っているから，むしろ教育ってしやすくなってるんじゃないの？
男子学生：それが，そうでもないんだよ。中でも特に，学校を支えている，教育に関わる機関が大きな問題を抱えているらしい。
女子学生：大きな問題？
男子学生：うん，各地域の教育機関ではスタッフの不足が深刻化しているんだって。
女子学生：スタッフが足りないのなら，増やせばいいじゃない。
男子学生：そう簡単なことでもないんだ。この問題の原因として，教育に使えるお金が限られていて，そういうことになかなか回せないということがあるんだ。
女子学生：根本的な問題だね。現場だけで解決できる問題じゃないんだね。

この男子学生が，一番問題だと考えていることは何ですか。
1．学生の数が減っていること
2．教育機関のスタッフになりたい人が少ないこと
3．地域の住民との連携が不足していること
4．教育に対する予算が不足していること

16番　先生が，成果を出す方法について話しています。この先生は，成果を出すには，どのような方法が最も有効だと言っていますか。

　成功に近道はありませんが，努力の方向が正しくなければいつまでも成功をつかむことはできません。正しい方向で努力をする方法の一つには，その道で成功した人の行動や考え方をまねるという方法があります。しかし，この方法で成果をあげることができる人は決して多くはありません。なぜなら，人間には個性があり，得意，不得意としていることが異なるからです。例えば，生まれつき要領の良い人の成功した方法を，あまり要領の良くない人がまねをしても，上手くいく可能性は低いでしょう。ですから，多くの成功者の行動や考え方を分析して，それらの人々に共通する部分を見つけて，その部分を参考にすることが重要です。その共通部分は，他の人がやっても同じような成果が得られる可能性が高いのです。

この先生は，成果を出すには，どのような方法が最も有効だと言っていますか。
1．他の人がやっていない方法で取り組む。
2．自分の得意なことに力を集中させる。
3．要領の良い人のやり方をまねる。
4．複数の成功者の例を参考にする。

17番　女子学生と男子学生が，日本を訪れる観光客の医療問題について話しています。この女子学生によると，この医療問題を解決するためにするべきことは何ですか。

女子学生：この前ニュースで見たんだけど，最近，海外から来る外国人の医療問題が急増しているらしいよ。
男子学生：問題ってどんなこと？　どこの病院に行けばいいか分からないとか，そういうことかな？
女子学生：医療費の未払いの問題らしいよ。例えば緊急に処置が必要な病気になったとき。日本で処置をした結果，高額の医療費の支払いが必要になったけど，払えなくなってしまったというケースが増えているんだって。帰国できなくなるケースもあるみたいだよ。
男子学生：そうなんだ。でも，日本人の場合，海外で医療費が払えなくなったってあまり聞いたことがないよね。海外に旅行するときは保険に入ってから行くから。急に医療費が必要になっても保険会社が支払ってくれるよね。
女子学生：そこが，日本と海外の大きな違いなんだよね。海外の人も日本に旅行に来るときには保険に入るように促した方がいいと思うんだ。医療費が払えなくなる人の中には，日本の社会が保険という制度によって成り立っていることを知らない人も多いんだよ。

この女子学生によると，この医療問題を解決するためにするべきことは何ですか。
1．日本に来る観光客は事前に保険に加入する。
2．日本人は海外に行くときには保険に加入する。
3．保険に加入していなくても医療を受けられるようにする。
4．日本の社会の保険という制度を見直す。

18番　先生が，授業の内容について話しています。この先生によると，この授業で学べる内容とはどのようなものですか。

　現代では，大学でもビジネスの現場で使える知識を提供することが増えました。学生が厳しい社会に出た時に，情報の収集や意思決定を自らできるようにするためです。この授業もそのような役割を担う授業の一つです。
　現在，ビジネスを行うためには様々な法律の知識が必要です。例えば，商品を売る時，社員を雇う時などについても，様々な法律が存在します。そして，このような法律の内容について，ある程度の知識がないと，知らないうちに法を犯してしまう可能性があります。
　そのため，この授業では，社会人として働くようになった際に必要になる法律の知識について吸収してほしいと考えています。自分が業務を行う立場になったら，どのような法律の知識が必要なのかを考えながら，授業を受けてみてください。

この先生によると，この授業で学べる内容とはどのようなものですか。

1．大学に在学している間に巻き込まれる事件に関する法律
2．グローバル社会で必要となる国際的な法律
3．ビジネスを行う立場になった時に役立つ法律
4．将来自分が受けるかもしれない損失に関する法律

19番　女子学生と男子学生が，日記について話しています。この女子学生は，日記について何と言っていますか。

女子学生：日記って書いてる？
男子学生：僕は書いてないけど，最近はブログやSNSが日記の代わりになってる人が多いんじゃないかな。
女子学生：そうだね。でもそういうのって，基本的には他人に読まれることを前提として書いてるでしょ。だから，どうしても人の目を意識した内容になっちゃうから，本来の日記とは違うんじゃないかな。
男子学生：悪いことや格好悪いことは書かないということ？
女子学生：そう。日記って，記録のためでもあるけど，自分自身を見つめ直すきっかけになるっていう意味もあると思うんだ。感じたことや，反省なんかを言葉にして書くことで，気づかなかったことに気づいて，頭の中が整理されると思うんだ。
男子学生：確かにね。数日経って読み返してみると，より客観的に自分を見られるかもね。
女子学生：うん。ただ，自分の日記を読み返すのって結構恥ずかしいよね。それを意識しすぎると日記を書くということのハードルが上がっちゃうかも。

この女子学生は，日記について何と言っていますか。

1．日記は人に見せるつもりで書くべきである。
2．日記は毎日の反省点を書かなければいけない。
3．日記は時間をおいて読み返すとよい。
4．日記に書くことで考えをまとめることができる。

20番　先生が，実験用の植物について話しています。この先生の話によると，シロイヌナズナという植物が実験で使われる理由は何ですか。

　日本の小学校では，アサガオという植物が観察によく使用されます。なぜなら，アサガオは成長が速く，日ごとに大きくなるため，観察しやすいからです。このように成長が速いということは，実験用の植物には大事な性質です。
　同じく，成長の速さが理由で実験用に選ばれる植物として，シロイヌナズナという植物があります。しかし，シロイヌナズナが選ばれる理由になった成長の速さとは，枯れるまでの速さのことです。通常，植物は種から芽を出し，成長して花を咲かせ，実をつけます。そして実の中に詰まっている種が，子孫として次の世代を担うのです。この一循環がシロイヌナズナは非常に速く，60日程度だと言われています。
　この特徴を生かして，シロイヌナズナは，宇宙での実験に使われています。滞在期間の短い宇宙で，植物の一生を見るのに適しているのです。

この先生の話によると，シロイヌナズナという植物が実験で使われる理由は何ですか。
1．成長が速く，日々の変化を観察しやすいから
2．世代交代の過程を短期間で観察できるから
3．宇宙でも地球と変わらない成長をするから
4．他の植物と比べて，多くの実をつけるから

21番　先生が，他国への資金援助について話しています。この先生は，資金援助についてどのように考えていますか。

　日本は発展途上国に多額の資金援助を行っています。一方で，日本国内でも高齢化など様々な問題に対処するために多額の予算が必要であり，国債の発行や増税が行われています。このような状況で，他国を支援することに疑問を感じる人もいるかもしれません。しかし，経済の実態を把握すればその理由は明らかです。

　例えば，日本国内の工場で作る自動車の部品を製造している国があるとします。その国から部品が輸入できないと，日本は自動車を作れないわけです。もしも，その国の経済が非常に厳しい状況にあり，部品の製造が難しい状況であった場合，日本での自動車の生産に悪影響が出てしまうでしょう。その国にお金があったらこのような状況を避けられる場合，どうすればよいかを考えれば，理解できると思います。

この先生は，資金援助についてどのように考えていますか。
1．自国の利益のみを優先する行為
2．貧しい国への思いやりのある行為
3．自国と他国がともに利益を得られる行為
4．自国の問題よりも優先すべき行為

22番　司会者が，テレビ番組で，防災情報の専門家にインタビューをしています。この専門家は，安全を確保するためにはどのような対策が有効だと言っていますか。

司会者：日本では，台風などの災害が多く，普段から対策をしておくことが必要です。
専門家：そうですね。いつ，どのように避難するか，把握しておくことが大事ですよね。
司会者：最近では，スマートフォンで情報を検索し，避難の目安にする人も多いようです。
専門家：ええ。SNSなどによって，災害情報が迅速に手に入りやすくなりました。しかし，実はそこにも問題があるのです。
司会者：どのような問題でしょうか？
専門家：情報が手に入りやすくなったことによる，避難の遅れです。たしかに情報量は多くなりました。しかし，人間は無意識に安心を求めるため，「避難しなくて大丈夫」だと思える情報を信じがちです。その結果，避難が遅れるケースがあります。
司会者：緊急の場合に，多くの情報から状況を見極めるのは難しいですね。だとすると，どのような対策が可能でしょうか。
専門家：過去のデータによると，近所の人と声をかけあった人は，すぐに避難を始める傾向が見られました。避難のタイミングを逃さないためには，インターネットで情報を得られる時代であって

　　　も，周囲の人たちと連絡を取り合うことが基本なのです。

この専門家は，安全を確保するためにはどのような対策が有効だと言っていますか。
1．普段から災害情報に注意しておくこと
2．インターネットで多くの情報を手に入れること
3．正しい情報を選ぶ方法を知っておくこと
4．周囲の人々と連携を取って行動すること

23番　先生が，人の心理を利用した商品販売の戦略について話しています。この先生が話している事例に即して考えると，企業は顧客にどのように声をかけるのが良いですか。

　商品やサービスを無料で利用することができる期間が設けてあり，その間に解約すれば一切お金がかからないというサービスがあります。解約をしなければ，もちろんその後に料金が発生するのですが，無料で商品を試すことができるため，解約するつもりで申し込んで，無料期間のサービスを利用する人は多いのです。

　しかし，解約するつもりだったのに，そのまま商品やサービスを使い続ける人も多くいます。なぜでしょうか。実は人間には「現状維持バイアス」という，現状を維持したいと考える心理があります。この心理では，解約した方が得だと分かっているのに，変化することへの不安から，現状を維持することを選んでしまうのです。

　こういうわけで，企業は，解約の手続きを行わない顧客から収益を得ることができるのです。

この先生が話している事例に即して考えると，企業は顧客にどのように声をかけるのが良いですか。
1．「最初の一ヶ月は，商品を無料でお試しになれます。」
2．「今，新商品に買い替えれば，今までのポイントを引き継いでご利用可能です。」
3．「これから3時間限定で，この商品を40％割引で販売します。」
4．「今なら，商品を2個買うと3個目が無料で付いてきます。」

24番　先生が，生物学の授業で，トラという動物の生存戦略について話しています。この先生は，トラが個体で縄張りを作るのはなぜだと言っていますか。

　トラは個体で縄張りを作るという生存戦略をとっています。同じネコ科の肉食獣であるライオンは群れを作るという戦略をとっているにもかかわらず，トラはなぜこのような戦略をとることにしたのでしょうか。群れを作ることによる利点は，協力して生きていける点です。しかし，トラは単体で餌をとる能力を持っており，群れを作る必要がありません。群れを作って協力して餌を獲得するより，むしろ，個体同士で餌をとり合わないようにお互いに適度な距離をとることを選んだのです。弱肉強食の世界において，肉食動物もそれぞれの動物によって異なった生存戦略をとっているのです。

この先生は，トラが個体で縄張りを作るのはなぜだと言っていますか。
1．餌による仲間同士の争いを防ぐことができるから
2．餌が豊富なので群れを作る必要がないから
3．トラは複数の個体で協力することが苦手だから

4．個体間に適度な距離がないとストレスを感じるから

25番　女子学生と男子学生が，大学の環境について話しています。この女子学生が不満に思っていることは何ですか。

女子学生：大学って，高校までの勉強の仕方だとうまくいかないよね。

男子学生：うん。複数の教科を応用した知識も必要だし，経営とか法律とか，高校ではまったく習っていない内容も多いからね。

女子学生：私は分からないことだらけなんだけど，分からないことを一つずつ解決していくのが大変。幸いこの学校は図書館が充実しているから，調べものはやりやすいけど。

男子学生：それに，研究室が開放的だから，先生にも聞きに行きやすいよね。

女子学生：研究室は入りやすいけど，先生がいないんだよね。こんな大規模な大学なのに，専任の先生があまりいないじゃない。ほかの大学と兼任している先生は授業が終わるとすぐにいなくなっちゃうし，質問があってもなかなか聞きに行けないんだよね。

男子学生：それは確かにそうかも。でも，兼任の先生が授業中に他の大学の話をしてくれるのは参考になるよね。自分ではなかなか知る機会がないから。

女子学生：そこはいいところだよね。でもやっぱりその前に，この大学がもう少し話を聞きに行きやすい環境になると嬉しいんだけど。

この女子学生が不満に思っていることは何ですか。
1．研究室に入りにくいこと
2．図書館が充実していないこと
3．他大学の情報が入りにくいこと
4．質問をできる環境が整っていないこと

26番　先生が授業で，ある言葉について説明しています。この先生が話の最後で説明している言葉の意味に合うのは，どのような場合ですか。

　コンコルドとは，20世紀の半ばに開発された，超音速で飛ぶことのできる飛行機のことです。機体のデザインが美しく，今でも人気のある飛行機です。しかし，実際に旅客機として使用するには，莫大なお金がかかってしまうという欠陥がありました。そのため，21世紀に入った頃に引退し，現在は使われていません。

　ところで，コンコルドが商業的に失敗するということは，開発の途中で明らかになっていました。ところが，それまでに多額の投資をしてしまっていたことから，途中でやめてしまうとそれまでの投資の意味がなくなるという理由で，開発が続けられたのです。「コンコルドの誤り」という言葉は，このような失敗を説明するものとして，現在広く用いられています。

この先生が話の最後で説明している言葉の意味に合うのは，どのような場合ですか。
1．親には反対されたが，努力して自分の希望する大学に入学した。
2．本当の夢を見つけたが，過去の努力が無駄になることを恐れ，進路変更をやめた。
3．どの大学を受験するか迷っていたため，勉強を始めるのが遅れた。

４．弁護士の資格は取ったが，医者になろうと思い直して，医学部に入学した。

27番　先生が，子どもの自己肯定感を高める方法について話しています。この先生は，子どもの自己肯定感を高めるために，子どもをどのように褒めることが大切だと言っていますか。

　近年，問題になっているのは，失敗を極度に恐れる子どもが増えていることです。そのような子どもは，自己肯定感，つまり，自分自身の存在の価値を認める感覚が低いと言われています。自己肯定感は，子どもがいろいろなことに積極的に挑戦するために，とても大切な役割を果たしています。

　この自己肯定感を高めるために大切なのは，愛情を持って，子どもの存在をしっかり認めてあげることです。そして，良いところを褒めることが重要です。しかし，この時の褒め方にも気を付ける必要があります。大人は，子どもがテストで高得点を取った時など，成果を出したことを褒めがちです。しかしそうすると，子どもは，良い成績を取れない時の自分には価値がないと考えてしまいます。結果だけではなく，結果に至ったプロセスを褒めることが重要なのです。例えば，子どもがテストで良い成績を取った時は，点数だけではなく，良い点数を取るための努力に注目して褒める必要があります。

この先生は，子どもの自己肯定感を高めるために，子どもをどのように褒めることが大切だと言っていますか。
１．努力の成果について具体的に褒める。
２．存在自体に価値があることを，大げさに表現して褒める。
３．結果だけではなく，努力の過程について褒める。
４．子どもにわかりやすい，単純な表現で褒める。

第5回

1番　先生が，高齢者の就職支援について話しています。この先生が特に充実すべきと考えている支援はどれですか。

　高齢者の就職を支援するためには，企業と行政の双方が適切な対策をしなければなりません。高齢者は体力面での制約や，病気などの理由から，現役時代のように長時間働くことができないため，企業は労働時間の短縮や在宅での勤務など，労働環境を改善する必要があります。また，現状の定年のルールを変更し，同じ職場でより長く働けるように制度を整えることも大切です。一方，行政は，高齢者と会社のそれぞれの需要をうまくつなぎ合わせるための就職支援窓口を充実させるべきでしょう。また，高齢者と地域を結びつけるという視点も重要になります。会社勤めをしている頃は，地域とのかかわりが薄いのが一般的です。ですが，高齢者と地域を結びつけることができれば，地域活性化につながりますし，高齢者にとっても通勤時間の短縮や近隣の人間のネットワークの形成など，良い効果が期待できます。私は，特にこういった地域社会での雇用促進の支援を充実させていくべきだと考えます。

2番　先生が，人間の成長に関する領域について話しています。この先生が話す例では，領域はどのように変化しましたか。

　自分が成長したいときに，意識してほしいのが，そのときの心理領域についてです。この心理領域は，快適，学び，そして混乱の３つの領域に分けることができます。まず，快適の領域とは，その人にとって，心地の良い領域のことです。この領域にいるときには，問題が起こっても現在持っているスキルで解決することができるので，緊張したりストレスを感じたりすることはありません。次に，学びの領域ですが，これは快適の領域を一歩出た所にあります。自分のスキルがあまり通用しないので，新たな方法を探したり学んだりする必要があります。さらに，その外にある混乱の領域は，今までのスキルが通用しないだけでなく，何が起きているのかもよく分からない状態の領域です。

　私たちが成長するためには，学びの領域に身を置く必要があります。しかし，学びを進めることにより，学びの領域には変化が訪れます。例えば，今まで解決が難しく他人の助けを借りていた問題が，スキルが上がることにより自分一人で簡単に解決できるようになります。この状態はすでに学びの領域ではありません。こうなると，また新たな学びの領域に進むことが必要になります。

3番　先生が介護について話しています。この先生が最後にする質問の答えはどれですか。

　介護は単にその場の状況に対応して行われているのではありません。多くの事例を積み重ね，多くの思考と検討を繰り返して，今の介護の形になっているのです。そのプロセスを介護過程といいます。この過程を簡単に説明します。まずは介護のために必要な情報を集めて，それをもとに介護計画を立てます。そして，その計画を実施し，実施後に評価をします。効果や問題点などを明らかにし，それらを踏まえた上で，次の計画に向けて情報の収集から始めます。このプロセスの繰り返しで介護の現場は前進しているのです。

　では，ある介護の現場を考えてみましょう。この現場では，まず，利用者から，要望や感じていることなど様々な情報を集めました。また，世の中の介護現場での課題や成果なども常にチェックし，共有をしています。それらをもとに，介護者同士で話し合って介護計画を立て，忠実に実行に移すことを繰り返しました。しかし，なかなか効果が感じられなかったのです。この現場では何が足りなかったと考えられますか。

4番　男子学生と女子学生が，コンビニエンスストア経営に関するアンケートの結果を見ながら話しています。この二人が調べようとしている組み合わせとして，正しいものはどれですか。

男子学生：コンビニエンスストアの経営について，現状に満足している経営者は半分に満たないんだね。

女子学生：そうだね。この，違うブランドのコンビニエンスストアに変えたいというのは，どういう意味なのかな。

男子学生：主なコンビニエンスストアの経営は，ブランドを持つ企業と，そのブランドやシステムを使える契約を結んで行うんだ。だから店舗の経営者は，契約期間の後は，もう一度そのブランドと契約することもできるし，やめることもできるんだ。

女子学生：つまり，さっきの回答は，あるブランドの契約が終了したあと，別のブランドと契約したいということだね。

男子学生：そうだよ。

女子学生：その人たちがどうしてそうしたいのかについて，私は調べてみようかな。

男子学生：それはいいね。コンビニエンスストアの経営は続けるってことだから，コンビニエンスストアを経営すること自体には利点があるのかもね。

女子学生：そうだね。コンビニエンスストアの経営自体をやめたがっている人は，利点を感じられない
　　　　　　か，それ以上の不利益があるってことだね。
男子学生：じゃあ，僕はその人たちについて調べようかな。

5番　先生が授業で，日本の方違えという文化について話しています。この先生が最後にする質問の答
　　　えはどれですか。

　日本には，方違えという文化があります。現代ではあまり見られなくなりましたが，日本では日によって向かってはいけない方角がありました。自然の周期や個人の周期などから，その方角を定めていたのです。しかし，場合によっては向かってはいけない方角にも行かなければいけないことがあります。方違えは，目的地が向かってはいけない方角にあるときに行います。例えば，西に目的地があるのに，西が向かってはいけない方角だった場合，まず自宅から一度南に行き，その後北西方向に行きます。南を経由地にすることで，西に向かって直接移動することはなくなります。また，西に加えて北西も向かってはいけない方向だった場合はどうでしょうか。この場合は一度北に行き，その後に南西方向に向かいます。こうすれば西にも北西にも向かわずにすみます。

　では，東に行かなければならないときに東と南東の方角が行ってはいけない方角の場合，最短で目的地にたどり着くにはどのように行けばよいですか。

6番　先生が，商品の流行と衰退について話しています。この先生によると，古い商品の抵抗が起きる
　　　のはどの時期ですか。

　商品は常に利便性や実用性を追究して改良されています。そのような状況で起こるのが，新しい商品と古い商品の入れ替わりです。ある商品が社会へと普及していくと，その後，機能が追加されるなど利便性を向上させた新しい商品が出てきます。

　しかしながら，そうした新しい商品は，すぐに社会に普及するわけではありません。古い商品が新しい商品に対抗しようとするからです。例えば，値下げやデザイン性の向上などです。しかしながら，そのような抵抗があっても，徐々に社会の標準が新しい商品に切り替わっていき，新しい商品は社会へと普及していくのです。古い商品は，新しい商品と入れ替わるように姿を消していくか，市場における規模を縮小しながら継続していくという方法をとっていきます。

7番　男子学生と女子学生が，ネズミという動物の実験結果について話しています。この男子学生が行っ
　　　た実験の結果をグラフにすると，どうなりますか。

男子学生：林にいるネズミの活動量が天気によって変化するかどうかを研究するために実験をしたんだ
　　　　　　よ。林の中にわなを仕掛けておいて，捕獲されたネズミの数で活動量を測定したんだ。
女子学生：なるほど。捕獲されるネズミの数が多いほど，活動量が多いってことだね。
男子学生：うん。そういうこと。結果はとても興味深いものだったよ。どうなったと思う？
女子学生：うーん。人間と一緒で，雨の日には活動量が減るんじゃないかな。
男子学生：実は，小雨や普通の雨の時は，晴れている時と比べて活動量に差はないんだよ。林の木が雨
　　　　　　を遮ることで，雨による地面への影響を少なくしているからじゃないかと考えているよ。
女子学生：なるほど。じゃあ，木が受け止められないくらいの激しい雨，たとえば台風の時はどうなる

の。晴天や普通の雨の時よりも少し捕獲量は減るでしょ？

男子学生：減るなんてものじゃないよ。全く捕獲されなかったんだ。さすがに危険を感じるのかな。

8番　先生が，ある山の気温について話しています。この先生によると，資料のA，B，Cに入る数字として正しい組み合わせはどれですか。

　山は，標高が上がるにつれ気温が下がるので，山のふもと，つまり山の最も低い地点と山頂では気温が大きく異なります。ですから，山に登る前に目標地点の気温がどれくらいであるか予測して服装を決める必要があります。一般的に，標高が100m上がるごとに0.6℃ずつ気温が下がると言われています。

　しかし，実際の気温と人間の体が感じている気温，つまり体感気温との間にはへだたりがあることがあります。体感気温と実際の気温が大きく変わる主な理由は，風です。風が吹くと実際の気温よりも人間は寒く感じるのです。一般的に，風速が秒速1m速くなるごとに，体感気温は1℃下がると言われています。

　さて，私は明日ある山に登るのですが，明日の山のふもとの気温は20℃だと予報されています。また，目標地点の風速は5mと予想されています。では，明日の目標の地点での体感気温がどうなるのか計算してみましょう。

9番　先生が歴史学の授業で，日本の城について話しています。この先生が，利点が最も多いと考えている城はどれですか。

　日本の城の最も重要な拠点を本丸といい，多くの場合，そこに天守と呼ばれる建物があります。本丸の周りには本丸を守るための場所が何重にもわたって配置されており，本丸のすぐ外側のものを二の丸といいます。それらの配置の仕方で，城の構造パターンはいくつかに分けられます。

　まず，本丸が二の丸に完全に囲まれている城があります。これが最も防御に適しています。しかし，このタイプは建設に費用がかかります。次に，二の丸が本丸の周りを渦巻き状に囲んでいるものがあります。これは，敵が入りやすいですが，攻めてくる場所が限られるので防御がしやすい形です。本丸が端にあり，二の丸が2辺，または3辺を囲っているものもあります。これは，防御が薄くなりそうですが，山や湖などの自然の地形を利用して，空いた部分を守っていることが多いです。本丸と二の丸が単に並んでいる場合，防御力はあまり高くないですが建設にかかる費用を抑えることができます。

　どの城にも利点があるのですが，既にある地形を利用している城は防御力が高く，費用もかかりにくいと考えられます。私としては，このタイプの城に利点が多いと考えています。

10番　先生が医学の授業で，脳の働きについて話しています。この先生が最も注意が必要だと考えている期間はどれですか。

　病気によって脳の働きが変化することがあります。ある病気は，前兆期，急性期，休息期，回復期という4つの段階に分けられますが，段階によって脳の働きに変化があります。

　前兆期は，脳の働きの低下が始まりますが，症状が小さく，周囲の人は気づきません。本人にも自覚がないことがほとんどです。急性期になると，脳の働きが不良な状態になり，周囲の人にも分かる変化が現れます。最も病気の症状が重くなっている状態です。休息期では，脳の働きはまだ回復したわけではありませんが，症状は治まってきます。ただ，不安定な状態なので，何かの刺激により急性期に戻る

可能性があります。最後の回復期では症状がほとんど見られず，脳の働きも戻っていきます。

　こういう病気の場合，特に注意が必要なのは，急性期ではありません。急性期には当然気を付けるからです。注意が必要なのはむしろその後です。症状が治まってくると，病気であったことを本人も意識しなくなってしまいます。回復するためには，この時期に注意をすることが一番大事だと言えるでしょう。

11番　先生が，古代遺跡の建物の配置について話しています。この先生が話している遺跡の建物の分布図はどれですか。

　遺跡の研究をする時，建物が，どの方角に，どれくらい作られていたかを知ることは，その遺跡の特徴を知るために重要なことです。そこで，建物が建てられていた数と方角が一目で分かるように，次のような図で示してみました。図は円で構成されていますが，円の上が北を，右が東を示しています。また，それぞれの円の線上に書かれている数字が，建物の数を示しています。そこに，実際に建てられていた建物の数と方角を，直線で示します。例えば，直線が中心から北方向にのびて，5の円に到達しているときは，北に5つの建物跡があるということです。今回，私たちのグループが発掘した遺跡では，建物の建てられていた跡が北と東の方に多くありました。特に，東の方角に最も多くの建物があり，その数は10ありました。一方，南の方角には，建物の跡は，一つも発見されませんでした。この遺跡の建物跡を表した図はこのようになります。

12番　ある会社の経営者が，事業戦略について話しています。この経営者が新しく発表した事業戦略を表しているものはどれですか。

　私たちの会社は，人気シリーズのゲームソフトを4種類発売しています。従来，私たちは，1年に1回，1種類のシリーズの新作を順番に発売する計画を実行していました。たとえば，1年目にAシリーズを発売し，次の年はBシリーズ，といった形です。ひとつのシリーズは一度発売されると，次に発売されるのは4年後になります。

　しかし，この方法には問題がありました。このシリーズを購入する顧客は，発売してからおよそ3年後にはゲームに飽きて離れてしまうというデータが出たのです。このような場合，ゲームを発売しても，新しい購入者を獲得しなくてはならず，とても不利な状況になります。私たちはこれを避けるため，4つすべてのシリーズの販売までの期間を短くし，今までのファンが離れる前にシリーズの新作を発売できるように計画を立て直しました。開発の負担が大きくなりますが，人材を増やすことですべてのシリーズを維持できるよう対応するつもりです。

13番　先生が，やる気について話しています。この先生は，人をやる気にさせるにはどうしたらいいと言っていますか。

　人をやる気にさせるにはどうしたらいいでしょうか。さまざまな方法が考えられていますが，今日はそのうち一つを紹介します。

　まず，こんな例があります。皆さんがお店でポイントカードを作ってもらうとします。そのとき，マスが10個あってすべて空いているカードと，マスが12個あって，既に2つスタンプが押されているカード，どちらが今後もカードを使う気になるでしょうか。それは，後者です。人は，少しでも進んでいる

ように見える方がやる気が出るものなのです。

　ですから，人をやる気にさせるには，物事が進んでいることを分かり易く提示するのが効果的です。授業でも，プレゼンテーションでも，今，全体の何番目まで進んでいるのかがわかるように，数字などを使って構成すると，最後に近づくにつれてやる気が上がることになります。

この先生は，人をやる気にさせるにはどうしたらいいと言っていますか。
1．成功したときの報酬を提示する。
2．ゴールまでの道筋を説明する。
3．報酬を細かく分けて何度も出す。
4．物事が進んでいることを示す。

14番　先生と男子学生が，資料の集め方について話しています。この男子学生は，このあと何をしますか。

先　　　生：卒業論文で使う資料や本は集まりましたか？
男子学生：本に関しては，大学の図書館でたくさん読みました。今も関連する本を端<ruby>端<rt>はし</rt></ruby>から読み進めています。
先　　　生：基礎的な知識を身につける上では，それだけでも成果があります。ですが，しっかりとした研究として卒論をまとめるには不十分です。
男子学生：こんなに読んでいるのに，まだ足りないんですか…。
先　　　生：大学の図書館にはたくさんの本があります。ですが，それだけで調べきれないものについては，研究テーマを深めていく段階で，別の大学の図書館や，公共の資料館に行く必要が出てくると思います。
男子学生：そういえば，僕が調べている地方文化に関しては，本や論文を読んだだけではわからないことが多いんです。
先　　　生：地方の伝統文化については，論文や本にまとめられていない情報がまだまだ多いのです。そのような場合は，研究している地域へ実際に出向き，地域のことをよく知るお年寄りに話を聞いたり，お祭りの手伝いをして交流を深めたりすると，その地域に昔から伝わる話を聞かせてもらったり，貴重な資料を見せてもらえることがあります。
男子学生：わかりました。さっそくこれから，現地の行事日程や博物館などを調べて，実際に見に行く計画を立てます。

この男子学生は，このあと何をしますか。
1．大学図書館の本をたくさん読む。
2．自分の大学以外の図書館を利用する。
3．地方文化に関する本を探す。
4．現地調査に向かうための準備をする。

15番　先生が，ＨＳＣと呼ばれる子供について話しています。この先生は，HSCの子供に対応するために，親はどのようにすればよいと言っていますか。

　皆さんは，HSCという言葉を知っていますか。これは，ハイリー・センシティブ・チャイルドの略で，

日本語では，人一倍敏感な子供という意味になります。こういった子供は，刺激に対して過剰に反応したり，他人の感情を自分の感情のように感じたりします。また，周囲の環境に気持ちが左右されやすく，そのせいで，生きにくさを感じることがあります。

　HSCかどうかをチェックする方法はありますが，たとえHSCの特徴に当てはまったとしても，病院で治療を受ける必要はありません。なぜなら，HSCは病気ではないからです。むしろ，他人の気持ちに敏感で，共感力が強いというHSCの特性は，社会に出てからも必要とされる能力です。ただし，HSCの子供は周囲の子供と比較して，自分は劣っているのではないかと考えがちです。ですから，親は，子供の特性を子供自身が認識し，自分に自信が持てるように教育する必要があります。

この先生は，HSCの子供に対応するために，親はどのようにすればよいと言っていますか。
1．病院に連れて行った上で治療法を相談する。
2．強くなれるように，改善できることを探す。
3．病気ではないので，何も気をつける必要はない。
4．子供が自分を肯定できるように育てる。

16番　先生が，交通違反を防止する方法について話しています。この先生の話した国では，現在，警察はどのような方法を使って交通違反をした人を捕まえていますか。

　交通違反を防止し，また実際に交通違反があった場合には取り締まるために警察官がいます。しかしある国では，違反者の車が警察官から逃げるために高速で走行し，それを警察官のパトカーが追跡することによって，より大きな事故が発生する事態が続いていました。

　そこで警察は，このような周りに被害を与えかねない追跡は行わないという規則を設けました。しかし，警察が追いかけてこないのをいいことに，交通違反をする人が増えてしまいました。

　そこで警察は，新たに交通違反をした車を追跡するツールを生み出しました。それはインターネットを通じて車の位置を把握できるGPS装置を，違反した車に打ち込むことができる機械です。これによって，パトカーで違反者の車を追跡しなくても，安全に違反者を捕まえられるようになったのです。

この先生の話した国では，現在，警察はどのような方法を使って交通違反をした人を捕まえていますか。
1．自動運転によるパトカーで追跡する方法
2．交通違反ではなく，違う罪で違反者を捕まえる方法
3．違反者の体にGPSという装置を付ける方法
4．インターネットで車の追跡を行う方法

17番　男子学生と女子学生が，人間の心理について話しています。この男子学生は，どのようなことが不思議だと言っていますか。

男子学生：今日の授業，面白かったね。
女子学生：そうだね。「人間の心」の分析って一言で言っても，あんなにいろんな分析があるんだね。
男子学生：僕は，無意識の部分という話が面白かったな。
女子学生：私も。心の中に，自分が認識してない領域があるって言われても，認識できないから実感がわかないよね。

男子学生：その認識していない部分が夢に現れるんだってね。

女子学生：うん，だから，心の病気を抱えている人を治療するために，夢に出てきた事柄を分析したり
　　　　　するんだよね。

男子学生：無意識の話の中でも，無意識の共通性についての考えが驚いたな。

女子学生：そうだね。無意識の中に，人間みんなが共通して持っている領域があるっていう話でしょ。ま
　　　　　だ議論されてるみたいだけど。

男子学生：僕，これは不思議なんだよね。みんな考え方や意見が違うのに，本当にそんなものがあるの
　　　　　かな。

この男子学生は，どのようなことが不思議だと言っていますか。

1．人間の心の中には，自分でも認識できない領域があること

2．人間の心の中には，あらゆる人が持つ共通の領域があること

3．人間が持つ悩みは，自分自身で生み出しているということ

4．人間の精神の状態は，夢の分析から判断できるということ

18番　先生が授業で，カミキリムシという昆虫について話しています。この先生によると，一部のカミ
　　　キリムシがハチの姿に似ているのはなぜですか。

　カミキリムシという昆虫は，世界中に多くの種類が分布しており，昆虫学者の注目を集めてきました。
そのカミキリムシの仲間に，「ネキダリス」と呼ばれる珍しい種類のカミキリムシがいます。その大きな
特徴は，見た目がハチに似ていることです。ハチには毒を出す針がありますから，ネキダリスと呼ばれ
るカミキリムシは，ハチの姿に似せることで，鳥などの外敵から身を守っているのです。

　このカミキリムシに限らず，自然界には，ハチに似ている昆虫がたくさん存在します。ただし，本当
にハチそっくりなものもいれば，人間が見るとあまり似ていないように思えるものもいます。しかし，毒
を持つハチは自然界で恐れられているので，少しでも似ていれば，外敵は近寄ってこないのでしょう。

この先生によると，一部のカミキリムシがハチの姿に似ているのはなぜですか。

1．天敵の鳥に見つかりにくくなるから

2．ハチに似ていると外敵が近寄らないから

3．ハチと同じように毒を持っているから

4．分類上はハチと同じ種類であるから

19番　先生が，子どもの絵を描く能力の発達について話しています。この先生によると，4歳の子ども
　　　が描く典型的な絵は，どのような絵ですか。

　2歳を過ぎて，点や線などがうまく描けるようになると，子どもは徐々に絵を描くようになっていき
ます。では，子どもはどのような絵を描くのでしょうか。子どもは幼いときの方が自由に絵を描くと思
われていますが，実際は発達の過程があり，できることには限界があります。幼いときは，自動車など
横に長いものを描こうとするときは側面を描き，立っている人など縦に長いものを描くときには正面を
描こうとするなど，型にはまった描き方をします。しかし，6歳を過ぎると，今までとは違った方向や
角度から見た絵を状況に応じて描き分けられるようになります。例えば，人が会話している場面を描く

ように指示すると，二人の人物が横を向いて見つめ合っている絵を描くことができるのです。

この先生によると，4歳の子どもが描く典型的な絵は，どのような絵ですか。
1．点と線のみで描かれた抽象的な絵
2．大人が思いつかないような自由な絵
3．横に長いものを横から見た絵
4．縦に長いものを横から見た絵

20番　女子学生と男子学生が話しています。この女子学生が男子学生に一番伝えたいことは何ですか。

女子学生：犬とネズミとどっちが賢いと思う？
男子学生：それは犬でしょう。
女子学生：私もそう思う。でも，なぜそうだと思った？
男子学生：だって，犬の方が脳が大きいでしょ。
女子学生：脳が大きい方が賢いと思うよね。でも，それって体の大きさのことも考えた？
男子学生：そう言われると，考えてなかった。確かに犬の方が体が大きいから脳が大きいのも当たり前だよね。
女子学生：うん。大きければ賢いというなら，クジラや象が人間より賢いってことになっちゃうよ。
男子学生：そう考えられてはいないもんね。
女子学生：じゃあ，体に対する脳の大きさの割合で考えると賢さがわかるかというと，実はこれも難しいんだ。実は，ネズミも種類によっては人間よりも体に対する脳の割合が大きいんだよ。でも人間より賢いとはやっぱり言えないよね。
男子学生：ほんとうだね。脳と賢さの関係って単純じゃないんだね。

この女子学生が男子学生に一番伝えたいことは何ですか。
1．体が大きい動物は脳も大きい。
2．体に対する脳の割合が大きい動物の方が賢い。
3．脳の大きさでは賢さを決めることはできない。
4．同じ哺乳類でも体に対する脳の割合には差がある。

21番　先生が授業で，情報化社会について話しています。この先生が示す例は，どのような問題について示しているものですか。

　現代は情報化社会といわれ，ＳＮＳなど様々な方法で情報を収集できるようになりました。逆に言えば，人は様々な方法によって情報を発信できるようにもなったということです。
　このような状況の中で，情報の受け手も，ＳＮＳについての知識を持つ必要があります。例えば，ある動画サイトで化粧品の個人的な感想を示す動画が投稿されていたとします。投稿している個人は，化粧品の製造をしている会社とはまったく関係のなさそうな人のように見えます。実際に，従業員でも経営者でもないのですが，会社から金品を受け取って，商品を評価し，すすめている場合もあります。その場合，個人の感想として発せられた情報は，実は商品の宣伝だったということもあるのです。

この先生が示す例はどのような問題について示しているものですか。

1．情報の発信元が存在しないという問題

2．悪意のある情報が増えているという問題

3．一般の情報と広告の区別がつかないという問題

4．知識のない人も情報を発信しているという問題

22番　女子学生と男子学生が，AIについて話しています。この男子学生は，AIに人間の仕事をすべて奪われると誤解している人が多いのは，どうしてだと言っていますか。

女子学生：将来，AIが発達したら，人間の仕事が減るかもっていう話題が最近多いよね。

男子学生：みんな，いつか人間の仕事はなくなるんじゃないかって思ってるよね。でもぼくは大抵の仕事は大丈夫だと思ってるよ。

女子学生：どうして？　これからAIが発達していけば，どんな仕事でもできるようになる可能性があるでしょう。

男子学生：確かにAIは，計算とかの機械的に反復するような作業は得意だけど，逆にいえば，そういう作業がよくできるだけで，万能なわけではないと思うんだよね。

女子学生：そういわれると，人間みたいな感覚の認識や，その場の状況や空気を読んだ対応なんかは，まだ実現のめどが立ってないみたいだよね。

男子学生：そう。みんなAIが何でもできると思いすぎてると思うんだよね。ある部分では確かにすごいけど，人間のできないことができて，人間のできることも同じレベルでできるなんていうふうに万能になるわけではないと思うんだ。

この男子学生は，AIに人間の仕事をすべて奪われると誤解している人が多いのは，どうしてだと言っていますか。

1．人々がAIの能力を過大評価しているから

2．人々が人間の能力を過小評価しているから

3．AIの発達の速度は下がると考えられるから

4．人々が人間の仕事について深く理解してないから

23番　企業の経営者が，経営学のセミナーで，社員のやる気を出させるための方法について話しています。この経営者は，報酬がやる気につながらない理由は何だと言っていますか。

　企業を経営していて最も苦労することは，社員にやる気を出してもらうこと，そして，そのやる気を維持してもらうことです。やる気を出させるためには，一般には報酬に着目することが多いですが，それだけではやる気は出ません。そのことを表す良い例があります。ある大学生のグループを二つに分けて，パズルを解いてもらいました。このとき，一方のグループには報酬を与え，もう一方のグループには報酬を与えませんでした。興味深いのは，報酬を与えられなかったグループは，休憩時間になっても，そのパズルを解いていたということです。報酬を与えられると，「作業である感じ」が出てしまったのでしょう。金銭に注目しすぎると，やっていることがすべて，お金を稼ぐ手段でしかないと感じられるようになるのです。当然，報酬は大切です。しかし，それだけでは，社員はやる気を出さなくなってしまうというのも事実なのです。楽しいからやる，やりたいからやる，ということが大切なのです。

この経営者は，報酬がやる気につながらない理由は何だと言っていますか。
1．もらう報酬の金額に，すぐに不満を持つようになるから
2．仕事の時間と自分の時間を区別できなくなるから
3．やっていることがお金を稼ぐ手段でしかなくなるから
4．報酬を多く貰うことが，快感に変わっていくから

24番　先生が，新幹線という特急電車について話しています。この先生は，近年，新幹線はどのような
　　　方法で運行本数を増やすことが可能になったと言っていますか。

　　新幹線は日本国内を走っている，国内最速の特急電車です。毎日，多くの人が利用するので，運行本
数を増やすための対策に取り組んできました。例えば，最高速度がより速い車両を導入したり，運転手
の技術を向上させて，なるべくブレーキをかけずに走行することで時間を短縮したりしてきました。し
かし，これらの従来の方法は，莫大な費用がかかりますし，運転手を教育するための時間もかかります。
そこで近年は，走行中ではない部分に注目が集まっています。列車が終着駅に停車し折り返す時には列
車の車内を清掃しますが，その時間を短縮しようと工夫しているのです。もちろん，清掃員の教育や新
しい清掃用品の導入は必要ですが，新しい車両の導入や運転手の教育に比べれば，容易に効果をあげる
ことができました。

この先生は，近年，新幹線はどのような方法で運行本数を増やすことが可能になったと言っていますか。
1．運転手の再教育
2．新しい車両の導入
3．清掃方法の改善
4．すべての駅での停車時間の短縮

25番　男子学生と女子学生が，社会福祉について話しています。この男子学生は，どのような意見を持っ
　　　ていますか。

男子学生：これからは社会保障の制度が変わっていくかもしれないね。
女子学生：高齢者が増えて，若者が減っているんだから仕方ないよ。働いている世代の負担が大きくな
　　　　　るし，年金で生活する人が増えてるから。年金制度をつづけていくのは，難しいかもしれな
　　　　　いね。
男子学生：僕の周りには，年金をあてにしている人はほとんどいないよ。
女子学生：でも，仕事をリタイアした高齢者には決まった金額を支払うべきだと思うな。
男子学生：国によっては，社会保障の制度に頼らず，自分で備えることを薦めているみたいだよ。
女子学生：自分で備えるっていったい，何をすればいいんだろう。
男子学生：まずは，どれくらい蓄えがあれば老後に困らないのかとか，計画を立てることかな。
女子学生：確かに，それって重要だよね。国はそのための情報をしっかり発信すべきだと思うな。
男子学生：そうだね。政府がそれをしないと，みんな困ることになってしまうよ。

この男子学生は，どのような意見を持っていますか。
1．政府は人々に，老後の貯蓄のための情報を周知するべきである。

２．多くの人々は，老後に政府が助けてくれると考えている。

３．高齢化社会に向けて，年金制度を充実させる必要がある。

４．政府は高齢者に，決まった金額を定期的に与えるべきである。

26番　先生が，薬の研究について話しています。この先生によると，ハエ自体の研究を行わなくてはいけない理由は何ですか。

　新しい薬を実用化するためには，薬の効果が適切であり，副作用や危険性が少ないことが求められます。もし，危険性が高く効果が少ないのであれば，実用化はできません。では，危険性が分からない段階で，効果があるかどうかを確かめるためにはどうすれば良いのでしょうか。

　基本的には，人間以外の他の動植物で薬の影響や効果を測定してみるという方法がとられます。一般的に，実用化する前には基礎研究と応用研究が行われますが，基礎研究を行う際に動植物を使った実験を行っています。例えば，ハエなどを使って薬を投与した後の細胞の動きなどを研究しているのです。しかし，ハエの細胞がもともとどのような動きをしているのかが分からなければ，薬を投与した後の細胞の動きを観察したところで意味がありません。だからこそ，ハエ自体の研究を行う必要があるのです。このように生物学と薬学は関係が深いのです。

この先生によると，ハエ自体の研究を行わなくてはいけない理由は何ですか。

１．ハエは薬の副作用が出にくいため

２．人の細胞とハエの細胞が似ているため

３．薬の影響や効果を正確に把握するため

４．人よりハエの細胞の方が薬の効果が出やすいため

27番　先生が，新しくできたホテルについて話しています。この先生は，今回新しくできたホテルは，今までのホテルと比べてどのような特徴があると言っていますか。

　最近開業したホテルは，都市部から少し離れている程度で，多くの観光客が日帰りで訪れるような場所に位置しています。このような場所にあるホテルの場合，大学生などの若者をターゲットにするにはかなり安い値段で宿泊施設を提供することが求められてきました。

　しかしながら，このホテルは若者をターゲットにしているにもかかわらず，周辺のホテルに比べてかなり料金が高いのです。若者は観光やテーマパークなどの楽しみにはお金をかける一方で，宿泊するための施設は楽しむためのものではないため，お金をあまりかけません。しかし，このホテルはこの傾向を視点を変えて利用し，料金を高く設定したのです。つまり，このホテルでは若者が楽しいと思うものをホテル内で提供するような仕組みづくりを行いました。一日中ホテル内に居ても飽きない仕組みが，このホテルの特徴となったのです。

この先生は，今回新しくできたホテルは，今までのホテルと比べてどのような特徴があると言っていますか。

１．ターゲットを若者だけに絞っている。

２．宿泊の料金が周辺ホテルと比べて低い。

３．宿泊料にテーマパークの料金も含まれている。

４．ホテルの中に若者が楽しめる施設がある。

第6回

1番　先生が，成績評価のつけ方について話しています。この先生が最後にする質問の答えはどれですか。

　成績の評価というものは，単純で明確につけられるものだと思われがちです。例えば，テストの点数という基準のみで評価をする場合には，この図の場合，Dが最も良い評価を得られ，逆にCは非常に悪い評価ということになります。しかし，複数の基準でこの4人を評価しようとしたら，どうなるでしょうか。例えば，授業への積極的な参加という縦軸が存在した場合を考えてみます。最も評価されるのはBであり，一方でテストの点数では非常に評価されていたDはそれほど評価の良くない学生ということになります。

　私は，どちらか一方だけの軸を使うような単純な成績の評価はつけません。テストの成績と授業の積極的な参加を合わせて評価します。また，テストの成績よりも授業への積極性を高く評価します。つまり，テストの成績が良くて授業に消極的な学生よりも，成績が低くても授業に積極的な学生を高く評価するということです。この図の場合，4人を評価が高い順に並べるとどうなりますか。

2番　先生が，生物学の授業で話しています。この先生が話す二酸化炭素の濃度の推移を適切に示しているグラフはどれですか。

　二酸化炭素の濃度は，年々少しずつではありますが，上昇しています。二酸化炭素の濃度の上昇を食い止めるには様々な対策が必要ですが，植物の光合成による二酸化炭素の吸収は，有効な要素として検討するべきものです。

　実は，植物の光合成には，時期によって偏りがあります。春や夏は光合成が活発に行われるので，二酸化炭素濃度の上昇は抑えられます。一方，秋や冬になると，春や夏ほどは光合成が活発に行われないため，二酸化炭素の濃度は上昇するのです。つまり，年単位で見た場合は年々上昇していますが，月単位で見た場合には増減を繰り返しているのです。そして，季節変化の大きな地域ほど増減の幅が大きくなります。

3番　男子学生と女子学生が，大学紹介のパンフレットの印刷部数について話しています。この男子学生は今日，合計で何冊のパンフレットを印刷しますか。

男子学生：来週の学校説明会に向けてパンフレットを印刷しなきゃいけないんだけど，どうしようかな。

女子学生：一人一部ずつ配ると考えると，かなりの数が必要だよね。しかも，いろいろな言語ごとに作られているんだっけ？

男子学生：そうなんだよ。日本語のパンフレットは先週全部印刷し終わったんだけど，今日はどの言語のパンフレットを印刷しようかなと思って。

女子学生：残りのパンフレットも全部印刷しちゃえば？　それじゃダメなの？

男子学生：学校の印刷所は学生が頼む場合，一日200部までしか印刷できないんだ。

女子学生：なるほど，だから全部印刷できないのか。それなら，まだ印刷してないものの中で，一番数が必要な言語のパンフレットを，まず印刷した方がいいよね。

男子学生：そうだね。それにこの言語のパンフレットを足しても200部以内に収まるよ。

女子学生：あとの言語はまた明日以降に印刷すればいいよ。

4番　先生が，ネコが自分の名前を聞き分けることができるかについて話しています。実験によると，名前を聞き分けられなかった例を示しているのは図のどの部分ですか。

　日本では，ネコは家庭で飼育することも多く，大変馴染み深い動物です。飼育しているネコには人間が名前を付けることも一般的です。では，ネコは人間がつけた名前を理解しているのでしょうか。

　ネコが自分の名前を理解しているかについて，実験を行いました。一般家庭で育てられたネコと，カフェで育てられたネコの2種類で調べました。どちらのネコも，他のネコと同一の空間で生活をしています。実験は，一般名詞や同居している他のネコの名前を4回聞かせたあとに，自分の名前を聞かせ，反応が大きくなるかどうかを見るというものでした。その結果，一般家庭のネコは，自分の名前を聞かせたときに明らかに反応が大きくなりました。しかし，カフェで飼育されているネコは，一般名詞よりも反応は大きくなりましたが，同居のネコの名前との，反応の差はありませんでした。

5番　先生が行政学の授業で，自然環境を再生するための事業について話しています。この先生はどこを見直すべきだと言っていますか。

　自然環境を再生する事業は，国または地方公共団体などの公的機関が管轄して行います。この表は，4つの自然環境に関する事業を，現在どの機関が管轄しているかについて示したものです。国が直接管轄する場合もあれば，国と都道府県，都道府県と市町村が一緒に管轄する場合もあります。「自然調査」は様々な再生事業における各種データや手法の検討をします。「自然再生事業」は川の保全や復元を行います。「環境基金」は自然保護に関する活動に対して支援をします。「公園事業」は都市における自然との共生のための緑地を作ります。

　事業の性質や対象の規模によって，適切な機関が管理すべきだと思います。例えば，「自然再生事業」は，川など対象の規模が大きいため，国や都道府県が担当するのが望ましいです。そういう観点から見ると，公園などその地域に暮らす住民の生活により近いものに関しては，もっと地域に近い機関が管轄する方向で見直した方が良いのではないかと思います。

6番　先生が，授業で患者のケアについて話しています。この先生が課題として挙げているのはどの部分のケアですか。

　病院でのケアというと，病気を治すことをイメージしますが，単に病気を治すことだけが医療ではありません。全人的苦痛と呼ばれる，患者さんが抱える全ての痛みを和らげることが理想です。全人的苦痛とは，身体的な苦痛や，精神的な苦痛のほかに，家族の問題や仕事における問題といった社会的苦痛と，人生の意味や自らの価値観などについてのスピリチュアルペインから成ります。科学の進歩によって医療技術も大きく発展し，また臨床心理をはじめとする心理学も大きく進歩し，体や心のケアは高い水準に達しました。しかし，人生の意味など，人間の根源的な苦痛を和らげるのは非常に困難です。そ

れは，身体の衰えからくる無力感だったり，社会において貢献ができなくなることによる自身の存在に対する疑問だったりするからです。つまり，身体的苦痛などの，ほかの苦痛も複雑に関係するものなのです。また，この痛みは，患者さん自身がなかなか口に出さない傾向にあり，痛みに気づくことも難しいということがあります。このような痛みをどう緩和していくかが大きな課題となっています。

7番　先生が，ある店舗の顧客の購買行動について話しています。この先生が最後にする質問の答えはどれですか。

　顧客が商品を買う際の行動は，その計画性によりいくつかの種類に分けられます。まず，店に入る前に，どのブランドのどの商品を買うか決めてある場合をブランド計画購買といいます。一方，どんな商品を購入するのかは決めてあるが，どのブランドにするかは店頭で決める買い方をカテゴリー計画購買といいます。そして，何も計画せず，店舗で商品を見て購入する場合を非計画購買といいます。

　ブランド計画購買の割合が高い商品は，来店する前に買うものは決まっているので，店頭での工夫は顧客の行動にほとんど影響しません。工夫が大事なのは残りの2つで，特に非計画で購入される商品では，多くの商品を並べる，顧客にいろいろな商品を認知してもらう工夫をする，などすれば購買につながります。

　では質問です。この資料は，ある店舗の商品がどのように購入されているかを示したグラフです。この店舗で，多くの種類を店頭に置くことが最も効果的だと考えられる商品はどれですか。

8番　女子学生と男子学生が，テレワークについて話しています。この女子学生が，このあと詳しく調べようとしているのはどこですか。

女子学生：以前に比べてテレワークが一般的になってきたよね。これは，テレワークを認めている企業に聞いたアンケートの結果だよ。どういった職種にテレワークを認めているかの割合を示しているんだ。

男子学生：へえ。やっぱり出勤しなくても作業しやすい職種の方が，認められている割合が高いね。事務職が一番多いんだね。

女子学生：次に営業が多いよ。でも事務職に比べると少ないのは，やっぱり取引先とかに行くことが多いからかな。

男子学生：そうかもしれないね。そして，販売職はやっぱり店頭に立たなきゃいけないから，テレワークの割合は一番少ないね。

女子学生：残りは専門・技術職だけど…専門・技術職って，種類がいろいろあるよね。医療関係者とか，教育関係者とか，エンジニアとか。

男子学生：そうだね，医療関係はテレワークがすごく難しいと思うけど，教育関係なんかはインターネット上で授業ができるようになってきたよね。

女子学生：うん。ここはもう少し分類を細かくしてみると，いろいろ差が出てくるかも。私はここを詳しく調べてみるよ。

9番　先生が，外来生物の駆除について話しています。この先生によると，駆除を行う区域として適当ではないのは，どの区域ですか。

外来生物は，その土地の環境を破壊する恐れがあるため，駆除される場合があります。今日は，ある昆虫の駆除について学びたいと思います。

駆除の指揮をとるのは行政，すなわちこの資料の場合はＡ市とＢ市です。これらの市がお互いに協力をして，地域にいる外来の昆虫を全滅させるのが最も良い方法です。しかし，Ａ市とＢ市が協力できないこともあります。その場合，昆虫が隣接する地域にいるのにもかかわらず，片方の市が，自分たちの担当する地域だけを駆除しても意味がありません。隣接する地域からすぐに昆虫が入って来てしまうからです。そういうときは，川などが昆虫の移動を制限している地域だけ駆除するのも部分的な効果があります。この資料の昆虫の場合，川を渡るような能力を持っていないため，その地域だけは駆除が可能です。

10番　先生が，学習の5段階について話しています。この先生が話の最後に挙げる例は，どの段階からどの段階に進むときのことですか。

スポーツでも勉強でも，さまざまな学習には，スキルを学び発展させていく過程があります。今日はその過程のモデルを紹介しましょう。

まず，第1段階は何も知らない状態です。まだ学びを始める前の段階です。第2段階は，学習を開始し，知識を得ましたが，実践はできない状態です。第3段階は，得た知識を使って実践できる状態になります。しかし，まだ習慣化されていないので，実践には集中力が必要です。第4段階は，意識しなくてもできる状態です。体に染みついて，何も考えなくても体が動く段階です。第5段階は，他人に教えることができる状態です。

さて，学習過程において，教科書を読むなどして意欲的に学んでいるのに，なぜか思ったような結果が出ないという話を聞きます。これは，知識を入れるところまではできているのですが，実践することができない状態です。実はここが，上の段階に行くのに一番時間がかかるところです。努力して得た知識を，意識的に繰り返し実行することで，次の段階に進むことができます。

11番　先生が，食品ロスについて話しています。この先生が最後に挙げる例は，以下のどの業種における施策ですか。

食品ロスが世界的に問題となっています。食品ロスは，私たち消費者の問題でもありますが，全体量としては事業系の食品ロスが大部分を占めています。つまり企業の問題が大きいのです。これを業種ごとに見ると，二つの業種がそれぞれ35％以上を占めており，特に対策が必要であることがわかります。それらの業種に属する多くの企業は，社会貢献活動の一環として，積極的にフードロス対策を推進していますが，今日はその一例を紹介します。

ある企業では，消費者に迅速に商品を提供するために，商品をあらかじめ作り置きするという方法を採っていましたが，そのせいで廃棄量の多さが問題となっていました。そこでこの企業は，レジで受けた注文がすぐに厨房で確認できるシステムを導入しました。この結果，商品の提供時間は以前とあまり変わらずに，廃棄量をおよそ半減させることに成功しました。この施策のすばらしい点は，環境保護に貢献しているだけでなく，サービスの質を落としていないという点です。また，廃棄を減らすことは原材料のロスの削減でもあり，利益の伸びにもつながっています。この企業は，営利活動を営む企業の模範と言っても良いかもしれません。

12番　先生が，災害時の情報通信について話しています。この先生によると，通常時と，エリアＩの災害時の情報通信を示す正しい組み合わせはどれですか。

　　天候や川の水位の変化といった情報を収集し，予測モデルをつくることで，大雨による河川の氾濫などの災害を予測することができます。今日は，私たちの研究室で開発している災害予測の技術について説明しましょう。

　　まず，エリアごとにセンサーを設置し，雨の量や川の水位などの情報を収集します。それらの情報を集約して予測モデルをつくるわけですが，私たちの計画の特徴は，センサーから得られた情報をコンピューターに送る途中で，ＩｏＴゲートウェイと呼ばれる装置に中継させることです。ＩｏＴゲートウェイにも，情報を処理して予測する能力があります。しかし，通常は，より高性能な予測機能を持つクラウド・コンピューターに情報を中継するだけです。ＩｏＴゲートウェイの予測機能が役にたつのは，実際に災害が起こった時です。安全なエリアの予測をＩｏＴゲートウェイに任せ，大規模な被害のおそれがあるエリアの予測にクラウドの機能を集中させることができるのです。

13番　先生が，心理学について話しています。この先生は，学生に，特に何をすることを勧めていますか。

　　心理学は，実際の社会では役に立たないという意見を聞くことがあります。しかし私は，心理学は実際のビジネスの現場でもその知識をいかせると考えています。例えば，私の教え子は，あるプロジェクトでチームをまとめる立場となった時，プロジェクトのメンバーのやる気を引き出し，チームの団結力を高めるために，大学で学んできた心理学の理論を応用したと話していました。心理学を学ぶ皆さんには，単に心理学の理論を覚えるだけでなく，それを実際の社会で活用できないかという意識を持って欲しいのです。これは，他の全ての学問に通じることですが，理論をどのように応用できるだろうか，と考える作業こそ，これから社会に出る皆さんに求められていることなのです。

この先生は，学生に，特に何をすることを勧めていますか。
１．心理学をほかの分野の学問と組み合わせて研究する。
２．実践的な活動から心理学の理論を深く理解する。
３．心理学の理論や概念を正確に理解する。
４．心理学の理論を実践する場や方法を考える。

14番　先生が，環境に関する教育について話しています。この先生は，環境に関する教育では，どうすることが最も大切だと言っていますか。

　　環境問題が騒がれるようになってから長い時間が経過しました。いまだにこの問題は解決していませんが，日本でも解決のためにさまざまな取り組みを行っています。その一つが環境教育です。環境について子どもたちに教えることで，次の世代に環境を改善する意識を身に付けてもらおうとしています。環境教育においては，ただ，環境の授業として環境の大切さについて語るだけでは十分ではありません。重要なのは，さまざまな教科との連携を図り，学校全体の教育活動を通して環境問題に取り組み続けていくことです。それが無ければ，子どもたちは環境の大切さを意識し続けることはできないでしょうし，率先して環境の問題を解決しようと考えることもできないかもしれません。

この先生は，環境に関する教育では，どうすることが最も大切だと言っていますか。
1．環境の大切さについて，授業で専門的に話して聞かせる。
2．さまざまな教科で連携しながら，継続的な環境教育を行う。
3．実際に環境問題が起きている現場へ見学に行く。
4．地域の人々と連携して，環境についての教育を行う。

15番　新聞記者が，あるコンビニエンスストアのオーナーにインタビューしています。このオーナーは，店が成功したきっかけは何だと言っていますか。

新聞記者：本日はよろしくお願いいたします。こちらのコンビニ，店内を見ると若い方が多くいらっしゃいますね。

オーナー：ええ。近くに大学がいくつかあって，授業の合間に立ち寄ってくださる学生さんが多いんです。

新聞記者：では，大学生向けの商品を中心に取り揃えているんですか。例えば，お弁当とか。

オーナー：いえ，そういうわけではないんですよ。むしろ，売上の大半はご高齢の方なんです。

新聞記者：店内には見かけませんが？

オーナー：実は，インターネット広告やチラシ広告を見て2000円以上ご注文いただいた方に，無料の配送サービスをやっているんです。ここ一帯は丘陵地帯なので坂が多く，ご高齢の方にはなかなか足を運んでいただけない。そこで，このサービスを思いついたんです。

新聞記者：なるほど。

オーナー：少しずつ口コミが広がって，現在はお客様のお子さんやお孫さん，つまり三世代でご利用いただいています。

このオーナーは，店が成功したきっかけは何だと言っていますか。
1．学生向けの品ぞろえを豊富にしたこと
2．配送サービスを始めたこと
3．子供向けの商品を多く置いて宣伝したこと
4．丘陵地帯に店を構えたこと

16番　先生が，インターネットを利用した投票について話しています。この先生は，インターネット投票についてどのように考えていますか。

　選挙に関して，若者の投票率の低さが問題になっています。これまでにも，投票時間を延ばしたり，投票場所を増やしたりするなどの対策が行われてきました。それにもかかわらず，投票率は伸びていません。そこで，パソコンやスマートフォンを使用するインターネット投票を解禁すればよいのではないかという意見があります。そうすれば，実際に投票所へ行かなくても投票することができ，投票に関する負担が軽減されると考えられます。また，若者だけではなく，自宅から出ることが難しい高齢者も投票しやすくなります。

　しかし，新たにシステムを整備するために費用がかかることや，セキュリティ上の理由で投票先を他人に知られてしまうのではないか，といった問題点も考えられます。これらの点を改善できるのであれば，非常に有効な方法だと言えます。

この先生は，インターネット投票についてどのように考えていますか。
1．若者の投票率には影響するが，高齢者への影響は少ない。
2．既存のシステムを利用するので，新たな費用がかからない。
3．投票することへの負担は，これまでよりも軽減される。
4．投票先を知られる恐れがあるので，するべきではない。

17番　先生が，習慣について話しています。この先生が提案する「習慣の身に付け方」について，どのような例が考えられますか。

　私たちの生活は，日々繰り返される行動，つまり習慣によって成り立っています。ですから，良い習慣を増やしていくことが充実した生活を送るためには必要です。では，その方法ですが，私は，習慣にしたい行動の手間を省くことを提案しています。例えば，運動をする習慣を身につけたい時は，運動をするまでの手間を省くようにすることです。行動に移すまでが面倒だと，だんだんやらなくなってしまいます。そして，一度始めたら8週間は続けましょう。というのも，人の行動が習慣化するのには8週間かかると言われているからです。多くの人が，さまざまなことを習慣にしようとして挫折してきたと思います。挫折しないためにも，個人の意志の力に頼るのではなく，面倒なことを省いて行動に移しやすいように工夫をする必要があります。

この先生が提案する「習慣の身に付け方」について，どのような例が考えられますか。
1．テレビを見る習慣を辞めたいので，テレビのコンセントを抜いたままにしておく。
2．読書の習慣をつけたいので，興味のある本を手の届くところに置いておく。
3．勉強をする習慣をつけるために，受験が終わるまで毎日勉強した時間を記録する。
4．たばこを辞める時は，2ヶ月かけて徐々に吸う本数を減らしていく。

18番　男子学生と女子学生が，消費者の権利について話しています。この男子学生は，女子学生にどんなアドバイスをしましたか。

女子学生：この前，ひどい目にあったよ。
男子学生：何があったの？
女子学生：いきなり家に，英語の教材を売りに販売員が来たの。何回断っても帰ってくれなくて，何時間も家に居続けたんだ。最後に仕方なく契約した時には夜になってた。
男子学生：それはひどいね。でも，この前授業で消費者の権利について勉強したんだけど，そういう時は契約を無効にできるらしいよ。
女子学生：そうなの？　嘘の説明をされた時にしか無効にできないのかと思ってた。
男子学生：販売方法を理由に契約を無効にすることもできるんだ。ただし，その販売員が断っても断わっても帰らなかったことを証明できればね。誰かそれを証明できる人はいる？
女子学生：近所の人なら知っているかも。
男子学生：それなら，まずは近所の人に聞いてみたらいいんじゃないかな。

この男子学生は，女子学生にどんなアドバイスをしましたか。
1．次に販売員が来た時に，すぐに追い返すこと

２．販売員の行動を覚えているか近所の人に聞くこと
３．買った時の情報に嘘があると証明すること
４．近所の人に協力してもらって販売員を追い出すこと

19番　先生が，アシナガバチという昆虫の顔認識について話しています。この先生によると，顔の認識能力のあるアシナガバチにはどのような特徴がありますか。

　人間には，コミュニケーションを円滑に行い，社会的地位を築くために人の顔を覚え，認識できるという能力があります。しかし，その能力は人間だけのものではありません。ある種類のアシナガバチにもこの能力があることがわかっています。アシナガバチは通常，１つの巣に１匹だけ女王バチがいて，その女王バチを頂点とした，コロニーと呼ばれる集団を作っています。アシナガバチのコロニーは階級社会であり，各個体にはそれぞれ明確な役割があって，どの階級に属するかが決まっています。ですから１つのコロニーの中で争いが起こることはありません。しかし，顔認識ができる種類のアシナガバチの場合は，１つの巣に複数の女王バチがいて，それぞれにコロニーを形成しています。このように複数のコロニーが並存すると衝突が起きやすくなります。このため，ハチたちは顔で個体を認識することにより，他のコロニーの個体との無用な争いを避ける必要があるのです。

この先生によると，顔の認識能力のあるアシナガバチにはどのような特徴がありますか。
１．各個体のコミュニケーションが不要である。
２．１つの巣に複数のコロニーがある。
３．コロニーにおいて各個体の属する階級が変化する。
４．１つの巣に１匹の女王蜂が存在する。

20番　先生が，発電の方法について話しています。この先生の話によると，日本の発電方法の選択には，どのような傾向があると言えますか。

　電気は，私たちの生活に欠かすことのできないものです。電気を作り出す発電方法には様々なものがありますが，国の特徴によって主に使用されている発電方法が違います。例えば，大きな川がたくさんあるブラジルでは，水力発電が盛んです。また，インドやオーストラリアなどでは，火力発電の燃料となる石炭が多くとれることから，火力発電が盛んです。日本でも，火力発電が主な発電方法になっています。しかし，日本では，石炭や石油，天然ガスなどといった火力発電の燃料となるものはほとんどとれません。また，火力発電は，地球温暖化の原因となる温室効果ガスを多く排出します。にもかかわらず，日本で火力発電が中心になっているのは，他の発電方法，例えば水力発電や原子力発電よりも，デメリットが少ないという理由からです。他に，もっと良い発電方法が登場したら，そちらに移行することでしょう。

この先生の話によると，日本の発電方法の選択には，どのような傾向があると言えますか。
１．日本は地理的特徴を考え，発電方法を選択している。
２．日本は消極的な理由で，発電方法を選択している。
３．日本は環境のことを最優先に考え，発電方法を選択している。
４．日本は自国でとれる資源を考え，発電方法を選択している。

21番　女子学生と男子学生が，お年寄りの性格について話しています。この男子学生は，一般に人が年をとるとわがままになったように見えるのはどうしてだと言っていますか。

女子学生：人間，年をとるとわがままになるっていうよね。

男子学生：あまり怒らなかったおじいちゃんがすぐに怒り出すようになった話なんかも聞くよね。

女子学生：なんでなんだろう。年をとった方がいろいろ経験するし，許容範囲も広くなると思うんだけど。

男子学生：実際には，人は年をとっても性格はあまり変わらないらしいよ。

女子学生：じゃあ，どうして急に怒りっぽくなったりわがままになったりするんだろう。

男子学生：性格が変わるんじゃなくて，環境や周囲との関係が変わることが大きな要因なんだって。

女子学生：どういうこと？

男子学生：たとえば，会社なら我慢していたことが，退職したら我慢しなくてもよくなるし，妻や子と一緒に暮らしていた時は抑えていた感情も，一人暮らしになったら抑える必要もなくなるし。

女子学生：なるほど。性格が変わるんじゃなくて，今まで我慢していた感情が表に出やすくなるっていうことなんだね。それでわがままになったように見えるんだ。

この男子学生は，一般に人が年をとるとわがままになったように見えるのはどうしてだと言っていますか。

1．人生経験を積んで他人に対して強気になるから
2．若いころと周囲との関係が変わるから
3．性格の傾向が年々強くなるから
4．人は年齢によって性格が変わるものだから

22番　先生が，社会移動という言葉について話しています。この先生の話によると，どういう場合に社会移動をしたと言えますか。

　社会移動とは，社会的な序列が上昇したり，下降したりすることを言います。例えば，小さな企業に勤めていた人が，大企業に転職した場合，社会的な序列が上昇したといえます。また，親は貧乏ですが，子どもが頑張って勉強し，のちに高い給料が支払われる企業に就職したとします。このように，世代をまたいで社会移動が起こる場合もあります。社会的な序列は，収入のほか，学歴や職業といった分類によって決定されます。

　社会的な序列の中で，高い階層の出身者ほど，教育面などで十分な投資を受けることができます。そのため，社会階層は固定化する傾向にあります。ただし，社会全体が経済発展をしている時などは，全体的に社会移動が盛んになる傾向にあるようです。

この先生の話によると，どういう場合に社会移動をしたと言えますか。

1．入社した時には役職はなかったが，今は部長になった。
2．以前は経営学を学んでいたが，変更して工学を学び始めた。
3．ある地方の学校から，他の地方の学校に転校した。
4．電気製品の営業の仕事から，化粧品の営業の仕事に転職した。

23番　先生が，仕事を選ぶ基準について話しています。この先生は，仕事を選ぶ上で，何を一番に重視すべきだと言っていますか。

　　仕事は，次の4つに分類することができます。まず，やりたくて，できる仕事。次に，やりたくないけど，できる仕事。3つめが，やりたくなくて，できない仕事。最後は，やりたいけど，できない仕事。この4つの中で，最も良いのは，やりたくて，できる仕事だということに異論はないと思います。また，最も好ましくないのは，やりたくなくて，できない仕事だということも，理解できると思います。では，2番めに選ぶべき仕事はどれか。多くの人は，やりたいけど，できない仕事だと言うかもしれません。しかし，私は，やりたくないけど，できる仕事を選ぶべきだと考えます。本来，人間はやりたくないことは，積極的には行いません。それでもなおできるということは，その仕事があなたに向いているということです。このように話すと，やりたくないことをして，そこに喜びがあるのか，という疑問を持つ人もいると思います。しかし，向いている仕事をして周囲から認められれば，そこに喜びはあると考えます。

この先生は，仕事を選ぶ上で，何を一番に重視すべきだと言っていますか。
1．仕事に対するやりがい
2．仕事に対する意欲
3．仕事に対する適性
4．仕事に対する喜び

24番　女子学生と男子学生が，チンパンジーについて話しています。この女子学生によると，人間とチンパンジーの，文化の伝え方はどの点で異なりますか。

女子学生：チンパンジーって道具を使う動物でしょ。しかも，群れの中でそれが受け継がれていくんだよね。
男子学生：うん。しかも，使う道具や使い方が，住んでる地域や群れによって違うらしいね。それって，もう文化といっていいよね。
女子学生：文化を伝えるときって，人間だと，実際にやってみせたり，言葉によって伝達したりするでしょ。
男子学生：そうだね。基本的にはその両方で，親から子へとか，師匠から弟子へとか，しっかり教えることによって繋げていくよね。
女子学生：チンパンジーは，教えないんだよ。ただ，道具を使っているだけ。子どもは親が使っているのをみて，勝手に覚えていくんだよ。そうやって群れの中で知恵が受け継がれているの。
男子学生：そうなんだ。見ただけで真似ようとするところも，それを覚えてしまうところも，知能が高いって感じがするね。

この女子学生によると，人間とチンパンジーの，文化の伝え方はどの点で異なりますか。
1．親が実際にやっているところを見せるかどうか
2．子どもが真似をするかどうか
3．親が子どもに指導をするかどうか
4．集団の中で知恵を共有するかどうか

25番　フライパンを製作する会社の社長が，新しい商品について話しています。この会社の新商品が売れた理由は何ですか。

　フライパンには，様々な素材が使われます。そして，素材によって，それぞれメリットとデメリットがあります。例えば，アルミニウムで作られたフライパンは，軽くて熱の伝わりがよいのですが，食材がくっつきやすいという特徴があります。ですから，表面に食材がくっつくのを防ぐためにコーティングをしますが，そのコーティングがはがれやすく，長く使えないという問題点があります。それに対して，鉄のフライパンは，耐久性に優れ，またアルミニウムと同じように熱の伝わり方はよいのですが，食材がこげやすいという問題点があります。また，重さがあり，家庭では使いにくいという問題点もあります。そこで，私たちは鉄の厚みを薄くすることで，全体の重量をこれまでの半分にすることに成功しました。このことにより，以前の3倍以上の売り上げを記録することができました。今後は，食材がこげやすいという点の改善に取り組んでいきたいと考えています。

この会社の新商品が売れた理由は何ですか。
1．フライパンの重量を軽くしたため
2．フライパンのコーティングの耐久性を上げたため
3．フライパンがこげつかないようにしたため
4．フライパンの熱の伝わり方をよくしたため

26番　女子学生と男子学生が，新入生向けにサークルの部員の募集ポスターを作っています。女子学生のアドバイスを受けて，この男子学生はこのあと何をすると考えられますか。

女子学生：何してるの？
男子学生：今，新入生向けに，サークルのポスターを作っている最中なんだけど，どう？　何かアドバイスもらえないかな。
女子学生：どれどれ…なるほどねえ。活動内容とか活動日時とか，大事なところは色を変えているんだね。
男子学生：そう。あとデザインも，美術部の友人にお願いして目立つものにしているんだ。もう他に改善するところも思いつかなくて。
女子学生：自分が新入生だった時を思い出してみればいいんじゃないかな。あなたはなぜ，このサークルに入ったの？
男子学生：雰囲気かな。僕は，さわがしいところは苦手だから，落ち着いていて，でも，みんなで話をする時は盛り上がる，そこを心地よく感じたんだ。それは今も変わっていないかな。
女子学生：それよ。それを伝えればいいんじゃないかな。サークルを選ぶ時に大事なのって，自分が楽しく活動できるかでしょう？　だから，私たちのサークルの様子が伝わる内容を加えてみればいいんじゃない。
男子学生：なるほど。サークルの雰囲気が上手く伝わる内容を盛り込むよ。

女子学生のアドバイスを受けて，この男子学生はこのあと何をすると考えられますか。
1．強調したいところは色を変えて，文字を大きくする。
2．サークルの雰囲気が伝わる写真をポスターに載せる。

３．新入生にどのようなサークルなら楽しく活動できるか尋ねる。

４．サークル外の人にデザインの協力を求める。

27番　先生が，植物の育て方について話しています。この先生が，大きな花を咲かせるために実践しているのはどのようなことですか。

　　植物に優しい言葉を聞かせると，きれいで大きな花を咲かせるという話があります。これは本当でしょうか。実際に，植物を叱りながら育てた場合と，優しい言葉を聞かせて育てた場合を比較した実験があります。この結果によると，二つの植物はほとんど同じ花を咲かせました。つまり，植物に優しい言葉をかけることは，科学的に言えば，効果のある行為ではありません。では，なぜこのような考えが生まれたのでしょうか。それは，声をかけると同時に植物をなでる人がいることに関係していると考えられます。植物は，自分に触れられたことを感じると，身を守るために，茎が太く，短くなります。そのほうが折れにくくなるからです。植物は，茎で支えられる大きさの花を咲かせます。したがって，触られた植物のほうが，触られていない植物に比べて大きな花を咲かせるのです。

　　私はこの方法を家でも試していますが，今のところ，確かに大きな花が咲いています。

この先生が，大きな花を咲かせるために実践しているのはどのようなことですか。

１．優しく話しかける。

２．肥料を与える。

３．虫と一緒に育てる。

４．植物をなでる。

第7回

1番　先生が，心理学の授業で話しています。この先生の話によると，最も適切なアンケートの選択肢はどれですか。

　　人間はある対象について評価を下す時，評価が中央に偏ってしまう傾向があります。例えばアンケートの選択肢が，とても良い，良い，ふつう，悪い，とても悪い，の5つある時，人は無意識に中央の選択肢，つまり「ふつう」を選びがちになるのです。そのため，アンケートを行う時はこの点に深く注意する必要があります。「ふつう」や「どちらとも言えない」といった選択肢が多く選ばれるということも，これはこれで，正しい結果とも言えます。しかし，白黒はっきりした評価がほしいという時は，あえて真ん中の評価を作らないのも有効な方法です。そのような時は，良い，悪いという断定的な表現だけでなく控えめな表現も選択肢に入れることで，アンケートの記入者が選択しやすくなり，結果がより適切に反映されます。

2番　先生が，子どもに対する動画の影響について話しています。この先生が話している内容を適切に示しているグラフはどれですか。

　人に攻撃を加えやすい性質のことを攻撃性といいます。私は，子どもがこの攻撃性をどのように身につけるのかを調べました。まず，子どもたちを四つのグループに分け，そのうち三つのグループに動画を見せました。動画の種類は三つあり，それぞれのグループに一種類ずつ見せました。一つ目の動画は，他者に攻撃した人が報酬をもらえるという，攻撃するといい思いをする内容の動画です。もう一つは，攻撃した人が反対に攻撃されて負けてしまうという動画です。そして最後の動画は，攻撃をする場面がなく，仲良くしている動画です。そして，四つのグループのうち，一つのグループには動画を見せませんでした。

　動画を見終わったあと，子どもたちの行動を観察し，攻撃性の高い行動について点数をつけました。結果，動画を見ていないグループよりも攻撃行動が少なかったグループが一つだけありました。一方で，攻撃する場面がない動画を見たグループと，動画を見ていないグループには大きな差は出ませんでした。そして，攻撃性が肯定されたような動画を見たグループは，やはり一番攻撃的な行動が多く出ていました。

3番　先生が文化学の授業で，寺院の建物の配置について話しています。この先生が見学した寺院の，建物の配置はどれですか。

　寺院の中の建物は，寺院ごとに配置が異なります。今回は，金堂と塔の配置に注目しましょう。寺院が建てられた時代によって，金堂と塔の配置が異なっています。例えば，古い寺院では，奥の方には経典を収めた金堂があり，中心に塔が建てられています。塔が中心にある理由は，塔が重要な物を保管する場所であり，最も大切な場所とみなされていたからです。

　次に，より新しい寺院の場合では，塔と金堂が横並びになっていて，金堂の重要性が上がっていることが示されています。それでも，門から見て左側がより重要であるという考え方により，塔は左側に位置しています。他の形としては，金堂の手前に二本の塔が配置されている寺院もあります。最後に，塔を中心にして，いくつかの金堂が囲んでいる場合もあります。これは，非常に珍しく，外国の寺院の配置をまねたと考えられています。

　以前，私が見学した寺院は，時代的には比較的新しいところでした。金堂と塔のいずれもが重視される建て方になっていましたが，やはり，重要な物を納めた塔がより重視されている配置となっていました。

4番　男子学生と女子学生が，資料を見ながら経営の傾向について話しています。この女子学生は，現在は経営の傾向がどの矢印の方向に変化したと考えていますか。

男子学生：これは，過去のある年における，いろいろな会社の経営の傾向を示したものなんだ。横の軸が，国外を視野に入れて経営を行っているか，それとも国内中心なのかを示していて，縦の軸は売上が上がったか下がったかを示しているんだよ。

女子学生：へえ。じゃあ，この年は売り上げが増加した企業が多くて，国内の市場を中心に活躍した企業が多かったってことだよね。

男子学生：うん，そうだよ。現在の経営の傾向はどうなっているんだろうね。不景気って言葉をよく聞くから，売上が低下した企業が多いのかな。

女子学生：国内の市場は確かに不景気だって言ってたけど，輸出は増えたって言ってたし，売り上げは全体的に増加した企業が多いんじゃないかな。この資料と同じくらいな気がする。

男子学生：なるほど，確かにそうかもしれないね。今，輸出って言葉が出たけど，そうなるとやはり海

外を視野に入れている企業が多くなって来たのかな。

女子学生：それは間違いないと思うよ。少なくとも，国内市場だけで仕事をやっているという企業はほとんどないんじゃないかな。

5番　先生が，教育学の授業で，絵本の読み聞かせについて話しています。この先生が最後にする質問の答えはどれですか。

子どもに絵本の読み聞かせをすることは，心の発達に良いものだと言われています。また，子どもの絵本に対する行動から，親は子どもの成長を把握することができます。

子どもが絵本を読む時の典型的な反応を年齢ごとに挙げてみましょう。まず，すでに0歳の段階で，本に描かれている絵を好む子どもがいます。そのような子どもの場合，じっくりと，絵を見るような反応を示します。それから少し成長すると，絵本で見たものを実際に見た時に，指をさして反応するようになります。絵に描いてあったものを理解できるようになっているのです。また，物語の登場人物の行動を真似するようになります。具体的な行動のレベルで，登場人物と自分を重ねることができるわけです。そして次の段階では，登場人物の気持ちに共感するようになります。多少の個人差はありますが，子どもの成長に伴い，絵本への反応は変化していくのです。

では，実際に絵本の評価から子どもの年齢を考えてみましょう。ここに，書籍に関する4つの読者レビューがあります。これらのうち，最も年齢の高い子どもを持つ親のレビューはどれだと考えられますか。

6番　先生が生物学の授業で，カクレクマノミという魚について話しています。この先生によると，カクレクマノミが海水の酸性化の影響を大きく受けるのは，図のどの過程ですか。

カクレクマノミは，大小様々な魚が暮らすサンゴ礁にいる魚です。体が小さいため，捕食者である大きな魚から身を隠すために，サンゴ礁にいるイソギンチャクという毒を持つ生物を住みかにしています。ですが，卵から孵化をしたばかりの子どものカクレクマノミは，多くの魚がいるサンゴ礁を離れ外海に出ます。捕食する魚が少ないところへ向かうわけです。そして，大人の体になったあと，サンゴ礁に戻ってきて定住するための住みかを探し始めます。

ところで，カクレクマノミは，においによって捕食者が近くにいるかどうかを察知し，捕食者を避けています。私が行った実験によると，環境変化によって海水の酸性度が上がると，この嗅覚の機能が鈍ることがわかりました。場合によっては捕食者の方に向かって泳ぐこともあります。カクレクマノミがサンゴ礁のように多様な魚がいる環境にいるときには，嗅覚の鈍りは命取りとなるでしょう。

7番　先生が，経営学の授業で話しています。この先生が話している企業の事業分析を示しているのは，どの図ですか。

商品を販売している市場をある企業がどれだけ占有しているかを，市場シェアと言います。また，その市場が今後どれだけ大きくなるかを市場の成長率と言います。つまり，市場シェアはある企業がその商品の分野でどれだけの支持を得ているかを示しており，市場の成長率は将来商品の消費が伸びるかどうかを示しているのです。

あるお菓子メーカーは，業界では老舗であり，市場シェアの高い商品をいくつも持っています。しか

し，お菓子の消費量は，今後，日本の人口の減少とともに減っていくことが予想されています。このままでは，企業の存続が危ぶまれるため，この企業は，経済規模が大きく成長率の高い運送業界に新たに参入しました。運送業界ではまだ新しい勢力であり，市場シェアはほとんどありませんが，将来は運送業がこの企業を支える事業になると考えられます。

8番　先生が，生き物を捕る方法について話しています。この先生の話によると，巻き狩り猟における射手（しゃしゅ）は，図のどの部分と同じ役割を果たしていますか。

　今日は，魚や動物を捕える方法を二つ紹介します。一つ目は水中で魚を捕える方法で，たたき網漁といいます。たたき網漁は水面を竹竿でたたいて魚を追い込む方法です。先に魚の隠れ場所となっている場所を見つけ，その近くに網を設置します。設置した網の反対側から竹竿で水面をたたくと，魚が網の方向に逃げていきます。この網で魚を捕えます。

　これに似た方法として，巻き狩り猟があります。巻き狩り猟は陸上で使用する方法で，山の高いところと低いところにそれぞれ人を配置します。山の低いところにいる人は勢子（せこ）と呼ばれ，犬などを使って動物を高いところに追い詰めます。動物は犬に追われているので，高いところに人がいることに気がつきません。追い詰められた動物を高いところにいる射手（しゃしゅ）と呼ばれる人が銃で撃って捕えます。このとき犬はたたき網漁における竹竿のような役割です。そして，高いところで待っている人間は網と同じです。水の中でも陸の上でも，共通の方法を適用できる場合があるわけです。

9番　大学職員が，学生への情報伝達について話しています。現在この大学は，どのように学生に情報を伝達していますか。

　本学における学生への情報伝達は，以前は担当する教員を通して各学生に間接的に情報を伝える方法が主流でした。というのも，そのほうが，就職活動の情報など学生一人一人に合った情報を提供できると考えていたからです。しかし，この方法では，担当教員が忙しくて学生に情報が十分に伝わらないとか，伝達に時間がかかってしまうという問題がありました。一方，ホームページに掲載する方法は，いつでも見ることができる代わりに，学生が自ら見に行くことを必要とするため，活用されにくいという問題がありました。そこで，数年前から，新たに必要な人に一斉にメールを送ることができる，メーリングリストというシステムを活用し，学生のニーズに応じて必要な情報を伝えることができるようにしました。それによって，情報伝達の正確性やスピードが上がり，学生の満足度も向上しています。もちろん，緊急時に全学生に直接送れる連絡経路は常設してあります。今後は学生数の多さを生かして，本学の学生と教員限定のSNSコミュニティを作り，学生と教員の交流をより活発にできるようにしていきたいと考えています。

10番　男子学生と女子学生が，植物を用いた実験の結果について話しています。この二人の学生が行った実験結果を表にすると，どうなりますか。

男子学生：さっきの授業の実験，面白かったね。花の性別の差と細菌の繁殖が関係してるなんて。ところで，実験結果はもうまとめた？

女子学生：ううん，まだ。結果を忘れる前に書かないと。

男子学生：本当は実験後すぐに書かないといけないんだよ。それで，どんな結果だったっけ。

女子学生：事前に教科書で習ったのとほぼ一致してたよ。たしか，教科書には雄花より雌花のほうが蜜
　　　　　が濃い，そして雌花には細菌が少ないって書いてあったよね。

男子学生：そうそう。蜜には細菌の繁殖を抑える働きがあるからね。

女子学生：でも，一か所だけ違ったんだよね。雌花の細菌の量については教科書と同じ結果にならなかっ
　　　　　た。でも，何がいけなかったんだろう。

男子学生：何かの拍子に，雌花に細菌がついちゃったんだろうね。無菌室でもう一回実験すれば結果は
　　　　　変わると思うよ。

11番　先生が，ネズミという動物について話しています。この先生の話によると，個体数が減少したネ
　　　　ズミの種類とそのネズミの生息地の組み合わせとして正しいものはどれですか。

　この森には2種類のネズミが生息しています。アカネズミとヒメネズミです。アカネズミは地面から
近い，草や背の低い木が生えている場所で生活し，環境に柔軟に対応できる傾向があります。一方で，ヒ
メネズミは木の高いところで生活を営み，環境の変化にうまく対応できないという特徴をもっています。

　近年この森では，シカが増えています。シカは，低い位置にある植物を食べる動物であり，シカの増
加に伴い低い位置の植物が減少しつつあります。そこで影響を受けるのがネズミたちです。ここで興味
深いのは，低い場所で生活していたネズミではなく，高い場所で生活していたネズミの数が減少したこ
とです。シカが木の根元などの地面に近い部分を食べると，木が枯れてしまいます。そうして生息地を
失ったネズミは個体数が減ってしまうのです。

12番　先生が，列車の乗り降りをするホームに設置するホームドアについて話しています。この先生に
　　　　よると，資料の空欄A，B，Cに入る言葉として正しい組み合わせはどれですか。

　列車の乗り降りをするホームにドアを設置する駅が増えています。利用客の線路への転落が防げるか
らです。しかし，列車の種類によっては不便が生じたり，工事の難しさや費用の面に課題があったりす
ることから，改良が進められています。

　従来のホームドアは，横に開閉するドアと，ドアを収納する戸袋と呼ばれる部分に分かれています。
ホームドアの位置は固定されていますが，列車には三つドアがある車両や，四つドアがある車両などが
あります。これまで，そういった異なる位置にドアがある列車に対応できないという問題がありました。
そこで，ある新型のホームドアは戸袋も動かせるようにすることで，ドアの位置の異なる列車に対応可
能となりました。

　横に開閉するのが一般的なホームドアですが，上下に動くタイプのホームドアも作られています。ロー
プまたはバーが上下するタイプです。これらのタイプは開閉する部分を広くすることで，さまざまなド
アの位置の列車に対応しています。また，ドアよりもバーやロープの方が軽いため，ホームの補強のた
めの工事費用を抑えられるそうです。

13番　先生が，物に対する人間の感覚について話しています。この先生の話によると，人間はどのよう
　　　　なものに対して恐怖を感じますか。

　物の形を人間に近づける努力は昔から行われていました。例えば，おもちゃの人形などがその典型的
なものでしょう。人間は人間のような形をしたものに対して，普通の物よりも親近感を覚えるそうです。

最近では，姿だけを人間に近づけるのではなく，人間のような行動やしぐさをしたり，また声などを発したりする技術を使って人間に近づける努力がされています。

　その典型的な例が，人間の形をしたロボットです。人間のような姿をしており，言葉を発して人間のように振る舞います。しかし，このロボットに対しては親近感とは違う感情を持つ人が多いようです。それは恐怖感です。人間に非常によく似ているのに，細かい部分が人間とは異なるため，違和感を覚え，恐怖を感じるそうです。この恐怖感を無くすためには，さらに人間に近づけて人間と区別がつかないくらいに似せるか，反対に人間らしさから遠ざける方がいいと言われています。

この先生の話によると，人間はどのようなものに対して恐怖を感じますか。
1．人間の容姿やしぐさを完全に再現したロボット
2．会話はできるが外見が機械的なロボット
3．人間そっくりだが細部が不自然なロボット
4．人間の言葉を話すが動物型のロボット

14番　先生が，オンラインゲーム産業について話しています。この先生は，オンラインゲームを配信するにあたり，比較的少なくて済むのはどのような費用だと言っていますか。

　インターネット上で行われるゲーム，つまりオンラインゲームを配信している企業が現在増えてきています。

　オンラインゲームを新たに世の中に出そうとした場合，まずゲームのシステムを作り，そしてゲームを世の中に配信する必要があります。ゲームが配信されるまでは，ゲームを作る人たちの人件費であったり，ゲームを周知させるための広告であったりと，多額の費用がかかる一方で，まだゲームを利用している人はいないのでお金が企業に入ってくることはありません。しかし，一度ゲームが配信されてしまえばシステムを新たに作る手間などもなくなるため，お金はあまりかからなくなります。たとえ，ゲームの配信後にシステムに不具合が生じたとしても，一度システムが構築されていれば修復にそれほど手間や費用はかかりません。一方，配信したあとも，常に新たな要素を追加していく必要があるゲームもあるので，そういう場合は更新するための人件費や広告費などがかかります。

この先生は，オンラインゲームを配信するにあたり，比較的少なくて済むのはどのような費用だと言っていますか。
1．配信前のシステムの制作費
2．配信前のゲームの宣伝費
3．配信後のシステムの修復費
4．配信後のゲームの更新費

15番　女子学生と男子学生が，食品ロスについて話しています。この女子学生は，食品ロスについてどう考えていますか。

女子学生：今，食品ロスが話題になっているよね。世界で作った食品のうち，3分の1は食卓までたどり着いていないって。知っていた？

男子学生：3分の1？　すごい量だね。そんなに無駄になっているの？

女子学生：そう。もったいないよね。食料を無駄にするのは，食料を作るために使ったエネルギーも無駄にしているのと同じなんだよ。

男子学生：ということは，食品の無駄をなくしたら，エネルギーを節約したことになるってことだね。

女子学生：そう。だから，食品ロスは地球温暖化にも関係しているんだよ。

男子学生：それなら，国として法律を定めて，売れ残りや，まだ食べられる食品の廃棄を規制するべきだよね。

女子学生：それも大事だよね。でも食料が不足している国々でも食品の廃棄が問題になっているんだよ。

男子学生：どうして？　食料が足りないのに廃棄する理由があるの？

女子学生：廃棄したくないのにダメになってしまうんだよ。輸送のシステムが未完成だったり，保管する設備がなかったりして，せっかく作った食べ物が食べる前に腐ったりしてしまうんだ。

この女子学生は，食品ロスについてどう考えていますか。

1．エネルギー節約のために食料生産を抑制すべきだ。

2．食品ロスは地球温暖化の次に解決すべき重大な問題だ。

3．食品ロスの最大の原因は過剰な生産である。

4．先進国と後進国では食品ロスの原因が違う。

16番　先生が，イルカという動物について話しています。この先生の話によると，この実験によって，どのような結論が得られましたか。

　イルカは水中で生活する動物です。水中は，陸上に比べて目に見える範囲が狭いため，視覚ですべてを把握することは困難です。ですから，イルカはエコロケーションと呼ばれる聴覚での空間認識をしていると考えられています。

　では，イルカは視覚ではどのようにものを認識しているのでしょう。水族館のイルカは，飼育員の出す手のサインを的確に見分けて芸をしたりします。ですから高い認識能力があるのではないかと考えられます。

　イルカの視覚について，ある実験があります。これは，数種類の図形を使った実験です。まず，ある一つの図形を見せます。その後，先ほど見せた図形と，それとは異なる図形を二つ並べて，どちらが先ほど見た図形なのかをイルカに当てさせるという実験です。すると，イルカは視覚によって，ある程度は図形の形を認識できるという結果になりました。さらに驚くべきことに，イルカの図形の認識の仕方が，人間やチンパンジーと似ているということが分かりました。イルカは数種類の図形を，丸や四角のように閉じた図形，直線からできた図形，斜めの線からできた図形，といったように分類をして認識していたのです。

この先生の話によると，この実験によって，どのような結論が得られましたか。

1．海の動物は陸の動物よりも視力が低い。

2．イルカはチンパンジーよりも図形の認識能力が高い。

3．イルカは海でも陸でも聴覚のみを使っている。

4．イルカと人間は図形の認識の仕方が似ている。

17番　先生が，大学入試における面接時に注意すべき点について話しています。この先生が，この話の中で最も強調して伝えたいことは何ですか。

　面接では様々なことを質問されます。質問に対する答え方は非常に重要です。例えば，志望動機を聞かれたとします。その時に，大学のレベルが高いとか，有名であるなどの抽象的な内容ではいけません。大学で開講している授業や充実している施設などをあげて，なぜ，その大学でなければならないかを，具体例をあげて話す必要があります。また，あなたの長所を聞かれたとします。これに対する答えも，あなたの人間性が分かるような，実際の話を話せるかどうかで，面接官の印象は大きく異なってきます。長所のあとに，短所を聞かれることもあります。その時は，もちろん，あなた自身が考える自分の短所を正直に話してください。そして自分の短所を認識したうえで，それを改善するためにどのような努力をしているかを話せるかどうかが大事です。あなたの発言内容がしっかり伝わるように，具体的な話を準備しておきましょう。そうすることで面接官に良い印象を残すことができます。

この先生が，この話の中で最も強調して伝えたいことは何ですか。
１．質問には正確に答え，余分なことは話さないこと
２．質問内容に，できるだけ具体的に答えること
３．学びたい内容より人間性をアピールすること
４．長所だけでなく短所も正直に話すこと

18番　女子学生と男子学生が，研究旅行の計画について話しています。この二人は，会話のあと，どうやって宿泊先を選びますか。

女子学生：来月の研究旅行の計画，考えてる？
男子学生：少しずつ考えてるよ。交通機関や宿泊先の手配についても，そろそろ済ませておかないとね。
女子学生：じゃあ，私は列車の時間や乗り換え方法を調べておくね。宿泊先は，どこがいいのかな。
男子学生：それなんだけど，実は，ちょうど別の国際学会と日程が重なっていて，目的地の周辺のホテルは予約が取れないんだ。
女子学生：値段は高くなってもいいから，できるだけ目的地に近いほうがいいな。
男子学生：それだと予算をオーバーしてしまうよ。キャンセル待ちのプランに申し込めば安い部屋を取れるかもしれないけど…。いつキャンセルがでるかわからないし。
女子学生：今回は大事な研究旅行だから，２週間前には予定を決めて，先生やクラスのみんなに知らせたいな。
男子学生：そうだね。じゃあ今回は，確実に予約が取れて，少しでも安い宿泊先を探そう。

この二人は，会話のあと，どうやって宿泊先を選びますか。
１．値段が高くても，目的地に近い宿泊先を選ぶ。
２．キャンセル待ちのプランに申し込む。
３．先生やクラスのみんなと相談して決める。
４．予算の範囲で，確実に予約できるホテルを選ぶ。

19番　先生が，卒業論文の書き方について話しています。この先生は，卒業論文を書くためにどのようなアドバイスをしていますか。

　卒業論文を書くことは，大学生活の総決算とも言える大事な取り組みです。とはいえ，卒業論文の分量は，1万字から2万字，あるいは，大学によってはもっと長いものになります。初めからこのような長い文章を書くことに慣れている学生は，むしろ珍しいのではないでしょうか。そこで，今日は皆さんに，卒業論文を書く上での重要なアドバイスをします。

　通常，卒業論文を書く時には，研究を始めるきっかけの部分から順番に書き進めるものだと考える人が多いでしょう。しかし私は，あえて研究結果に関する部分を先に書き上げ，卒業論文のポイントをしっかりと示しておくことをお勧めします。研究というものは，何らかの課題を設定し，調査や実験を行い，そこから得られた新しい研究結果を世の中に示すことが大切です。その意味でも，研究結果の部分がまとまらないことには，卒業論文をまとめようがないのです。

この先生は，卒業論文を書くためにどのようなアドバイスをしていますか。
1．自分の書きやすい部分から書く。
2．研究の動機から，順を追って書き進める。
3．はじめに研究結果を明確にまとめる。
4．文字数を決めてから書き始める。

20番　先生が，記憶力などの人間の能力について話しています。この先生は，人間の能力についてどのように考えていますか。

　近年の入学試験では，覚えている知識の量を問う問題ではなく，考える力を問う問題が増えたと言われています。また，普段の生活でも，分からないことがあれば，インターネットですぐに調べることができるようになりました。ですから，いわゆる記憶力の重要性は低下したと言う人もいます。

　しかし，私はこの考えに反対です。人間は，何もない状態から新しい何かを考え，生み出すことはできません。自分が現時点で持っている知識を利用して，新たなものを生み出します。そのように考えると，変化が早く，次々と新しいものを生み出す必要がある現在は，記憶力の重要さはむしろ増しているのではないでしょうか。

　インターネットで検索をするにしても，何を検索するかは自分で考えなくてはなりません。私たちがものを考えるとき，何かを決定するとき，そのときに使用しているものこそが様々な記憶なのです。ですから，情報時代は考える力が必要だが記憶力は必要ないと思っている人は要注意です。考えるためには記憶が必要なのです。

この先生は，人間の能力についてどのように考えていますか。
1．将来的に人間は情報検索能力を養うことが重要になる。
2．コンピュータの記憶能力に人間はかなわない。
3．記憶力の重要性は，以前と比べて低下している。
4．人間は，ゼロから物事を生み出すことはできない。

21番　男子学生と女子学生が，大人になると時間が過ぎるのを早く感じる理由について話しています。この女子学生が，努力で変えられそうだと言っているのはどの理由ですか。

男子学生：子どもの頃ってさ，一年がすごく長かったよね。

女子学生：うん，今はあっという間。

男子学生：なんでこんなに時間の感じ方が違うんだろう。やっぱり，生きてきた時間に対する一年の割合が減ってくるからかな。

女子学生：別の話もあるよ。年をとると時間が過ぎるのを早く感じる理由の一つは，毎日が同じことの繰り返しになることなんだって。

男子学生：うん。大人になると毎日会社と家を往復するだけだよね。

女子学生：そう。慣れたことばかりだと物事の細部に注意を向けなくなるよね。そうすると，ぼんやりしてしまって何も感じなくなるんだよ。何も感じない時間って，存在しない時間と同じなの。だから，一年を短く感じてしまうんだって。

男子学生：たしかに。子どもの頃って好奇心が強くて，道に落ちている石の形まで気になったもんね。細かいところまでよく見てたよ。

女子学生：あとは，体の代謝が活発じゃない場合も時間を短く感じるらしいよ。

男子学生：それって，体の老化のことだよね。

女子学生：体の変化を止めることは難しいけど，私が最初に言った理由なら，気の持ちようで変えられそうだよね。

この女子学生が，努力で変えられそうだと言っているのはどの理由ですか。
1．体の代謝が活発ではなくなること
2．生きてきた時間が長くなること
3．細部に目を向けなくなること
4．子どもの頃は好奇心が強いこと

22番　先生が，文化資源の活用について説明しています。この先生によると，文化資源の研究では，どのようなことが重視されますか。

　　これまでの学問は，一人ひとりの専門家が，長年の研究を通じて，それぞれの研究分野を深めるものでした。もちろん，このような研究も大切ですが，近年は，専門領域の枠を超えて，一つのテーマを様々な角度から研究するスタイルが増えています。文化資源についての研究は，その一つです。

　　文化資源学は，これまでなら文学や歴史学のような分野で研究されていたテーマについて，今までとは別の角度から研究することによって，文化や知識と社会を連携させる道を探るものです。知識のみの探求ではなく，それらが社会とどのようにつながれば社会に貢献することができるか，などを考えます。この学問では，大学内だけでなく，博物館や美術館と協力し，社会に知識を広めていくことも重要です。大学と地域が連携することで，知識や資源を社会で活かす方法をより深く研究することが可能になります。

この先生によると，文化資源の研究では，どのようなことが重視されますか。
1．専門分野を深めること

２．一つのテーマにこだわらないこと

３．知識を社会に提供すること

４．大学の役割を明確にすること

23番　先生が，都市社会学の授業で，広場について話しています。この先生の話によると，最近話題になった広場は，専門家からどういう点を高く評価されていますか。

　地方都市の駅は多くの人が行き交う場所で，しかも，地域住民は駅周辺に留（とど）まってゆっくりと時間を過ごすことも少なくありません。ですから，駅前の広場を整備することは，魅力的な都市づくりにとって重要なことです。

　最近話題になった駅前広場があります。この広場は，他の都市にある広場と同じように，駅につながる空間に木を植えたり大きなベンチを据え付けたりして，人々の憩いの場になるようにデザインされています。そして，それだけではなく，水路を整備し，噴水や霧を噴射するシステムも備えています。水を使って空間を演出している広場は珍しくありませんが，この広場では，かつてこの地域で用いられていた農業用水を公園に引き込むことで豊富な水を確保しており，その点が特徴的です。農業を中心に発展したこの地域の歴史を感じさせるコンセプトやデザインは，専門家からも高く評価されています。

この先生の話によると，最近話題になった広場は，専門家からどういう点を高く評価されていますか。

１．木や大きなベンチが据え付けられている点

２．水を使って美しい空間が演出されている点

３．地域の歴史を継承してデザインされている点

４．農業用水を再利用してコストを抑えている点

24番　男子学生と女子学生が話しています。この女子学生は，聞く人に自分の意見を受け入れてもらうにはどうすればよいと話していますか。

男子学生：プレゼンテーションのとき，聞いている人に自分の意見を受け入れてもらうのって難しいよね。

女子学生：聞く人にもそれぞれ，自分の信じていることがあるからね。でも，その信じていることを利用する方法があるんだよ。

男子学生：そうなんだ，教えてほしいな。

女子学生：人は，自分の信じていることや，それが正しいと証拠付ける情報に関心を示す傾向があるでしょ。

男子学生：うん，そうだね。

女子学生：たとえば，誰もが認めるA社の製品は素晴らしいけど，自分の会社も負けていないと言いたいとき。まず，A社の素晴らしさから話し始めて，みんながそうだと関心を持ったところで，でも実は，自分の会社の製品の方が性能が優れている点があることを話すんだよ。

男子学生：なるほど，まずはみんなが信じていることから話を始めるんだね。

女子学生：そう。そうすると関心を持って聞いてもらえるし，話の意外な展開が聞く人の印象に残って，発表者は自分の意見を受け入れてもらいやすくなるんだよ。

男子学生：面白い方法だね。今度やってみるよ。

この女子学生は，聞く人に自分の意見を受け入れてもらうにはどうすればよいと話していますか。
1．聞く人の信じていることから話す。
2．自分の意見を最初に明らかにする。
3．どの意見も否定しないように配慮する。
4．データを示して信頼性を高める。

25番　先生が，購買行動に関する実験について話しています。この先生の話によると，実験からどのようなことが分かりましたか。

　みなさんは，物を買う時に，どれを買えば良いか迷うことはありませんか。ある社会心理学者は，実験により，選択肢の数が人間の購買決定に大きな影響を与えることを発見しました。この実験では，ジャムを販売しているお店で，ジャムの種類の数を日ごとに6種類と24種類に変えてどれだけの人が試食するのか，そしてどれだけの人が購入するのかを調べました。この時，ジャムの容器の大きさなど，販売に関する条件は同じにしました。
　実験を開始したところ，購入率は6種類の日の方が，24種類の日と比べてほぼ10倍となりました。一方で，試食率の高さは購入率とは逆の結果となりました。

この先生の話によると，実験からどのようなことが分かりましたか。
1．選択肢が多いほど客が商品を試す率は低い。
2．選択肢の数と購入率には明確な関係はない。
3．購入率と試食率には明確な関係はない。
4．選択肢が少ない方が購入率は高い。

26番　男子学生と女子学生が，勉強と音楽の関係について話しています。この女子学生は，勉強に集中するためにはどうすればいいと言っていますか。

男子学生：昨日，テストの勉強をする時，好きな音楽を聞きながらやったら，とても気分よく勉強できたよ。
女子学生：本当に？　私は勉強をする時は音楽は聞かないよ。
男子学生：ぼくは音楽を聞きながら勉強すると，やる気が出るけどな。
女子学生：前に本で読んだんだけど，勉強をする時に音楽を聞くと，気持ちが音楽のほうに引き寄せられて，上手く集中できないらしいよ。
男子学生：たしかに。気分はよくなったけど，集中力は低下したかもしれない。
女子学生：勉強中に聞くのだったら，鳥の鳴き声や，川の音を聞いたほうがいいよ。
男子学生：それは，なぜ？
女子学生：音楽を聞きながら勉強をすると集中力が低下するけど，自然の音を聞くと，集中力が向上するらしいよ。
男子学生：へえ，そうなんだ。今度やってみるよ。

この女子学生は，勉強に集中するためにはどうすればいいと言っていますか。
1．勉強中は，音がなるべく少ないほうがいい。

２．勉強中は，自然の音を聞いたほうがいい。

３．勉強中は，好きな音楽を聞いたほうがいい。

４．勉強中は，心が休まる音楽を聞いたほうがいい。

27番　先生が，コノハチョウという昆虫について話しています。この先生は，コノハチョウのどのような生存戦略に注目していますか。

　コノハチョウという昆虫の羽（はね）は，表と裏で見た目が違います。表側は，あざやかな青と赤の色彩ですが，裏側は，枯れ葉のような色をしています。羽を閉じていると，色も形も，枯れ葉にしか見えません。昔の学者は，この枯れ葉模様の羽が，外敵から身を守るために役立っていると考えました。確かにそれも生存戦略の一つでしょう。

　しかし，そうだとしたら，羽の表側のあざやかな模様には，どのような意味があるのでしょうか。実は，この模様にこそ，コノハチョウが生き延びるための重要な意味があるのです。コノハチョウは，木の枝に止まるとき，羽を広げて止まります。つまり，鳥などの外敵からは，青と赤のあざやかな模様が丸見えです。しかし，外敵の攻撃をいったんかわすことができたら，そのあと羽を閉じてじっとしていれば，あざやかな模様を目印にしていた外敵はコノハチョウを見失ってしまいます。一種の目くらましということができます。

この先生は，コノハチョウのどのような生存戦略に注目していますか。

１．周りの景色に紛れて敵に見つからないようにする。

２．あざやかな色で敵を混乱させる。

３．あえて敵をおびき寄せてから素早く逃げる。

４．表と裏の模様の違いによって敵から逃れる。

第8回

1番　先生が環境学の授業で，自然の保護について話しています。この先生の話によると，この大学の近くで行われている活動はどれにあたりますか。

　「自然を守る」という言葉は，とても広い意味で使われます。例えば，今ある自然を守る「保全」も，自然を守る取り組みの一つです。それ以外にも，自然を守る取り組みがあります。「再生」や「創出」，「維持管理」です。「再生」は，損なわれている自然を修復する活動です。これに対して，都市のように，自然が少ない場所に木を植えるなどして新たに自然環境を生みだす活動が「創出」です。そして，「再生」や「創出」された自然を守るのが「維持管理」です。長期的に自然を守るには，この取り組みも大切です。

　皆さんは，この大学の近くにある川で行われている活動を知っていますか。この川は，過去に何度も氾濫を起こしたため，川の流れを真っ直ぐにしたり，川岸（かわぎし）を固めたりなど，大規模な工事が行われてきました。それにより氾濫は減少しましたが，周囲の自然環境に大きな損失が出ています。現在，希少な動植物の保護のために環境を整えたり，減ってしまった植物を増やす取り組みなどをすることによって，

その損失を回復させようという活動が行われています。

2番　先生が，生物学の授業で，ペンギンという鳥に関する実験について話しています。先生が最後にする質問の答えはどれですか。

　ペンギンには長さを認識する能力があります。図1を見てください。ある実験で，ペンギンに長さの異なる2本の線が書かれた図を見せ，3cmの方の線をつついたら餌を与えるようにしました。すると，ペンギンは常に3cmの線をつつくようになりました。ペンギンは3cmという長さを理解したのでしょうか。それを確かめるために，今回は，別の長さの線を書いた図を見せ，ペンギンがどちらをつつくか実験したところ，5cmの方をつつきました。つまり，ペンギンは3cmという，絶対的な長さを認識しているわけではなかったのです。
　では，図2にある2枚の紙を見せたとき，ペンギンはどの線をつつくと考えられますか。

3番　男子学生と女子学生が，昨日吹いた風について話しています。この二人の話から，昨日の風の強さは，「風の強さと吹き方」を示す表のどの風速だったと考えられますか。

男子学生：昨日の風，すごく強くなかった？
女子学生：すごく強かったね。昨日は外に出かけていたんだけど，風で体が倒れそうになって，何かにつかまらないと立っていられなかったくらいだった。それに，木の枝が折れていたのも見たよ。だから，すぐに家に帰ったんだ。
男子学生：それが一番いいよ。僕は，昨日は車で出かけてたんだけど，風で飛ばされたものがちょうど近所の家の窓にぶつかって，ガラスが割れたんだ。車に当たってたらと思うと怖かったよ。
女子学生：それは怖いね。私も歩いている時に，ものが飛んでこないか怖かったよ。
男子学生：そうだね。こんな日は車を運転しちゃいけないね。ケガをしなかったのは運が良かったと思わないといけないね。

4番　先生が医学の授業で，終末期の身体機能について話しています。この先生が，終末期に対応することが困難であると考えているのはどれですか。

　終末期，つまり人生の終わりの時期のケアはとても重要です。病気や老化による身体機能の変化には四つの種類があります。まず，身体の機能がほぼ垂直に落ちて死に至るのが急死系の進行の特徴です。急死系は予期せぬ死なので，終末期というものはなく，入院する人もほとんどいません。一方で，医者が出会うことが多いのが残りの三つです。がん疾患系は，体の機能が比較的高いまま過ごし，最後の数か月に大きく低下します。この大きく低下したときが終末期です。このときに，最後に残された時間を患者がどう過ごしたいかに合わせてケアをします。次に，谷のように大きく落ち込んでいる場所が見られるのは臓器不全系です。機能が落ち込んだとき，また元に戻るのか，これが終末期であるのかの判断をするのが非常に困難です。そして，最後が老衰系です。これは，身体機能がゆっくり低下していくので，どこからが終末期であるかを見極めることができません。
　終末期のケアは昔より充実しています。しかし，がん患者のように終末期がはっきりしている場合は対応できますが，そもそも終末期を判断できない場合は対応することが難しいのが現状です。

5番　先生が授業で，会話の形について話しています。この先生が最後に挙げる例は，図のどれにあたりますか。

　　人間の会話にはさまざまな形があります。今日お話しするのは，三角形ゲームという会話の形を示すゲームです。

　　例を挙げて説明します。ある家庭で，息子の成績が悪いと叱っている母親がいたとしましょう。このとき，心理学では母親が息子を迫害していると言います。反対に息子は犠牲者と呼ばれます。このときに父親が帰宅して息子をかばったとすると，この父親は犠牲者を守る救済者です。さらにその後，息子が母親の教育が悪かったのだと母親を責めれば，迫害者と犠牲者が入れ替わります。父親が母親をかばうと，今度は父親が母親の救済者となります。

　　このゲームでは，役割の数や種類が変わることはありません。それぞれの人に与えられる役割だけが変化します。社会では，このような会話の形が数多くあるのです。では，先ほどの家族でもう一度考えてみましょう。先ほど息子が母親を強く責めたので，今度は父親が息子を叱り出します。すると母親が息子をかばい始めました。

6番　先生が社会学の授業で，新しい技術の普及について話しています。この先生が注目していた技術は，現在，図のどこの段階にあると考えられますか。

　・近年，新しい技術が数多く生まれています。しかし，技術が開発されても，その技術を導入できる製品はまだ存在せず，実用化には時間がかかります。一方で，技術が新聞などの報道で紹介され，人々の期待は高まっていきます。期待が最も高まった頃から，少しずつ，新技術を用いた製品が登場しはじめます。報道では，その製品の有効性などが紹介されるようになります。しかし，その後急速に期待が低くなります。技術の実用性が未熟なため，人々の予想に見合った製品として成功している例が少ないからです。それでも，時間をかけて技術の適切な実用化が進み，有効性の実証や成功例が増えてくるにつれて，人々の期待は再度緩やかに高まり，技術は社会に普及していきます。

　　私が注目していた技術は，発表当初は世間の大きな注目を集めました。しかし現在，有効な実用化がされておらず，人々の関心は薄まってきているようです。今後の有効な実用化が待たれます。

7番　先生が日本文化の授業で，地鎮祭という日本の儀式について話しています。この先生が，日本の文化を特に表していると考えているのはどの部分ですか。

　　日本には，地鎮祭と呼ばれる儀式があります。この儀式は，新しく建物を建てるときに，その土地の神様に安全や工事の順調を祈る儀式です。昔は宗教的な意味合いが強かったのですが，現在では，宗教とはあまり関係なく，文化的な行事として行われています。

　　この儀式の流れを大まかに説明します。場所は建物を建てる予定の土地で行います。まずは，神主と呼ばれる職業の人に頭を軽く下げます。このとき，今後良くないことが起こらないように神主が祈ります。次に，お酒をその土地の土にかけます。お酒をかけると悪い運が消え去ると考えられているのです。次に，鍬や鋤という農業に使う道具で土を削ります。こうして，建物を作り始めることを土地の神に知らせます。最後に全員でお酒を飲んで体から悪い運を消し去ります。

　　地鎮祭の流れの中では数回お酒を使います。日本では，お酒には悪い運を消し去る効果があると考えられています。そして，その考えを人間以外のものにも適用していること，これは特に日本独特の考え

方であるように思えます。

8番　女子学生と男子学生が，鳩という鳥による被害について話しています。この女子学生の自宅はどのレベルに当てはまりますか。

女子学生：最近，自宅のベランダに鳩が来るようになっちゃったんだよね。

男子学生：そうなんだ。鳩って糞をしたり，うるさかったり，大変なんじゃない？

女子学生：そう。朝や夜にもうるさくて困っているんだ。

男子学生：それは大変だ。朝や夜にも鳩がいるってことは，夜を過ごしても大丈夫な場所だと認識されちゃってるかもしれないね。

女子学生：そのうちいなくなってくれるかと思っていたんだけど…。やっぱり対策しないといけないよね。どんな対策をすればいいの？

男子学生：まずは，鳩に快適な場所だと思われないことだね。それと，物理的に入れないようにすることかな。網を張るとか。もう，巣を作ったりしているの？

女子学生：巣はまだ作ってないかな。

男子学生：それなら網を張らなくてもなんとかなるかも。鳩の嫌がる液体とかで対処できるならその方が楽だと思うよ。今からお店に行ってみよう。

9番　先生が，農家でのハチという昆虫の飼育について話しています。この先生によると，表の農作物の場合，代用花粉を使う必要があるのはどの時期ですか。

　農家にとって，ハチという昆虫は重要な存在です。なぜなら，働きバチが農作物の受粉を助けることで，農作物の成長を促すことができるからです。

　ハチは，花の咲いている時期には幼虫の数が増え，花が咲いていない時期には幼虫の数が少なくなります。幼虫を育てるには，花の中にある花粉が餌として必要だからです。幼虫は成長すると働きバチになりますが，それには2か月ほどかかります。そして，働きバチとして1か月ほど働き，寿命を迎えます。働きバチには，農作物を受粉させる役割があるため，花の咲く時期には大量の働きバチが必要です。しかし，花の咲いていない時期が長くなると幼虫が増えず，花が咲いたときの働きバチの数が少なくなり，農作物を十分に受粉させられないという問題が生じます。このような問題を発生させないために，代用花粉という花粉の代わりになる餌を与え，幼虫の数が増えるようにするのです。そうすれば，働きバチが必要な時期に，十分な数の働きバチを確保できます。

10番　先生が，自動運転に用いるセンサーについて話しています。この先生が，このあと詳しく説明するのは，図のどの部分に関することですか。

　自動運転には，信頼性の高いセンサーが用いられ，現在，三種類のセンサーが使用されています。一つ目は，電波を使ったセンサーです。このセンサーは最も遠くのものまで検知できますが，電波が反射しにくい物体は，検知するのが難しいというデメリットがあります。二つ目は，カメラを使ったセンサーです。このセンサーは，先ほど説明したものより検知可能な距離は短いですが，比較的広い範囲の物体を検知できます。また，物のかたちを判別するのが得意で，標識なども認識できますが，雨の日や夜にはカメラの精度が下がるという特徴があります。三つ目は，目に見えないレーザー光を使用するセンサー

です。このセンサーは，検知できる距離は最も短いですが，最も広い範囲を検知することができます。また，このセンサーは夜間でも使えますし，電波を反射しにくい物体でも検知できます。

　実際の自動運転では，それぞれのセンサーを組み合わせて，互いのデメリットを補います。今日は，特に雨の日や夜間に使いにくいセンサーについて，その改良案を詳しく説明しましょう。

11番　先生が教育学の授業で，親の養育態度について話しています。この先生が話している，親の養育態度の変化はどれですか。

　親がどのような態度で子どもに接するかによって，子どもの性格は大きく変わります。日本では，子どもの「しつけ」を大切にしてきました。子どもが他人に失礼な態度を取らないようにと考える親が多かったのです。従来の親は，子どもの頃は親からさまざまなことを学ぶ時期であると考え，子どもの気持ちを大事にするよりも，教えるべきことを教え，親の考える立派な大人に育て上げることを重視していました。

　しかし，最近では親の養育態度が変化しています。親が子どもの自主性を認めるようになったのです。親は，子どもをただ一方的にしつける対象として見なくなり，「子どもの友達としての親」が理想だと考える傾向にあります。これは決して悪いことではありません。しかし，問題なのは，子どもに嫌われることを恐れて，子どもの言いなりになってしまう親が増えていることです。それでは，子どもが学ぶべきことを学ばずに大人になってしまう恐れがあります。

12番　先生が心理学の授業で，見取り図を見せながら話しています。この先生が最後にする質問の答えはどれですか。

　人間はどのようにして他人に好意を抱くのでしょうか。程度はさまざまですが，物理的に近い距離の人を好意的に捉えることが多いようです。この見取り図を見てください。これは2階建てのマンションです。アルファベットはそれぞれの部屋を示しています。

　特に仲良くなりやすいのは，部屋が接している人です。一方で，部屋が接していても階が違う場合は，あまり好意的に捉えられないようです。しかしながら，違う階の人とも物理的に距離が近いと感じる場合があります。それは，階段近くに住んでいる住人です。また，部屋が接していなくても階が同じだと近いと感じるようです。このように物理的な距離が，他人に対する好意と結びつきやすいということです。

　では，質問です。部屋Aの住人と部屋Fの住人を比較した場合に，部屋Fの住人のほうが仲良くなりにくいのはどの部屋の住人ですか。

13番　先生が，情報教育について説明しています。この先生が強調している情報教育の目標は何ですか。

　現在，パソコンやスマートフォンを持っている人が増えており，学校でも情報教育が行われています。しかしながら，これまでの情報教育では，情報機器の操作を教えることが重視されていました。その結果，情報機器を使うことはできても，それを使ってさまざまな課題を解決するという，最も大切な能力を育むことができていませんでした。

　情報機器の扱い方を学ぶことも大切でしょう。また，子どもたちが事件に巻き込まれることを防ぐために，誤った情報にアクセスしないよう指導することも必要です。しかし，それらは，情報教育の目標

そのものではありません。得た情報を，様々な課題解決に使うことができるようになる，という情報教育本来の目標が見失われつつあります。その結果，入学試験とは関係ないという理由で，情報教育にあまり力を入れない学校も出てきており，たいへん問題だと思います。

この先生が強調している情報教育の目標は何ですか。
1．情報機器の操作方法を教えること
2．誤った情報に触れないよう生徒を指導すること
3．情報を使って課題を解決する能力をつけること
4．情報教育を試験科目として認めさせること

14番　先生が，地熱発電について話しています。この先生の話によれば，日本で地熱発電が普及しない一番の理由は何ですか。

　地熱発電は，地下で温められた高温の地下水や蒸気を利用する発電方法です。火力発電とは異なり，地球温暖化の原因となる二酸化炭素を出しません。また，風力発電や太陽光発電と違い，天候の影響を受けないことも特徴です。
　しかし，地熱発電を導入するには，いくつかの課題があります。一つ目は，発電所をつくるときにかかるコストです。二つ目は，周囲に国立公園など保全するべき自然が存在する場合，発電所を建設することで自然環境に影響を与えてしまう可能性があることです。三つ目は，温泉などの観光地からの反対意見です。現在，地熱発電の導入が進まない一番の理由は，地熱発電所の影響で温泉が枯れることを心配して，地元の人たちが反対していることです。
　一方，コストや周辺環境との兼ね合いについては，必要な制度を整え，自然に影響の少ない方法で施設を建設すれば比較的早期に問題を解決できると考えられています。

この先生の話によれば，日本で地熱発電が普及しない一番の理由は何ですか。
1．火力発電と比べると不安定な発電方法だから
2．地熱発電所の建設にはコストがかかるから
3．周囲の国立公園の環境を破壊してしまうから
4．温泉などの観光地からの反発が強いから

15番　男子学生と女子学生が，無人の店舗について話しています。この女子学生は，無人店舗を導入した場合，何が心配だと思っていますか。

男子学生：最近，無人レジを導入するお店が増えてきているよね。あと何年かしたら，店員さんが一人もいなくなるかもしれないね。

女子学生：お店にとっては人件費をカットできるから経営の効率化につながるよね。でも，私は店員さんがいなくなるのは寂しい気もするよ。それにちょっと不安だな。

男子学生：もしかして，万引きが増えるんじゃないかって思ってる？　それなら大丈夫だよ。万引きができないようにセキュリティは厳重になるはずだよ。

女子学生：万引きというより，他のお客さんが怖いよ。いくら防犯カメラで監視してるといっても，お店の人がいなかったら，もし変な人に絡まれたりした時，助けを呼べないじゃない。

男子学生：たしかにね。そういった対策が万全になってからじゃないと無人店舗の実現は難しいだろうね。

この女子学生は，無人店舗を導入した場合，何が心配だと思っていますか。
1．利用者の減少
2．支払方法
3．商品の盗難
4．身の安全

16番　先生が，情報を分類する際のラベリングについて話しています。この先生によると，適切なラベリングはどのようなものですか。

　デジタル化が進んだ今日では，私たちが日々接する情報は飛躍的に増加しました。ですから，意識をして必要な情報とそうではない情報に分類する必要があります。しかし，きちんと分類を行ったとしても，その情報を使いこなすことができなければ意味がありません。情報を本当の意味で使えるようにするために必要なのが，適切なラベリングをすることです。情報におけるラベリングとは，分類された情報に名前をつけることです。上手く名前を付けないと，いざ情報が必要となった時に引き出すことが難しくなってしまうからです。ラベリングの際，立派で格好の良い名前を付けようとする人がいますが，それはおすすめできません。多くの人が普段使うような言葉でなければ後で何の情報か見当がつかなくなってしまいますし，他の人が引き出せなくなってしまいます。このような点を意識して，ラベリングを行うようにしましょう。

この先生によると，適切なラベリングはどのようなものですか。
1．全員が共有しやすいシンプルなもの
2．忘れにくくインパクトのあるもの
3．他人には容易に読めないようなもの
4．パスワードのように複雑なもの

17番　先生が，良い授業について話しています。この先生が最も伝えたいことは何ですか。

　皆さんは今年の教育実習に向けて，授業の準備などを頑張っていると思います。そこで，私からみなさんに一つ話しておきたいことがあります。授業は分かりやすいことがとても大事ですが，分かりやすい授業には問題点があります。それは「分かりやすい」ということです。
　これがどういうことか分かりますか。
　良い先生の授業は分かりやすいです。学生がすぐに理解できます。そして，親切な先生ほど，学生が疑問に思いそうなところまで丁寧に答えを準備して説明します。こういったことによって何が起こるかというと，学生が考えなくなるのです。何も考えなくても分かってしまうのですから，学生はわざわざ頑張って考える必要がありません。しかし，自分で考えずに理解したものは，自分の力にはなりにくいものです。
　学生が「分からない」と思える環境をつくることも，良い授業の大切な要素なのです。ぜひ，学生が自ら考えるような授業をつくる工夫をしてください。

この先生が最も伝えたいことは何ですか。
1．良い授業をするには考えさせる工夫が必要である。
2．分かりやすい授業をするためには準備が欠かせない。
3．良い授業とは学生に分かりやすい説明をすることである。
4．授業では学生の疑問に答えることを最優先にするべきだ。

18番　女子学生と男子学生が，スポーツチームの運営について話しています。この男子学生が話している，ファンがチームを応援する仕組みはどのようなものですか。

女子学生：私の地元にバスケットボールのチームがあるんだけど，日本はバスケットボールがあまり盛んじゃないから，経営が大変みたい。
男子学生：ぼくの地元にもバスケットボールチームがあるよ。やっぱり経営が大変みたいだけど，最近新しい方法を始めて話題になっているんだ。
女子学生：どんな方法？
男子学生：そのチームのファンが，使わなくなった本やゲームをチームに寄付するんだ。
女子学生：本やゲームがスポーツにどう関係するの？
男子学生：地元のリサイクルショップがチームに協力しているんだよ。まず，チームが試合会場で，お客さんからいらなくなった本やゲームを回収するんだ。そして，その品物をリサイクルショップが買い取るんだよ。そのお金がチームの運営費になるんだって。
女子学生：それは面白いね。ファンが，不要になったものでチームを応援できるってことだよね。
男子学生：そう。チケットを買ったり，グッズを買ったりすることも応援になるけど，家にあるいらない物が役に立つとしたら，気軽に貢献できるよね。
女子学生：チームも地元のお店もファンも，みんなが喜ぶ仕組みで素晴らしいと思うよ。

この男子学生が話している，ファンがチームを応援する仕組みはどのようなものですか。
1．チケットやグッズの購入によってチームに貢献する仕組み
2．不用品の寄付によってチームを支える仕組み
3．地元の店を活性化することによってチームに貢献する仕組み
4．運営のためのお金を寄付してチームを支える仕組み

19番　先生が，議論の進め方について話しています。この先生が話す「ご飯論法」とは，どのようなことをする方法ですか。

　議論の進め方にはいろいろな方法がありますが，今日は議論の進行を妨げる方法を紹介します。みなさん，「ご飯論法」というものをご存知でしょうか。そうです。食べる「ご飯」と書く，「ご飯論法」です。
　たとえば，ある人が「今朝はご飯を食べましたか」と聞かれたとします。このときの「ご飯」は「食事」という意味であるにもかかわらず，聞かれた人は「パンは食べたが，米のご飯は食べていない」という意味で「ご飯は食べていません」と答えます。
　この場合，嘘はついていないけれど，元々の質問には答えていませんので，議論が正しく進みません。主に，議論を進めるのが嫌だと思っている側の人がこの方法を使います。こういう方法を「ご飯論法」

と言います。

この先生が話す「ご飯論法」とは，どのようなことをする方法ですか。
1．すぐに答えるが，相手にも同じ質問をし返す方法
2．正直に答えるが，態度で相手を威圧する方法
3．嘘は言わないが，質問の意図とは違うことを答える方法
4．はっきり答えるが，相手に次の質問をさせない方法

20番　先生が，アリという昆虫について話しています。この先生の話によれば，アリは主にどのような
　　　方法で相手を確認していますか。

　アリは，集団生活を営み，それぞれの巣を持っていますが，違う巣のアリどうしが，巣の外で出会う
ことがあります。そのような時，巣の外で出会ったアリが，自分と同じ巣の仲間なのか，それとも他の
巣のアリなのかをどのようにして判断するのでしょうか。
　アリが様々なものを判断するために使用する物質は2つあります。1つ目は，アリの体の表面を覆っ
ている炭化水素という物質です。この炭化水素には多くの種類があり，それぞれの巣によって成分の割
合が違うのです。炭化水素は蒸発しにくく，空気中ににおいが広がりませんから，アリどうしは互いの
触覚を触って，相手の炭化水素の成分を感じ取り，自分の仲間かどうかを判断します。もう一つは，ア
リが発するにおいの物質です。これは，フェロモンと呼ばれています。この物質は，アリの腹部から出
ています。フェロモンはよく知られていますが，アリが仲間かどうかを判断するときには，前者の炭化
水素が用いられます。

この先生の話によれば，アリは主にどのような方法で相手を確認していますか。
1．触覚に触れ合う。
2．空気中のにおいの物質を感じ取る。
3．お互いの腹部を触る。
4．視覚で確認する。

21番　男子学生と女子学生が，ある実験について話しています。この男子学生が話す実験からわかるこ
　　　とは何ですか。

男子学生：よく，日本人は集団主義だって言われるよね。
女子学生：うん，個人の利益よりも集団の利益を優先させる傾向があるらしいね。それに対してアメリ
　　　　　カ人は個人主義だって言われてるよね。
男子学生：ある面白い実験があってね，数人のグループを作って，各自にお金を渡して寄付をさせるん
　　　　　だ。自分がたくさん寄付した方が，グループ全体の利益が上がる仕組みにして，日本人とア
　　　　　メリカ人で比べたんだ。
女子学生：日本人の方がたくさん寄付したの？
男子学生：それが反対だったんだ。アメリカ人の方が多く寄付をしていた。
女子学生：たくさん寄付した方が集団の利益が上がるのに？
男子学生：そう。そこで，次はグループの中で寄付が一番少ない人の名前を公表するようにしたんだ。そ

うしたら，日本人の寄付の額が上がって，アメリカ人と同じになったんだよ。

女子学生：日本人は名前を公表されると思ったら，寄付の額を上げたってことだね。

男子学生：そういうこと。他人より自分の寄付が少ないという状況になることを避けたんだ。他人の目を気にした結果とも言えるね。

この男子学生が話す実験からわかることは何ですか。
1．日本人は集団の利益を優先して寄付をした。
2．アメリカ人は個人の利益を優先して寄付をした。
3．日本人は他者からの視線を考慮して寄付をした。
4．アメリカ人は寄付金の使い道を重視して寄付をした。

22番　先生が，書店の経営について話しています。この先生は，これからの書店経営で新たに重要となることは何だと言っていますか。

　現在，様々な業界の規模が縮小しています。その一つに数えられるのが書店業界です。実際，日本国内では，毎年，500軒以上の書店が閉店しています。スマートフォンの発達によって，本を読む人の数が減少しているのです。この問題を解決するために，書店は様々な工夫を行っています。例えば，書店で読書会を開き，本に関心を持ってもらえるようにしたり，カフェを併設して，そこで購入した本を読むことができるようにしたりしています。また，私が最近行った書店では，本以外にも，おもちゃや文房具の販売を行っていました。これらの書店は売り上げが好調なようです。こういった状況を見て分かることは，これからの書店は，本業だけではなく，それ以外の分野についても取り扱う柔軟さが必要だということです。

この先生は，これからの書店経営で新たに重要となることは何だと言っていますか。
1．インターネットでの本の販売を取り入れる。
2．書籍の販売という本業に集中する。
3．本の魅力を伝えるイベントを行う。
4．本を売ることだけにとらわれない。

23番　先生が，社会的な役割について話しています。この先生が説明する現象が起こる可能性があるのは，どのような場合ですか。

　人は様々な集団に所属するため，複数の役割を担って生活をしています。例えば，ある男性は会社の中で仕事ができ，仕事を任せられる信頼厚い社員である一方で，家庭では子どもを大事にする優しい父親でした。ある日，上司から大事な取引先との会議に出席してほしいという依頼がきました。しかし，その日は子どもの大切なイベントがあり，数か月前から休みを取る約束をしていたのです。この時，この男性は信頼厚い社員という役割と子どもを大事にする父親の役割とのどちらかしか選択できないという状態になります。これが，複数の役割がある人が，各役割の間に矛盾を起こすという「役割葛藤」と呼ばれる現象の例です。

この先生が説明する現象が起こる可能性があるのは，どのような場合ですか。

1．先輩からは礼儀正しいこと，後輩からは優しい先輩であることを求められる。
2．友達からは付き合いが良いこと，恋人からはいつも二人で過ごすことを求められる。
3．会社からは一生懸命働くこと，家族からはたくさん稼ぐことを求められる。
4．学校では勉強熱心であること，家では健康に育つことを求められる。

24番　男子学生と女子学生が，地図を見て話しています。男子学生は女子学生との話を通して，地図を見ることでどのようなことが分かると気がつきましたか。

男子学生：何をしているの？

女子学生：地図を見ているんだ。

男子学生：旅行でも行くの？

女子学生：そうじゃないけど，地図って見ていると地形だけじゃなくていろいろ分かってくるでしょ。それが楽しいの。地図記号分かる？

男子学生：地図記号か，小学生の頃に授業でやったな。これは確か桑畑の記号だよね。あ，このあたりは桑畑ばかりだ。なんでだろう。

女子学生：ここは，昔は絹織物の生産が盛んだった地域だからだよ。

男子学生：なんで絹織物の生産が盛んな地域だからって桑畑が多いの？

女子学生：カイコって虫，知ってる？　絹ってカイコが出す糸から作られてるんだよ。カイコは桑の葉っぱをえさにするから，絹織物の生産が盛んな地域には桑畑が多かったんだよ。

男子学生：なるほど。そう考えると，地図でそこに何があるかを見ると，そこで行われていたことが分かったりするんだね。

男子学生は女子学生との話を通して，地図を見ることでどのようなことが分かると気がつきましたか。
1．その場所にどのような植物が生えているかが分かる。
2．その場所でどのような産業が行われていたかが分かる。
3．その場所が旅行で行くのに適切かどうかが分かる。
4．その場所にどのような生物が生息しているかが分かる。

25番　先生が，脳について話しています。この先生は，人間の脳について，どのようなことが驚くべきことだと言っていますか。

　人間の脳の構造は環境や職業などによって大きな違いはあるのか，という問いに対して，違いはほとんど無い，というのが専門家の回答でした。ところが，近年行われた実験の結果，とても興味深いことが分かりました。

　タクシー運転手は街中の道路について正確に記憶しています。そんなタクシー運転手の脳を調べてみたら，記憶を支配する部位の神経細胞の数が一般の人に比べて多いというのです。しかも，タクシー運転手の中でも，ベテランの人の方が，より神経細胞の数が多かったそうです。それまでは，年齢とともに減る一方だと考えられていた脳細胞ですが，この実験によって，脳を使えば神経細胞を増やすことができることが分かりました。これはとても驚くべきことなのです。

この先生は，人間の脳について，どのようなことが驚くべきことだと言っていますか。
1．脳の構造は環境や職業によって大きな違いはないということ
2．脳の神経細胞は年齢を重ねるごとに減っていくこと
3．脳の神経細胞は歳をとっても増えることがあるということ
4．脳の構造はベテランと新人とでは異なるということ

26番　男子学生と女子学生が，睡眠について話しています。この女子学生は睡眠について何と言っていますか。

男子学生：昨日の夜，朝までテスト勉強を頑張ろうと思ったのに，眠くなって結局寝ちゃったよ。人間ってどうして眠くなるんだろう。
女子学生：最近の研究だと，たんぱく質が関係しているみたいだよ。
男子学生：たんぱく質？　肉を多く食べると眠くなりやすいとか？
女子学生：そういうことじゃなくて，人間が眠くなる時は，体の中のある種類のたんぱく質の変化が進んでいるらしいよ。
男子学生：じゃあ，眠気はそのたんぱく質の変化からきているってこと？
女子学生：うん。そうかもしれないと考えられているよ。
男子学生：疲れたから眠くなるとか，暗くなったから眠くなるとか，そういうものだと思っていたけど，体の中では物質的な変化があったんだね。

この女子学生は睡眠について何と言っていますか。
1．明るさと暗さに体が反応して眠くなる。
2．体が疲れたことを脳が感知すると眠くなる。
3．たんぱく質の変化によって眠気が起こる。
4．睡眠をコントロールすることは難しい。

27番　先生が，生分解性プラスチックについて話しています。この先生の話によると，どのような製品に生分解性プラスチックを使用したほうがよいと考えられますか。

　近年，プラスチックのごみが増えたことによる環境破壊が問題になっています。プラスチックの問題点は，自然界で分解されるまでに，400年以上の長い年月がかかることです。そのため，比較的短い期間で分解される生分解性プラスチックの研究が進んでいます。
　しかし，現在使われている全てのプラスチックを生分解性プラスチックに置き換える必要はありません。使われる期間が短く，使い捨てされるもので，かつ，回収してリサイクルすることが難しいものに生分解性プラスチックを使うべきです。反対に，長い期間使われる物，回収やリサイクルがしやすい物については，従来のプラスチックを使用したほうが費用を安く抑えることができます。

この先生の話によると，どのような製品に生分解性プラスチックを使用したほうがよいと考えられますか。
1．食品の容器
2．車の部品

3．パソコン

4．家具の部品

第9回

1番　先生が，人間の行動習慣の変化について話しています。この先生は，どの段階からどの段階への変化が難しいと言っていますか。

　行動習慣の変化は，明確に段階が分かれています。患者さんに禁煙を促す場合を例にとってみましょう。はじめは，患者さんは禁煙に関心がなく，むしろ喫煙に肯定的です。そんな患者さんに禁煙のメリットや喫煙のデメリットを説明し，関心を持ってもらいます。患者さんの関心が高まると，本気で禁煙に取り組もうという準備期に変わり，その後，実際に禁煙するという段階に移ります。しかし，たばこは依存性が高いので，実際に禁煙を開始しても，ちょっとしたきっかけでつい煙草を吸ってしまうことが多いのです。つまり，前の段階に逆戻りしてしまうということです。逆戻りした患者さんは煙草を吸ってしまったことで，自信をなくしているため，再び禁煙できるようにサポートをしなくてはなりません。ですから，この段階で逆戻りしないことが非常に重要であり，禁煙が継続できるような働きかけを注意深く行う必要があります。しかし，細心の注意を払っていても，維持できるようになるのは非常に難しく，実現できる患者さんは多くないのが現状です。

2番　先生が観光学の授業で，エコツアーについて話しています。この先生が最後にする質問の答えはどれですか。

　エコツアーとは，旅行先の自然を体験する観光のことです。エコツアーにおいて求められることは，大きく3つあります。まずは「資源の保全」です。これは，貴重な自然の資源を守ることです。しかし，観光ですので，ただ守るだけでは足りません。旅行先として魅力的であるべきです。つまり，「観光の推進」も必要なのです。観光を推進することで，旅行者がその地域でお金を使ってくれます。それが「地域の活性化」につながります。

　日本のある島でも，エコツアーが行われています。この島では，観光と自然の保護を両立しようと考えた結果，島に行くための定期船の定員を減らしました。自然の保護を重視した措置ですが，これはエコツアーとして良い方法と言えるでしょうか。観光の側面に変化が起こると，それ以外の面にも影響が出ることは先ほど話した通りです。では，この例を各基準10点満点で評価するとしたら，どのようになるでしょうか。

3番　男子学生と女子学生が，来週のボランティア活動について話しています。この学生たちの話によると，来週のボランティア活動の人数とパフォーマンスは，予定と比べてどのようになりますか。

男子学生：来週のゴミ掃除のボランティア活動だけど，僕たちのサークルからは何人行く予定なの？

女子学生：20人の予定だったんだけど，30人の応募があったの。どうしようか迷っているんだ。

男子学生：30人でボランティア活動をしちゃだめなの？　きっと人数の多い方が早くきれいに掃除でき

るよ。

女子学生：うーん。そうでもないよ。「プロセス・ロス」って言葉を知っている？　人数が増えるほど，手抜きが生じたり協調的な作業が必要になったりして，一人当たりのパフォーマンスは下がっていくんだよ。

男子学生：なるほど。掃除の速さや綺麗さをパフォーマンスとしてとらえると，人数が増えても，その分だけ比例的に全体のパフォーマンスが上がるわけじゃないんだね。

女子学生：うん，そういうこと。やっぱり元々の人数で行った方がいいのかな？　または，増やす人数を5人くらいにするとか。

男子学生：応募してくれた人から参加者を選ぶ作業もきっと大変だよ。プロセス・ロスがあるにしても，さすがに10人も多ければ全体的なパフォーマンスは少し良くなるんじゃない？

女子学生：そうだね。じゃあそうしよう。

4番　先生が，ハシブトガラスという鳥の捕食行動について話しています。この先生によると，ハシブトガラスによる卵の捕食行動が最も多く起こった場所はどこですか。

　ハシブトガラスは，他の種類の鳥の卵を捕食する鳥です。この鳥が，どのような状況で卵を捕食するのかについて，ある地域で実験を行いました。その地域は，大きな森林と小さな森林が分かれて分布しています。大小の森林ごとに，森林と市街地の境界部分と，森林内部の2か所に卵を設置し，ハシブトガラスの捕食行動を観察しました。

　私は実験を行う前，ハシブトガラスは一般的に市街地で生活を送るため，森林と市街地との境界部分で多く卵の捕食をすると考えていました。しかし，この2つの森林では森林内部と境界部分による差は出ませんでした。一方で，規模の大きい森林の方が，捕食率が高くなる傾向にありました。つまり，市街地からの距離よりも，森林の大きさが卵の捕食率に関係していたのです。

5番　先生が，伝統的工芸品に選ばれる基準について話しています。伝統的工芸品に選ばれる可能性があるのはどれですか。

　日本で伝統的工芸品に認定されるためには，様々な基準があります。まず，制作にあたっては大部分が手作りであり，そして，伝統的技術や技法で作られていなければなりません。また，大部分の材料が，昔から使われている物である必要があります。というのも，100年以上の昔から継続されているものであることも，認定の基準に入っているからです。さらに，その製品が日常生活で使われるものである必要があります。ですから，たとえ100年以上の昔から作られていたとしても，武器などは認定されることはありません。最後の基準としては，作られている場所が，日本全国ではなく，特定の地域である必要があります。以上の基準を満たしたうえで，伝統的工芸品に認定するにふさわしいかが判断されます。

6番　先生が，すしを販売している企業の戦略について話しています。この先生の話によると，資料1のBの魚が利益を上げているのはどの項目ですか。

　日本料理として有名なすしは，生の魚を使うので，新鮮な魚が大量に必要です。すしを販売している企業は，新鮮な魚を確保するために，漁師が釣った魚を船単位で買い付けています。しかし，すしに使える魚は，船1隻あたりが捕った魚の約40％です。それ以外の約60％の魚は，すしの材料には使えませ

ん。

　だからと言って，それらの魚を捨ててしまうのは経済的ではありません。そこで，それらの魚は，熱を通して，すし以外の料理として提供します。いわゆるサイドメニューというものです。そうすることで，すしを販売する企業は，生の魚を使う料理以外からも売り上げを得ています。

　ところで，すしに使った魚も，サイドメニューに使った魚も，頭や骨などの食べられない部分があります。それらは細かく砕いて養殖の魚のえさにすることができます。このえさに関しては，利益を上げるという面ではあまり役に立っていませんが，環境にとても良い戦略です。

7番　女子学生と男子学生が，事故の対策について話しています。この男子学生が大事だといっているのは，どの段階に関する対策ですか。

女子学生：この前，工場の職場見学に行ったんだけど，事故を防ぐ対策にとても力を入れていたよ。
男子学生：そうなんだ。どんな取り組みをしていたの？
女子学生：手順を全部マニュアル化してあったよ。人間が起こすミスはどうしても無くせないから，それをできるだけ減らすことが目的みたい。例えば，集中力が切れても順番を間違えないように，操作するものに全部番号を付けてあったよ。
男子学生：人のミスを減らす対策も大事だけど，ミスが起きる根本的な原因を減らす方法を考えることが大事だと思うよ。
女子学生：ミスの根本的な原因って，集中力が切れるとか忘れちゃうとか？
男子学生：それはミスの直接的な原因だね。根本的な原因は，なぜ集中力が切れたり忘れたりするかということ。例えば，疲れていることが原因なら，休憩時間や勤務時間の長さを見直すことで改善するかもしれない。
女子学生：なるほど，ミスの原因を分析していくことが必要なんだね。

8番　先生がマーケティングの授業で，商品の陳列について話しています。先生が最後にする質問の答えは図のどの部分ですか。

　店舗で売り上げを増やそうと考えたとき，商品の陳列は非常に大きな要素となります。商品を陳列する場所によって，売り上げが大きく変化するからです。商品が，一番目に入り，手に取りやすい場所は，ゴールデンゾーンと呼ばれています。このゴールデンゾーンに，新商品や特に売り出したい商品を置くことで，お店は売り上げの増加を図ります。このゴールデンゾーンは，全ての客に対して同じ場所にあるのではなく，客の身長によって異なります。一般的に目線の高さから，その約30度下までのゾーンがゴールデンゾーンとなります。成人男性なら床上160cmから70cmまで，成人女性は床上150cmから60cmまでと言われています。ですから，商品の目的とする客層によって置き場所を変えなければいけません。例えば，同じ化粧品でも男性用と女性用では置く場所が異なるということです。では，この図において，5，6歳の子どもを対象としたお菓子を置く場合，どの場所に陳列するのが良いですか。

9番　先生が授業で，イヌワシという鳥について話しています。この先生が最後にする質問の答えはどれですか。

　イヌワシは大型の鳥で，特徴的な飛行をすることがあります。その一つに，ディスプレイ飛行という

急上昇と急降下を繰り返す飛び方があります。ディスプレイ飛行は，オスとメスのペアのイヌワシが絆を深める時に行うそうです。他にも，面白い飛び方をする時があります。翼をすぼめて，地面まで急降下するのです。この飛行をしている時，イヌワシは主に狩りを行っています。翼の抵抗を無くし，高所から急降下することで，捕食する動物に気づかれずに襲うことができるのです。子育ての時期は，このような飛行をして捕食した動物を雛に与えます。雛は基本的に春に生まれます。オスとメスのペアは，その2か月くらい前に，協力して巣作りを行います。そして，その巣作りの3か月ほど前くらいに，オスとメスのペアが仲を深め合う様子を見ることができます。

　では，イヌワシがディスプレイ飛行を行う期間は，図のどの部分ですか。

10番　先生が，スポーツと感情の関係について話しています。**この先生が示している資料はどれですか。**

　スポーツは体だけではなく，心の健康を保つことにも効果があります。今日はスポーツの心理的効果について話したいと思います。この資料の縦軸は否定的な感情，例えば心苦しいとか嫌だとかいった感情の指数を示したもので，数値が高いほど否定的な感情が強いと言えます。そして横軸は運動場に入るところから運動終了20分後までを時系列で示しています。

　否定的な感情は，運動場に入室する時が全体の中で最も強くなっています。そして運動するにつれ徐々に数値が下がってきます。運動終了の直前が最も少なく，運動が終了した後も否定的な感情は急には増えません。このデータから，スポーツには，運動中に否定的な感情を弱める働きがあるだけではなく，運動後もそれを抑える働きがあるということを読みとれます。

11番　先生が，バラスト水について話しています。**この先生が最後にする質問の答えはどれですか。**

　船は，重みで船体のバランスをとっているため，一定量の積み荷を必要とします。積み荷がない場合には，船の重さを保つために船の中に海の水を取り入れます。この水のことをバラスト水と言います。バラスト水は積み荷がない時には船の中に取り込まれますが，その後積み荷を入れる時には船から排出されます。この時，バラスト水に混じっている生物が本来の生息地とは異なる地域で排出されることがあります。そうすると，その地域の環境や生態系に影響を与えてしまう恐れがあり，現在規制が進んでいます。

　この資料は，ある船がたどった航路を示す地図です。島①と島②ではそれぞれ違う生態系が築かれています。それぞれの島は一つの生態系によって形成されています。この場合，バラスト水による生態系への影響が心配される場所はどこですか。

12番　先生が，災害時の避難経路について話しています。**この先生が話している災害が起こった場合，どの避難経路を使用して逃げるべきですか。**

　日本は，台風，地震，火山の噴火など様々な災害に見舞われる危険のある国です。今日は，日本ならどこでも起こりうる地震が起こったときの避難経路について話していきたいと思います。

　学校にいるときに地震が発生したとします。地震が収まったあと，学校が倒壊する恐れがあるので，避難所まで逃げる必要があるとします。皆さんはどのような道を選びますか。まず，学校が倒壊する危険があるということは，他の建物でも倒壊の危険が予測されます。避難中に地震が再び発生したら倒壊する危険があるわけです。最短距離を行きたいところですが，危険な道は選ばないことが無難です。また，

津波などの影響によって，川が一時的に増水して洪水になることも予想されます。川の近くの道を選ぶのは妥当ではないでしょう。

13番　先生が授業で，文化財を世界に紹介することについて話しています。この先生の話によると，世界に紹介できる文化財はどのようなものですか。

　日本各地の文化財を，世界に紹介しようとする動きがあります。これを上手く行うためには，行われるべきことが二つあります。一つ目は文化財の保護です。そもそも，文化財が壊れ，展示できないような状態では紹介することができません。つまり，文化財そのものが健全な状態であることが必要なのです。そのために，文化財が地震などの災害で壊れないようにするための防災対策や日々の修繕やチェックが必要なのです。

　もう一つは，人材の育成です。世界に紹介するためには知識が必要です。ですから，文化財への理解が深い人材を育てる必要があります。また，今後も世界にその文化財のすばらしさを発信していくためには，下の世代の人材も育成していくべきです。

　この二つがそろっていて初めて，世界に向けて紹介できる文化財となります。

この先生の話によると，世界に紹介できる文化財はどのようなものですか。
1．修繕の技術を持つ職人がいて長期保存が可能な文化財
2．知識を持つ人とそれを受け継ぐ人が存在する文化財
3．適切に保護され，詳細な知識を持つ人がいる文化財
4．知名度が高く，災害が起こりにくい場所にある文化財

14番　先生が，マッコウクジラという動物について話しています。この先生が，マッコウクジラの特徴について特に興味深いと言っていることは何ですか。

　海に住む哺乳類の中で，潜水能力に長けている動物といえば，マッコウクジラが挙げられます。では，マッコウクジラは，なぜ，深く潜水をすることができるのでしょうか。その秘密は頭部にあります。このクジラの頭には脳油という油がたくさん詰まっています。この油には様々な役割が存在しています。例えば，自らの体内で作った振動を脳油で拡大し，超音波として海中に発することで，海の中に何があるか知ることができます。光の届かない深海において，有効な方法というわけです。また，特に興味深い点として，このクジラは脳油部分を冷やしたり温めたりすることができます。体内に冷たい海水を取り込んだり排出したりすることで，温度変化によって脳油の密度を変え，浮き沈みに利用しているのです。

この先生が，マッコウクジラの特徴について特に興味深いと言っていることは何ですか。
1．光がなくても超音波で海底を把握できること
2．体内の物質の密度を変えることで潜水すること
3．頭の中に脳油という油があること
4．海水の温度に合わせて体温を変化させられること

15番　女子学生と男子学生が話しています。この女子学生は，一般的な日本人が英語を苦手だと考えるのはどうしてだと言っていますか。

女子学生：さっきの授業，面白かったね。

男子学生：そうだね。日本人は話の聞き方が他の国の人と違って，話の最初をあまり聞いていない，っていうところでしょ。

女子学生：意識していなかったよね。だけど，考えてみれば確かにそうかも。日本人の話し方って，最初の部分は本当に伝えたいこととは違うことも多いし。

男子学生：うん，確かにそうなんだけど，だからって日本人は英語が苦手っていう主張はおかしいと思ったな。

女子学生：そうかな。私は，分かる気がするよ。

男子学生：僕はあんまり思い当たることはないなあ。そんなこと，意識したこともないし。

女子学生：私は英会話で，始めの方の単語を聞き取ることができなくて，困ったことがよくあったよ。文の始めの方を聞き流しちゃうのって，日本人の聞き方がそうなっているからじゃないかな。

男子学生：うーん，そう言われれば，確かにそうかもしれないね。日本語は文末に述語とか一番伝えたいことがくるけど，英語だと最初の方に主語も述語もくるから，そういったところに違いがでるのかもね。

女子学生：そうだと思う。

この女子学生は，一般的な日本人が英語を苦手だと考えるのはどうしてだと言っていますか。

1．日本語と英語で，文法の構造が異なるから

2．日本の英語教育は効率的ではないから

3．日本人は英語の必要性を意識していないから

4．日本人は外国人の話す英語に慣れていないから

16番　先生がマーケティングの授業で，商品の売り方について話しています。この先生が紹介しているのはどのような方法ですか。

　ある商品を売る際には，顧客の心理を理解し，購買行動につなげていくことが大切です。今日は，そのテクニックの一つを紹介します。それは，店のスタッフのほうから，積極的に顧客に親切な態度を取っていくという方法です。顧客に対して先に好意的な態度を見せると，顧客も好意的になってくれる可能性が高まるのです。そうすると，親切にしてもらったんだから，ここで買い物をしようと考えるようになります。

　顧客が商品を購入するのは，もちろん，その商品が自分のニーズに合っていることや購入しやすい価格であることも大切です。しかし，それだけが，買うか買わないかの決め手ではありません。現代はモノが豊富にあり，顧客も，単に商品を買うだけでなく買い物という行為そのものを楽しみたいと思うようになっています。ですから，先ほど説明したようなテクニックは非常に効果的だと考えられます。

この先生が紹介しているのはどのような方法ですか。

1．顧客が買いやすい値段の商品を紹介する。

2．商品についてできるだけ詳しく説明する。

3．顧客に親切に接して，好意的な関係を築く。

4．会話を通じて，顧客の潜在的なニーズを探る。

17番　先生が，サンゴ礁の周りの環境について話しています。この先生によると，魚にとってサンゴ礁の周りが常に快適な環境とは言えないのはどうしてですか。

　サンゴとは，あたたかい海に生息する生物で，それが集まったものをサンゴ礁と言います。サンゴは，海で暮らしている魚たちの栄養源になったり，隠れ家になったりします。そのため，サンゴ礁の周りには多くの魚が集まります。

　サンゴ礁は魚たちにとって非常に快適なように思われます。しかし，実は必ずしもそうとは言えません。サンゴは動物に分類され，通常は光合成を行いません。日中は，サンゴ礁の周りにある海藻が，太陽の光を受けて光合成を行い，酸素を生み出しています。ですから，サンゴ礁の周りにいる魚は，日中は酸素不足になることはないでしょう。しかし，夜はどうでしょうか。夜になると，海藻類は光合成を行わなくなってしまいます。そうすると，少ない酸素を多くの魚で分け合わなくてはいけなくなるのです。

この先生によると，魚にとってサンゴ礁の周りが常に快適な環境とは言えないのはどうしてですか。
1．夜になると魚の数のわりに酸素が少なくなるから
2．多くの魚が集まるため，魚同士の競争が激しくなるから
3．昼になると多くの魚が集まり，酸素が多く使われるから
4．夜になると天敵の魚が多く集まり危険になるから

18番　男子学生と女子学生が，日本を観光するときの問題について話しています。この男子学生は，観光しやすくするために，まず，どのような対応をするべきだと考えるようになりましたか。

男子学生：この前，留学生の友人に，日本は多言語で表示している地図や案内板が少ないから，観光しにくいって言われちゃったよ。

女子学生：確かに日本にくる外国人の多くが言語による障害を感じているみたい。私の友人も案内所で言葉が通じなくて困ったって言ってたよ。

男子学生：日本に来る外国人は年々増えているから，早く対応するべきだね。少なくとも，案内所には多言語を話せるスタッフをすぐに置くべきだよ。

女子学生：うーん。多言語を話せるスタッフをたくさん集めるのは難しいと思うな。もう少し実現可能な方法を考えるべきだよ。

男子学生：それじゃあ，やっぱり多言語の地図やパンフレットを用意するところからかな。

女子学生：そうだね。それに加えて無料Wi-Fiスポットを増やしたり，インターネットに接続しやすくしたりすれば，翻訳ができるWebサイトなんかも使えるようになるかもね。

男子学生：翻訳ができるサイトが使えるようになれば，地図や案内所が多言語に対応していなくても不便さが減りそうだね。先にそっちに取り組んだ方がいいと思う。

この男子学生は，観光しやすくするために，まず，どのような対応をするべきだと考えるようになりましたか。
1．翻訳ができるWebサイトを作ること
2．インターネットにつなぎやすい環境を作ること
3．多言語に対応した地図や案内所を作ること

４．多言語に対応できるスタッフを増やすこと

19番　先生が，桜について話しています。この先生の話によると，この学校の桜の花が秋に咲いたのはなぜだと考えられますか。

　桜は，春に花が開きますが，実は花のつぼみは前の年の夏に作られています。それにもかかわらず，春とほとんど同じ気温の秋には花を咲かせません。これには，桜の葉が関係しています。桜の葉は，夜の長さを計っています。秋になり夜が長くなると，桜の葉は，それを感じ取って特殊な成分を生み出します。この成分が桜のつぼみを包んで，冬を越せるようにするのです。もしもこの仕組みがなければ，秋の暖かい日に花を咲かせてしまいます。

　では，葉がなくなってしまった場合はどうなるのでしょうか。この場合，桜は秋に花を咲かせてしまいます。例えば虫が大量発生し，葉を食べてしまったり，台風などによって葉が飛ばされた場合には，そのようなことが起こるのです。

　実は，この学校の桜も，秋に花を咲かせたことがあります。虫の対策はしっかりしていたのですが，天気はどうしようもありませんでした。

この先生の話によると，この学校の桜の花が秋に咲いたのはなぜだと考えられますか。
１．台風によって，葉が飛ばされてしまったから
２．虫が発生して，葉が食べられてしまったから
３．例年より気温が高く，春だと勘違いしたから
４．手入れの失敗で桜の葉が枯れてしまったから

20番　女子学生と男子学生が，夏休みの青年キャンプについて相談しています。この男子学生は，この後，何をすることにしましたか。

女子学生：ねえ，そろそろ青年キャンプのプログラムを完成させたいんだけど，体験学習の計画について，先生と話し合った？

男子学生：昨日，研究室で相談してきたよ。今年は子供たちの参加が多いみたいだから，そのつもりで準備を進めないといけないね。

女子学生：去年は留学生と交流する語学体験がメインだったけど，今年は子供たちが楽しめるように，自然体験の時間を多く取るべきかな。

男子学生：そうだね。ボランティアで参加してくれる留学生たちは日本語が得意みたいだから，安心して子供たちのサポートをお願いできるよ。

女子学生：ちなみに，宿泊や食事の準備は大丈夫なの？

男子学生：それは心配いらない。毎年お世話になっているキャンプ場だから，スタッフの方も慣れているしね。

女子学生：それは良かった。ところで，子供たちが急に体調を崩した時はどうしようか。学生ボランティアだけでは対応できないかもしれないよね。

男子学生：そうだね。さっそく宿泊施設のスタッフの方と相談しておくよ。

この男子学生は，この後，何をすることにしましたか。

1．留学生向けに，語学体験のボランティアを募集する。
2．研究室で教授と体験学習の計画について話し合う。
3．宿泊や食事の手配について施設スタッフと相談する。
4．子供の体調不良時の対応について施設スタッフと話し合う。

21番　先生が，部屋の壁紙の色と人間の味覚の関係について話しています。この先生の話によると，児童向けの料理教室では，どの色の壁紙を使うべきですか。

　色は，人の味覚に対して影響を与えると言われています。例えば，壁紙が緑色の部屋の中にいると，甘みを感じる作用が抑制される一方で，苦みをより強く感じるようになります。反対に，赤色や黄色の壁紙を使うと，苦みが抑制され，甘みを感じやすくなるようです。また，青い壁紙を使うと甘みも苦みも抑制されます。このように，空間の色によって，甘みや苦みなどの味覚の感じ方が変わるのです。
　では，児童向けの料理教室を行う場合を考えてみましょう。この料理教室は，子どもが苦手な野菜を食べられるようになることを目的としています。子どもは，甘いものが大好きです。甘みを感じる食べ物であれば，子どもたちは苦手意識なく食べる傾向があります。一方で，野菜は独特の渋みや苦みを感じさせるものが多いです。さて，このような児童が参加する料理教室の場合，部屋の壁紙には，どのような色を使うのがよいでしょうか。

この先生の話によると，児童向けの料理教室では，どの色の壁紙を使うべきですか。

1．赤色と黄色の水玉の壁紙
2．白いシンプルな壁紙
3．緑色が多い森の風景の壁紙
4．青色の多い海と魚の壁紙

22番　先生が，プラスチックについて話しています。この先生は，新しく開発されたプラスチックとはどのようなものだと言っていますか。

　プラスチックは軽くて，分解されにくく，丈夫であるというメリットを持っています。だからこそ，飲料を入れるペットボトルに利用されるなど，社会になくてはならないものです。
　一方で，そのメリットがデメリットへと変わってしまう場合があります。それは，ゴミとして海などに流れ着いたときです。分解されなくて丈夫というメリットがここではデメリットになるのです。プラスチックはそのままの状態で細かくなって，マイクロプラスチックとなります。このマイクロプラスチックを動物が飲み込んで体内に取り込んでしまうのです。
　この問題を解決するために，新たに開発されたプラスチックがあります。このプラスチックは微生物によって分解されるのです。つまり，従来のプラスチックのメリットを無くしたプラスチックとも言えます。このプラスチックは最終的には二酸化炭素と水になります。

この先生は，新しく開発されたプラスチックとはどのようなものだと言っていますか。

1．従来のメリットを捨てたもの
2．今までのメリットを更に高めたもの

3．ほかの素材の性質を真似たもの

4．飲み込んでも体内に取り込まれないもの

23番　男子学生と女子学生が，ストレスの対処法について話しています。この男子学生がすすめる対処法の具体例として，どのようなものが考えられますか。

男子学生：現代社会はストレスが多いよね。

女子学生：うん，ストレスが原因の病気も多いよね。働けなくなっちゃったりしたら大変。

男子学生：そうならないためにはストレスに対処することが大事なんだよ。ストレスに対処する方法は大きく分けて二つあるんだ。

女子学生：ひとつはストレスの元を無くすことでしょ。

男子学生：そう。例えば，病気によるストレスをなくすには，病気を治したり，病気にならないような生活をするのがそれだよね。

女子学生：でも，人間関係のストレスなんかはその方法は難しいよね。

男子学生：その場合は，ストレスによって発生した不安や緊張を抑える方法がいいんだ。

女子学生：お風呂に入ってリラックスするとか，趣味を楽しむとか？

男子学生：そう。ストレスの元を排除するのは難しいから，こっちの方法をしっかりやって，精神的な負担を軽減するのがいいんだよ。

この男子学生がすすめる対処法の具体例として，どのようなものが考えられますか。

1．会社の人間関係が大変なので，転職する。

2．インフルエンザになるのが怖いので，うがいや手洗いをする。

3．仕事のプレッシャーが大きいので，休日は映画で気分転換する。

4．受験に受かるか心配なので，志望校のレベルを下げる。

24番　先生が，プログラミング教育について話しています。この先生は，プログラミング教育において何が一番大切だと言っていますか。

　みなさんの家にはコンピューターは何台ありますか？　自分は一人暮らしだからノートパソコンが一台だけ，などと考えたでしょうか。実は，冷蔵庫やエアコンなど，様々な機械はコンピューターのプログラムによって動いています。プログラムとは，そのコンピューターが目的を達成するための手順を記したものです。

　2020年より，小学校でもプログラミングが授業として必修になりました。目標は「プログラミング的思考を育てること」，つまり論理的に考えて物事を解決する力を養うことです。しかし，学校におけるプログラミング教育では，プログラムを作る技術に重点が置かれすぎていると，私は感じています。プログラムとは本来，課題を解決するための道具にすぎません。本当に大切なのは，課題を見つけ，その解決方法を考えて発見することにあると思うのです。私たちの身の周りにあるコンピューターは，そのためにあることを忘れないでほしいのです。

この先生は，プログラミング教育において何が一番大切だと言っていますか。

1．機械が効果的に目的を達成するよう設計すること

2．プログラムを作る技術を論理的に学ぶこと
3．身の回りにあるプログラムについて理解を深めること
4．現在ある課題を見つけて解決方法を考えること

25番　先生が植物学の授業で，ウツボカズラという食虫植物と，ウツボカズラに住むクモについて話しています。この先生は，ウツボカズラとウツボカズラに住むクモはどのような関係だと言っていますか。

　自然界には，虫を捕食することで自らの栄養にする植物が存在します。このような食虫植物の代表的なものとして，ウツボカズラがいますが，最近では，ウツボカズラの袋の中に住み着いて，ウツボカズラが捕食した虫を横取りするクモがいることがわかりました。このクモは，ウツボカズラにとまった虫を攻撃して，捕ってしまうという特徴があります。ですから，このクモがいることでウツボカズラの捕れる虫の量が減ってしまうと思うかもしれませんが，実はそうではありません。このクモは，自分の食べ残しをウツボカズラに与えます。また，クモは，ウツボカズラが自身では捕れないような大きな虫も捕食し，ウツボカズラに食べ残しを与えるため，全体的にみてみると，このクモがいた方が獲物の獲得量は増えているのです。

この先生は，ウツボカズラとウツボカズラに住むクモはどのような関係だと言っていますか。
1．ウツボカズラは，クモが捕まえたエサを奪う。
2．ウツボカズラは，クモを狙って集まる虫を捕まえる。
3．ウツボカズラは，クモが捕まえた虫の一部をもらう。
4．ウツボカズラは，クモが出す栄養物質を分け与えてもらう。

26番　女子学生と男子学生が話しています。この男子学生は，人のやる気を出すためにはどうすればよいと言っていますか。

女子学生：来週から教育実習だよ。学生にいろいろ活動をしてもらう予定なんだけど，みんな協力してくれるかな。心配だよ。

男子学生：学生のやる気を引き出すことが大事だね。そういえば，この前，やる気に関する面白い研究を聞いたよ。

女子学生：そうなの？　ぜひ教えて！

男子学生：ある人の研究によると，たくさんの人がいるクラスでテストを受けるよりも，少ない人数のクラスでテストを受けた方が，学生が高い点数を取る傾向にあるんだって。

女子学生：どうして人数と点数が関係するの？

男子学生：人は，競争相手が少ししかいないと，無意識のうちに「一番になれる」と思って頑張るらしいよ。

女子学生：そうなんだ。じゃあ，みんなに頑張ってほしいときは，グループ分けをしたりして人数を少なくした方が，いいパフォーマンスを発揮してくれる可能性が高いってことかな。

男子学生：そうだね。プレゼンテーションや，スポーツなんかにも活用できるらしいから，クラスでの活動にも応用してみたらいいかも。

この男子学生は，人のやる気を出すためにはどうすればよいと言っていますか。

1．活動グループを少人数にする。
2．多くの競争相手をつくる。
3．教室に学生をたくさん入れる。
4．グループ内で役割分担をする。

27番　先生が，文章の書き方について話しています。この先生は，より良い文章を書くためには何をすればいいと話していますか。

　文章を書くのが苦手だという人は多くいます。そのような人たちは，自分には書くための技術が不足しているのではないか，と考えることが多いようです。ところが実際には，文章が書けない原因の多くは，書こうと考えている内容が十分に整理されていないことにあるのです。

　では，内容を整理するためには，どうすればいいのでしょうか。簡単にできる方法として，書く前に，書く内容を声に出してみることです。もし，上手く言えない部分があれば，その部分の内容が整理されていないと分かります。また，書きたい内容を人に聞いてもらうのもいいでしょう。話を聞いてもらった人に，分かりにくいところを指摘してもらうことで，文章の内容をより良くすることができます。

この先生は，より良い文章を書くためには何をすればいいと話していますか。

1．短い文から始めて，次第に長い文を書くようにする。
2．他の人の文章をまねたり，文章の書き方を教えてもらう。
3．文章を書く前に，書く内容を声に出して話してみる。
4．情報を整理するために，文章を書く前にメモを作る。

第10回

1番　先生が，スポーツ中の情報の処理について話しています。この先生が最後に話す例はどの段階を強化したものですか。

　スポーツをする時には，今この瞬間の行動を，即時に選択することを求められる場面が多くあります。その時の情報処理の過程について見てみましょう。

　まず，相手や仲間の声や視覚からの情報が入力されます。その情報がどのような状況かを分析するのが刺激同定段階です。そして，情報を分析した後に，どのような運動を実行するか選択します。これが，反応選択段階です。さらに，選択した運動を実行するために必要な準備を整える反応プログラミング段階を経て，実際に運動が行われます。このような一連の流れがスムーズであったり，ある段階に強みがあったりするとスポーツは上達します。

　子どものサッカーの例を見てみましょう。サッカークラブに入ったばかりのある子どもは，パスが来ると別の味方にパスをすぐ出すかシュートを狙いに行くという二つの選択肢しか持ちませんでした。そこで，コーチの指導により，ドリブルという新たな選択肢を増やしたところ，プレーの幅が広がりました。

2番　男子学生と女子学生が，会社の分類について述べています。この男子学生が予想する現在の状況を示しているのはどれですか。

男子学生：この資料を見てよ。経営方針によって会社を分類しているんだよ。横の軸が，新しい事業に積極的か消極的かの指標で，縦の軸が，経営者の意見が絶対的かみんなの意見で決めていくかという指標になっているんだ。

女子学生：へえ。日本だと昔は経営者の意見が強くて，今までの事業を守る戦略を取る会社が多いイメージだけど，この資料はその通りだね。

男子学生：そうだね。この図は10年前のあるアンケートをもとに作った図だけど，確かに経営者の意見が強い企業が多いね。

女子学生：今は左上の領域が少なくなってそうだね。

男子学生：うん，僕もそう思うよ。新規事業に積極的な企業の方が多い印象だよね。でも，経営者の意見が強い企業はまだまだ多いと思うよ。

女子学生：そうかな？　従業員の意見をしっかり聞いてそれを経営の方針として大事にしている企業の方が多い気がするよ。

男子学生：確かに増えてきているとは思うけど，まだ半分ぐらいじゃないかな。

3番　先生が授業で，電車と動物の衝突事故について話しています。この先生の話によると，衝突事故を減らした直接的な対策といえるものはどれですか。

　日本では，電車と動物の衝突事故が後を絶ちません。動物の生息域が線路を挟んでいる場合，動物は線路の上をよく通ります。動物と電車が衝突すると，電車の運行が妨げられるだけではなく，動物を保護する上でも問題です。

　鉄道会社は，さまざまな対策を講じました。最初の手段は柵です。柵を立てることで，動物の侵入を防ごうとしました。しかし，動物たちは柵を飛び越えてしまい，効果はありませんでした。光で照らすことも試みましたが，これも効果を上げられませんでした。電車の運転手の視界を確保する効果はあっても，動物を遠ざける効果はなかったのです。そこで，鉄道会社は防犯カメラを設置して，電車に近づく動物の動きを観察することにしました。

　その結果，鉄道会社は，動物がある種類の音に敏感に反応し，それを避ける傾向にあることを見つけました。この習性を利用する対策を講じることで，事故を大きく減らすことができたのです。

4番　先生が，花粉の飛散について話しています。この先生の話によると，地表の花粉量を示したグラフはどれですか。

　スギという木は花粉を放出する習性があります。今日はスギ花粉の量が一日の中でどのように変化するかについて説明したいと思います。

　杉は朝早い時刻，6時ごろに花粉を空気中に放出し始めます。そして，その花粉は，気温が高いほどたくさん飛び，湿度が高いほど飛ぶ量が減ることがわかっています。ですから，大気中の花粉量は朝より昼のほうが多く，昼より夕方のほうが少なくなります。

　しかし，私たちが生活している地表付近の花粉量はその通りではありません。まず，朝6時ごろに放出され始めた花粉は，気温が上がり始めるにつれて量が増えてきます。しかし，その後，更に気温が上

がると花粉は上空へ上がっていき，一時的に地表の花粉量は少なくなります。そして，夕方気温が下がり始めると，舞い上がっていた花粉が下りてきて，再び地表の花粉量は増加します。その後，夜になるにしたがって，だんだん落ち着いてきます。このように，地表では花粉量のピークが一日に１回ではないことも多いのです。

5番　先生が，ヒトとカラスの視覚について話しています。この先生が最後に行った実験の結果は，どのようになると予想されますか。

　ヒトとカラスの視覚には違いがあります。１ｍ先に，肉と，肉に良く似せて作られた食品サンプルを置きます。どちらが本物か選んでもらうと，ヒトは半分の確率で誤った判断をするのに対して，カラスはほとんど間違えません。なぜなら，人間にとって似せて作ってあっても，カラスにとっては似ていないからです。カラスは，人間には見えない光，紫外線を見ることができます。試しに，紫外線をカットするフィルムで物を覆うと，カラスは正解する確率が下がりました。このフィルムには，ヒトが見て，中身が確認できる程度の透明性がありますが，カラスは物の識別に紫外線を使用しているため，紫外線をカットされると何であるかが分からなくなったのです。中身を様々なものに変えてカラスに見せても，同様の結果となりました。
　さて，先ほどの紫外線カットフィルムで作られたゴミ袋があります。実験では，一つには生ごみを，もう一つには紙ごみを入れて，ヒトとカラスの１ｍ先に置きました。この状況で，ヒトとカラスが生ごみの入った袋を見分ける確率を調べました。

6番　先生が，ある都市の町並みの変化について話しています。この先生の話によると，この都市の町並みはどのように変化しましたか。

　昔，東京は江戸と呼ばれ，現在と同様に多くの人が暮らしていました。非常に多くの人が江戸に集まったため，家と家の間はとても狭くなり，密接しているような状態でした。町がこのような状態であったことと，火災を止める組織がきちんと整備されていなかったことで，江戸の町では多くの火災が発生していました。
　その火災の中でも，「明暦の大火」と呼ばれる，特に大きな被害を出した火災は，江戸の町の半分以上を焼き尽くしました。その後，江戸の政府は，この大きな火災によって燃えた家の土地や空き地をつかい，より火災に強い町づくりを始めました。例えば，家が建てられるほど大きい土地を，あえて空き地として残しておくことで火が広がりにくいようにしたり，今までよりも広い道路を作ることで町の人たちが火災から逃げやすくなるようにしたりしたのです。

7番　先生が経営学の授業で，役職ごとの能力について話しています。この先生が最後に挙げる例は，図の中のどのスキルを補うことにあたりますか。

　企業経営の難しいところの一つは，役職や立場によって求められる能力が異なるということです。この図は，それぞれの役職に求められる能力を表したものです。組織に属する以上，対人関係を構築する能力であるヒューマンスキルは全員に同じくらい求められますが，低い役職の社員に求められるのは，テクニカルスキルと呼ばれる業務遂行能力です。これは当然のことで，現場で実際の業務にあたるのは，管理職ではなく現場の社員だからです。一方，課長や部長といった管理職にある社員は，更に，物事を抽

象化したりして，問題の本質を見極め，それを応用する能力も求められます。特に経営に関わる役職の人間は，このコンセプチュアルスキルの重要性が増します。

　ところで，役職が上がる際には，あくまでそれまでの役職での仕事ぶりが評価されるので，上位の役職として十分なスキルがあるかが判断しにくく，問題が生じることがあります。いくつかの大企業では，社長や役員クラスを外部から招き入れていますが，その理由の一つは，この問題を解消するためではないかと私は考えています。

8番　先生が，ニホンミツバチという昆虫の防衛行動について話しています。この先生の話によると，ニホンミツバチの警報フェロモンは，図のどの行動を引き起こしますか。

　ニホンミツバチは小型で，スズメバチという大型のハチに襲われることがあります。今日は，このニホンミツバチがどのようにして外敵から身を守るのかについて説明します。

　外敵であるスズメバチがニホンミツバチの巣に入ると，ニホンミツバチは，すぐには攻撃を開始しません。まずは，侵入者のスズメバチを取り囲むように，大量のミツバチが集まってきます。そして，まずは一匹のミツバチが単独でスズメバチの頭に飛びかかります。単独で行くので，当然すぐにスズメバチに負けてしまいます。しかし，この負けた個体が警報物質を発します。それを周りのニホンミツバチが受容すると，ミツバチの集団は攻撃態勢に入り，一斉にスズメバチに飛びかかります。このとき，ミツバチは噛んだりするような物理的な攻撃を行いません。集団でスズメバチを覆うだけです。集団で取り囲むことでスズメバチの周りの温度を上げ，スズメバチが生き抜けないような環境を作り出してしまうのです。

9番　先生が，熱帯林保全に関する新たなアプローチについて話しています。この先生によると，行政に求められている仕事は図のどの部分ですか。

　熱帯林の減少は昔から問題とされてきましたが，依然として解決していません。その原因として，政府がその対策に使う資金が少ないこと，従来のような民間企業の社会貢献活動では限界があることが挙げられます。こうした現状を踏まえて，行政に頼るのではなく，企業の収益を生み出すビジネスと熱帯林の保護がつながるような枠組みを作り上げることが求められています。つまり，民間企業が本業のビジネスを行うことによって，環境への貢献も実現する仕組みです。しかし，このときにも行政の支援は欠かせません。途上国でのビジネスでは，現地住民の協力が不可欠ですが，民間事業者にはその調整が難しい場合が多いからです。そこで，行政機関は現地の住民と民間企業との橋渡し役となり，一連の活動がスムーズに行われるよう支援する必要があるのです。

10番　先生と学生が，旅行市場について話しています。この先生が学生に見せた図はどれですか。

先　　生：国内の旅行市場はどのようになっているのか，費用の負担者，そして個人旅行か団体旅行かの指標で考えてみてください。

学　　生：私はこう考えました。私の予想した市場の図を見てください。企業が費用を負担する団体旅行は，人数が多いのではないかと思い，この中で最も割合が高いと予測しました。

先　　生：なるほど，そのように予想したのですね。残念ながら，あなたが一番大きいと考えた市場が，最も小さな市場です。

学　　生：ええっ，そうなんですか。

先　　生：その代わり，あなたが少ない割合だと予想している2つの市場については正解です。しかも，割合も合っていますよ。これが実際の市場の大きさを示した図です。

学　　生：なるほど。個人が費用を負担する個人旅行は，他の市場と比べ物にならないくらい大きいのですね。

先　　生：そうですね。旅行業者が祝日に向けて広告などに力を入れるのは，このような背景があるからかもしれません。

学　　生：先生。これらの4つの市場を足しても100％にならないのですが…。

先　　生：はい，そうです。約6％はどの形態にも属さない旅行に当たるのです。

11番　先生が，生物の進化について話しています。この先生が研究している対象は，どの種分化に当てはまると考えられますか。

　生物の環境要因による種分化，つまり環境によって生物が違う特徴をもつものに分かれていくことについて説明します。まずは一つの生物の群れが物理的に分断される場合です。例えば，一つの群れが，洪水などによってできた川で二つに分けられたとします。このとき，川をはさんで環境が異なると，異なった変化が起こる場合があります。図のAは群れがほぼ同数で分けられた場合で，Dは規模に差がある場合です。次にBは物理的分断が無くても異なる環境に棲んでいる場合です。同じ地域でも巣の場所が違うなど，環境が異なれば，異なった変化をします。Cは同じ環境にいながら異なる進化をする場合です。この場合，個体ごとの食べ物に対する好みなどで違いが生まれます。

　さて，私が研究しているリンゴミバエという昆虫は，サンザシの木に卵を産みます。あるときから，リンゴミバエの棲む地域に，リンゴの木も植えられるようになりました。すると，一部のリンゴミバエは，サンザシの代わりにリンゴの木に産卵するようになりました。リンゴミバエは，生まれた場所で交配をするため，その後，サンザシを使う個体とリンゴを使う個体が交わることがなくなり，結果，リンゴミバエは二つの型に分かれたのです。

12番　先生が，赤ちゃんの視覚について話しています。この先生が最後にする質問の答えはどれですか。

　赤ちゃんは，生まれたばかりの頃，あまりよく目が見えていないと言います。しかし，よく観察してみると赤ちゃんは物や人の顔をじっと見るような動作をします。そこで，赤ちゃんがどのようなものを注視する傾向にあるのかを調べた実験があります。

　まず，単純なものから，複雑なものまで4つの図を用意します。このうち2つを選んで左右に並べて見せたとき，どちらの図の方をよく見るかを調べました。全体的な傾向として，赤ちゃんは複雑な図形ほど注視する傾向がありました。それに加えて，もう1つ大事な傾向があります。赤ちゃんは人間の顔を最も注視するということです。しかし，それは顔のパーツ，つまり目や口があれば良いというわけではなく，パーツが実際の人間のように整った位置にあることで，人の顔だと認識するようです。

　では，質問です。AからDの図を，赤ちゃんがよく見る順に並べると，どのようになるでしょうか。

13番　先生が，ヤドクガエルというカエルの生態について話しています。この先生の手がヤドクガエルに触れて炎症を起こしたのはなぜですか。

　ヤドクガエルという動物は，赤，青，黄色などの色をしたカラフルなカエルで，自然界では中南米の熱帯雨林に生息しています。そして，食べるものによって性質が変わるという，興味深い特徴を持っています。私は，このヤドクガエルを室内で飼育し，特定の餌だけを与えていました。たまに，ヤドクガエルを手の上に乗せて観察したりもしましたが，なんの問題もありませんでした。

　ある日，ヤドクガエルを庭に出し，自ら餌を取るようにさせてみると，ヤドクガエルは小さなダニを好んで食べていました。数日，同じことを試して，私の手にヤドクガエルを乗せたところ，私の手が炎症を起こしたのです。

　よく調べてみると，ヤドクガエルは，食べるものの持っている栄養素や毒を吸収し，自分で使うことができる能力を持っているようでした。

この先生の手がヤドクガエルに触れて炎症を起こしたのはなぜですか。
1．室内での飼育時に，特定の餌をヤドクガエルに与えていたから
2．ヤドクガエルが成長して毒を作る能力を手に入れたから
3．日に当たったことで，ヤドクガエルの体内に毒素が作られたから
4．ヤドクガエルが毒を持っている生物を食べたから

14番　男子学生と女子学生が，地域政策学の授業について話しています。この男子学生は，広場の利用について，何をすればよいと考えていますか。

男子学生：いま授業で，広場について勉強しているんだ。
女子学生：へえ，木や芝生を植えて緑の整備をするとか，そういうこと？
男子学生：ううん，そうじゃなくて，広場を利用して地域を活性化する仕組みを学んでいるんだ。
女子学生：え，どういうこと？
男子学生：広場は自治体が運営していることが多いんだけど，どう運営するかが重要なんだ。休憩の場として提供するだけじゃだめで，地元のお店や飲食店に参加してもらって，広場でいろいろなイベントを開催したりしたほうがいいんだよ。
女子学生：へえ。それは賑わいそう。でも，店側は自分のお店の経営をしながらじゃ大変じゃない？
男子学生：うん。だから継続的に参加しなくてもいいんだ。例えば1回だけであれば，気軽に参加しやすいよね。まずは気軽に参加してもらって，そこでお店同士や市民が交流すれば，新しい関係性が築けるんだ。ときには，そこから新しいビジネスが生まれることもあるそうだよ。
女子学生：なるほど。そうなれば人の交流が活発になるだけじゃなくて，地域経済に良い影響があるね。

この男子学生は，広場の利用について，何をすればよいと考えていますか。
1．広場で催し物を開催して，地元の店や住民の交流を促す。
2．広場に木や芝生を植えて，地域住民がゆっくり休めるようにする。
3．地元の店に協力してもらい，広場の中に新しい店を作る。
4．広場を管理するというビジネスを作り，地元の店に参加してもらう。

15番　先生が，植物の受粉について話しています。この先生は，例として挙げている植物が発熱するのは，なぜだと言っていますか。

　植物の中には，繁殖をするために昆虫に花粉を運んでもらっているものがあります。ですから多くの植物は，昆虫に花粉を運んでもらうために，様々な工夫をこらしています。例えば，ソテツという植物は，においを発することで小型の昆虫を誘い寄せています。このときに，雄花を発熱させていることがわかっています。発熱によって揮発性のにおい成分をより遠くに飛ばすことができるので，昆虫を誘いやすくなり，効率的に受粉できるようになるわけです。この発熱の仕組みを応用して，寒冷地でも生息できる植物を作り出すことができるのではないかと期待されています。

この先生は，例として挙げている植物が発熱するのは，なぜだと言っていますか。
1．暖かい場所を好む昆虫を誘うことができるから
2．昆虫を誘う成分を広い範囲に散らすことができるから
3．寒い地域でも子孫を残すことができるから
4．昆虫を誘うためのにおいの成分をより多く作り出せるから

16番　先生が，マダイという魚の養殖について話しています。この先生の話によると，配合飼料を使わない養殖業者がいるのはなぜですか。

　マダイは刺身などによく用いられる魚で，海でとれる天然のもの以外にも，養殖されたものが市場に多く出回っています。最近では遺伝子を操作して肉厚のマダイを作る取り組みも行われており，安全性の確認が進められています。
　ところで，養殖の過程でエサとして使われるのは，ワムシやアルテミアなどの小さな生物，そして人工的に作った配合飼料です。マダイは卵からかえった直後は，口が開いていないのでエサを食べることができません。孵化して4日目くらいに口が開き，エサを食べ始めます。多くの養殖業者は，マダイの成長ステージによってエサを使いわけています。口が開いてから20日目ごろまではワムシ，その後はアルテミアや配合飼料を与えます。配合飼料は，栄養バランスを自由に調整できてエサとして望ましいとされます。しかし，生物を与える方がマダイが大きく成長し，エサ代も安いという理由から，養殖業者の中には配合飼料は使わず，生物だけを与えるところもあります。

この先生の話によると，配合飼料を使わない養殖業者がいるのはなぜですか。
1．卵からかえったばかりのマダイは配合飼料を食べられないから
2．栄養バランスの調整をするのに手間がかかるから
3．エサ代が高く，マダイの成長も良くないから
4．人工的に作った配合飼料は安全性に問題があるから

17番　女子学生と男子学生が，議論について話しています。女子学生が，議論の場によくいると言っているのは，どんな人ですか。

女子学生：インターネットで発言すると，自分が言いたいことと違う部分に意見を言ってくる人がいるよね。
男子学生：あるある。論点のすりかえだよね。こちらの発言と意図がずれたところで話をし始める人って多いよ。
女子学生：この前も，子どもを育てる環境について話した時，私は「都市の環境は子どもが外で遊ぶこ

とについて配慮がないので，危険が多い」って言ったら，「じゃあ，子どもは外で遊ぶなってことですか！」って意見がきたよ。

男子学生：そんなこと誰も言っていないのにね。

女子学生：そう言われたら「遊ぶなとは言っていない」と答えるしかないんだけど，そうすると「じゃあ危険だなんて言わないでください」って返って来るんだよね。私が悪かったの？って気持ちになったよ。

男子学生：論点がかみ合っていないよね。

女子学生：こういう人って，学校や会社で議論している時もよくいるから，気をつけないとね。

男子学生：そうだね。自分でもそうならないように意識して話さないと。

女子学生が，議論の場によくいると言っているのは，どんな人ですか。
1．他人の間違いをすぐに指摘する人
2．論点を変えて議論をする人
3．全く関係のない雑談をする人
4．反対意見を言うことだけを目的にしている人

18番　先生が，災害対策について話しています。この先生は，どのような対策を提案していますか。

　近年，大きな気候変動の影響により，今まで起きたことのない規模の災害が増えています。災害対策の面から言うと，どんな災害が起こっても被害が出ないことが理想です。しかし，実際に被害をゼロにすることは極めて難しいことと，極めて高いコストが必要になることを考慮しなければなりません。

　そこで必要なのは，災害と，ある程度共存するという視点です。被害をゼロにするのではなく，被害を軽減することを目的とします。例えば，大雨による川の氾濫は，川の水が岸の高さを越えることで起こります。これを，どんなに川の水が増えても岸を越えないようにすることは，相当なコストがかかりますし，実際の水量が予想を超えたら意味がなくなります。しかし，一時的に水が溢れても川の岸が壊れないようにすれば，氾濫が拡大し続ける時間が短くなり，被害は格段に抑えられるでしょう。また，コストも抑えることができます。

この先生は，どのような対策を提案していますか。
1．予想外の災害が起こった時の対策
2．全ての予想に対応できる対策
3．被害をある程度受け入れる対策
4．コストよりも人命に配慮した対策

19番　女子学生と男子学生が話しています。この二人の会話によると，この女子学生が最近眠れない理由は何ですか。

女子学生：最近，夜，なかなか眠れないんだよね。

男子学生：寝る前にスマホ見てるんじゃないの？

女子学生：当たり。眠れないからついスマホを見ちゃって，余計眠れなくなって悪循環。

男子学生：体内時計ってあるでしょ，体が一日のリズムを保っているのはこれのおかげだよね。

女子学生：うん，日曜日もいつもの決まった時間に目が覚めたりするよね。

男子学生：目から入る光の刺激って，体内時計を早めたり遅らせたりするんだって。午前中に日の光を浴びることは体内時計の調整に役立っているらしいよ。

女子学生：そうなんだ。

男子学生：でもね，特に夕方から夜中に入る光の刺激は，体内時計を遅らせてしまうらしい。

女子学生：ってことは，夜にスマホを見ていると，体内時計の睡眠の時間が遅れていくっていうこと？

男子学生：そう。寝る前にスマホを見ていると，単に楽しいから眠れなくなるんじゃなくて，体自体の寝る時間を遅らせてるってことになるね。

女子学生：そりゃ，最近眠れなくなってるわけだ。夜のスマホをやめよう。

この二人の会話によると，この女子学生が最近眠れない理由は何ですか。
1．スマホの光が体内時計を遅らせているから
2．スマホで見る情報が脳を活性化させているから
3．スマホ依存によって生活リズムが乱れるから
4．午前中に日の光を浴びないから

20番　先生が，二つの物事の関係性について話しています。この先生の話によると，関係性を誤って理解しないためには何に気づくことが大切ですか。

　みなさんはチョコレートが好きですか。チョコレートの消費量が多い国は，ノーベル賞受賞者の数が多いそうです。みなさんは，今これを聞いてどう思いましたか。チョコレートは，脳の働きに良い影響を及ぼすのではないかと考えたのではないでしょうか。

　二つの物事の間に関係性が見いだせることはよくあります。今お話しした，チョコレートとノーベル賞の関係などがそうですね。しかし，「チョコレートの消費量が多い」という原因が，「ノーベル賞の受賞者が多い」という結果を導く関係，つまり因果関係になっているかどうかは，また別の話です。

　チョコレートの消費量が多いということには，経済が豊かであるという要素が関係しているかもしれません。そして経済が豊かであることが，教育の質を上げ，ノーベル賞受賞者を増やしているのかもしれません。このように，二つの物事の間に直接関係がなくても，関係性が見えることが多くあります。ですから，安易に因果関係だと捉えてはいけません。

この先生の話によると，関係性を誤って理解しないためには何に気づくことが大切ですか。
1．二つの物事には，明確な関係性があること
2．二つの物事が因果関係にあること
3．二つの物事の他に要素があること
4．二つの物事には，隠れた本質があること

21番　ある会社の社員が，会社の説明をしています。この会社は，今後どのような戦略を考えていますか。

　これまでは，一つの製品に特化して製造してきた企業が，その専門性を高く評価されてきました。しかし，現在では，一つの製品を継続して進化させ，更に価値を高めていくということが難しくなってき

ています。だからこそ，私たちのような会社のほうが，今後，発展のチャンスに恵まれているといえるでしょう。わが社は，一つの製品に特化して製造しているわけではなく，様々な種類の製品を製造しています。どの商品も市場のシェアは1位を取っていませんが，その代わり多くの種類の商品を製造しています。これをわが社の強みとして，数ある商品のいいところを組み合わせた新商品を作ることで，これまでにない新しい価値を持つ商品を提供できると考えています。

この会社は，今後どのような戦略を考えていますか。
1．一つの商品を専門的に取り扱う。
2．市場シェアの1位を獲得する商品を増やす。
3．多くの商品を組み合わせて新しい価値を作る。
4．今までの商品とは全く違う，新しい商品を作る。

22番　先生と男子学生が，自動車の渋滞について話しています。この先生が最後に挙げた例では，運転手にどのような呼びかけをするのがよいですか。

先　　生：日本では道路が渋滞することが多いです。渋滞の原因は何だと思いますか。
男子学生：自動車の量が多いことや，同じ時間帯に使う人が多いことだと思います。
先　　生：そうですね，こういったことは自動車を使う側の原因です。では，使う側ではなく，道路や環境に注目するとどんな原因が考えられますか。
男子学生：例えば，上り坂の前は渋滞することが多いです。
先　　生：その通りです。他にも，トンネルの入り口も渋滞しやすいですね。こういったところに共通することは何でしょう。
男子学生：車のスピードが落ちてしまうということです。
先　　生：そうなんです。では，こういった渋滞を防ぐためには，どうすればいいですか。上り坂も，トンネルも，無くすことはできませんよね。
男子学生：運転手への注意喚起が必要だと思います。
先　　生：そうです。こういった場所での減速について，運転手は意識をしていないものです。ですから，電光掲示板などで，運転手に注意するように伝えることが大事です。では，そのためにはどのような呼びかけが適切だと思いますか。

この先生が最後に挙げた例では，運転手にどのような呼びかけをするのがよいですか。
1．速度が落ちていませんか。
2．ライトはもう点けましたか。
3．車間距離は適当ですか。
4．速度オーバーしていませんか。

23番　先生が授業で，ネズミを使った実験について話しています。この先生の話によって何がわかりましたか。

　ネズミを使用した実験が行われました。この実験は，ネズミに迷路を歩かせ，ゴールにたどり着いたときにエサを与えます。複数のネズミで複数回行い，どの経路で移動するかを調べます。最初は，ネズ

ミは様々な経路でゴールを探します。明らかに遠回りの経路でゴールに向かうネズミもいます。しかし，何度かゴールにたどり着くと，ゴールの位置を把握し，次第に最も早くゴールできる経路を通るようになっていきます。つまり，試行錯誤を繰り返して道を覚えることで，短い時間でエサにありつけるようになるのです。

　また，最初に遠まわりをしたり，行き止まりの経路を通ったネズミほど，より早く最短経路を見つけることができています。失敗は成功のもとというわけですね。

この先生の話によると，実験によって何がわかりましたか。
1．ネズミは，頭のいい個体ほど早く最短経路を見つける。
2．ネズミは，経験から学習しながら，最短経路を見つけ出す。
3．ネズミは，それぞれ自分の好きな経路を使う。
4．ネズミは，最初に通った経路を覚えて，ゴールに向かう。

24番　先生が，勉強の方法について話しています。この先生はどのような勉強方法が有効だと考えていますか。

　本日は，結果を出せるようになる勉強の方法について話をします。

　まず大切なのは，気分に影響されないことです。気分とは自分ではコントロールしにくいものです。自分でコントロールできないことに影響されては，結果を出すようなパフォーマンスを発揮するのは難しいものです。

　そこで有効なのが，勉強をする時間を決めることです。決まった時間になったら，やる気に関係なく勉強を始めます。どうしても机に向かって勉強をする気持ちが起きないのであれば，立ったまま勉強をしてもかまいません。机に向かって勉強をしなければよい結果が出ないと思う人もいると思いますが，まずは確実に始めることが大事です。

　また，やる気というのは，初めからあるわけではなく，物事を開始してから出てくるという研究結果もあります。ですから，まずは始めるというやり方は，結果を出すためにはとてもよい方法だと考えます。

この先生はどのような勉強方法が有効だと考えていますか。
1．やる気が出ないときは気分によって教科を変える。
2．あえて時間を決めずに，やる気が出たときに勉強する。
3．必ず勉強机に向かって，姿勢を正して勉強をする。
4．やる気や方法を問わず，決めた時間に必ず勉強を始める。

25番　男子学生と女子学生が，ゼミの選び方について話しています。この男子学生は，このあと何をしますか。

男子学生：どのゼミを選ぶか，もう決めた？
女子学生：うん。友達といくつかのゼミの説明会を回ったけど，研究テーマが興味深かった西野ゼミを選ぶつもりだよ。
男子学生：そうか。西野ゼミは英語での研究発表が必須だから大変そうだけど，面白そうだよね。ぼく

は，今日の15時からマクロ経済学の佐々木ゼミの説明会に行って，明日は新井ゼミの説明会に行くつもりだよ。

女子学生：佐々木先生は授業が面白くて，ゼミも人気みたいだね。新井ゼミは見学会が今日の17時からだから，気になるなら行ってみたら？

男子学生：そうするよ。見学会のほうが，説明会より雰囲気が分かりそうだしね。

女子学生：そうだね。私のサークルの先輩も，「行くなら見学会だ」って言ってたよ。そういえばその先輩，新井ゼミだったような気がする。

男子学生：ほんとに？　会って話を聞きたいな。

女子学生：うん，このあと一緒にランチを食べるんだけど，あなたも来る？

男子学生：ぜひお願いしたいよ。ありがとう！

この男子学生は，このあと何をしますか。
1．新井ゼミのゼミ生に話を聞きに行く。
2．女子学生といくつかの説明会を回る。
3．佐々木ゼミの見学会に行く。
4．西野ゼミの教授に相談する。

26番　先生が，ペンギンという鳥について話しています。この先生によると，ペンギンの体温の調節機能が発達したことは，どのようなことを示していますか。

　ペンギンは鳥ですが，空を飛ぶことができません。その代わりに，大変上手に水の中を泳ぎます。水の中は，地上よりも体温が奪われやすいですが，ペンギンはそういった寒い環境下でも体温を保てるような高度な体温調節の機能を持っています。ところが，進化の過程をみると，ペンギンが体温調節の機能を発達させた頃の地球は，意外にも現在よりもはるかに暖かかった時代であり，温暖で緑に覆われた環境だったのです。その時代に体温調節機能を発達させる必要があったということは，当時，地上は温暖でも海には冷たい海流が流れていたと考えられます。このように，生物の進化を研究することで，当時の地球上の環境を推測することができるのです。

この先生によると，ペンギンの体温の調節機能が発達したことは，どのようなことを示していますか。
1．当時の地球が現在より暖かかったこと
2．当時，ペンギンは主に地上で暮らしていたこと
3．当時のペンギンが温暖な気候に順応していたこと
4．当時，海には冷たい海流が流れていたこと

27番　先生が，学校の授業での板書の方法について話しています。この先生の話によると，授業の際に，最も避けたほうがよい板書の方法はどのようなものですか。

　学校の授業では，黒板にチョークを使って板書をすることが多いです。そのとき，最もよく使うのが，白と黄色のチョークです。黒板は濃い緑色をしているので，この２色を使うと，学生は文字をはっきり認識することができます。

　反対に，使うときに注意をしたほうがよい色もあります。例えば，青色は，黒板の色と近く，書いた

文字が見えにくくなります。ですから，文字を書くときには使わないほうがよいでしょう。さらに，特に注意すべきなのは，特定の色を判別できない，色覚異常の学生がいる可能性です。色覚異常の人は一定数存在しており，日本人の男性の場合は20人に１人と言われています。主に，赤色や緑色の判別が難しいと言われています。授業の際には，そのような学生がいる可能性を考えて，黒板に板書するときのチョークの色に配慮する必要があります。

この先生の話によると，授業の際に，最も避けたほうがよい板書の方法はどのようなものですか。
１．大事な部分を赤いチョークで書く。
２．すべてを白色のチョークで書く。
３．大事な部分に黄色いチョークで線を引く。
４．多くの色を使って色分けをして書く。

解　答

日本語 JAPANESE AS FOREIGN LANGUAGE　　日本留学試験模擬試験
EJU Simulation Text for International Students

日　本　語　　解　答　用　紙
JAPANESE AS FOREIGN LANGUAGE ANSWER SHEET

受験番号
Examinee Registration Number

名　前
Name

↑ あなたの受験票と同じかどうか確かめてください。Check that these are the same as your Examination Voucher

注意事項　Note

1. 必ず鉛筆（HB）で記入してください。
   Use a medium soft (HB or No.2) Pencil.
2. この解答用紙を汚したり折ったりしてはいけません。
   Do not soil or bend this sheet.
3. マークは下のよい例のように、○わく内を完全にぬりつぶしてください。
   Marking Examples.

よい例　Correct	悪い例　Incorrect
●	⊗ ⊘ ◐ ◑ ◓

4. 訂正する場合はプラスチック消しゴムで完全に消してください。マークを消した跡を残してはいけません。
   Erase any unintended marks completely and leave no rubber marks.
5. 所定の欄以外には何も書いてはいけません。
   Do not write anything in the margins.
6. この解答用紙はすべて機械で処理しますので、以上の1から5までが守られていないと採点されません。
   The answer sheet will be processed mechanically. Failure to observe instructions above may result in rejection from evaluation.

読解　Reading Comprehension

解答番号	解答欄 Answer 1 2 3 4
1	① ② ③ ④
2	① ② ③ ④
3	① ② ③ ④
4	① ② ③ ④
5	① ② ③ ④
6	① ② ③ ④
7	① ② ③ ④
8	① ② ③ ④
9	① ② ③ ④
10	① ② ③ ④
11	① ② ③ ④
12	① ② ③ ④
13	① ② ③ ④
14	① ② ③ ④
15	① ② ③ ④
16	① ② ③ ④
17	① ② ③ ④
18	① ② ③ ④
19	① ② ③ ④
20	① ② ③ ④
21	① ② ③ ④
22	① ② ③ ④
23	① ② ③ ④
24	① ② ③ ④
25	① ② ③ ④

聴読解・聴解　Listening-Reading Comprehension / Listening Comprehension

解答番号	解答欄 Answer 1 2 3 4
練習	① ② ● ④
1	① ② ③ ④
2	① ② ③ ④
3	① ② ③ ④
4	① ② ③ ④
5	① ② ③ ④
6	① ② ③ ④
7	① ② ③ ④
8	① ② ③ ④
9	① ② ③ ④
10	① ② ③ ④
11	① ② ③ ④
12	① ② ③ ④

聴読解　Listening-Reading Comprehension

聴解　Listening Comprehension

解答番号	解答欄 Answer 1 2 3 4
練習	正しい　正しくない　① ② ● ④
13	正しい　正しくない
14	正しい　正しくない
15	正しい　正しくない
16	正しい　正しくない
17	正しい　正しくない
18	正しい　正しくない
19	正しい　正しくない
20	正しい　正しくない　① ② ③ ●
21	正しい　正しくない
22	正しい　正しくない
23	正しい　正しくない
24	正しい　正しくない
25	正しい　正しくない
26	正しい　正しくない
27	正しい　正しくない

読解・聴解　Listening and Listening-Reading Comprehension

解　答

第1回 実戦問題 解答

聴読解			聴 解		
問	解答番号	正解	問	解答番号	正解
1番	1	**3**	13番	13	**2**
2番	2	**3**	14番	14	**4**
3番	3	**4**	15番	15	**2**
4番	4	**2**	16番	16	**2**
5番	5	**1**	17番	17	**2**
6番	6	**2**	18番	18	**3**
7番	7	**4**	19番	19	**2**
8番	8	**1**	20番	20	**3**
9番	9	**4**	21番	21	**4**
10番	10	**1**	22番	22	**1**
11番	11	**3**	23番	23	**4**
12番	12	**1**	24番	24	**3**
			25番	25	**2**
			26番	26	**1**
			27番	27	**1**

第2回 実戦問題 解答

聴読解			聴 解		
問	解答番号	正解	問	解答番号	正解
1番	1	**4**	13番	13	**3**
2番	2	**4**	14番	14	**1**
3番	3	**1**	15番	15	**3**
4番	4	**4**	16番	16	**2**
5番	5	**4**	17番	17	**2**
6番	6	**3**	18番	18	**2**
7番	7	**1**	19番	19	**4**
8番	8	**2**	20番	20	**3**
9番	9	**2**	21番	21	**2**
10番	10	**1**	22番	22	**1**
11番	11	**3**	23番	23	**2**
12番	12	**1**	24番	24	**4**
			25番	25	**3**
			26番	26	**4**
			27番	27	**1**

第3回 実戦問題 解答

聴読解			聴 解		
問	解答番号	正解	問	解答番号	正解
1番	1	**2**	13番	13	**1**
2番	2	**2**	14番	14	**4**
3番	3	**2**	15番	15	**4**
4番	4	**4**	16番	16	**2**
5番	5	**3**	17番	17	**4**
6番	6	**1**	18番	18	**4**
7番	7	**1**	19番	19	**1**
8番	8	**3**	20番	20	**2**
9番	9	**1**	21番	21	**4**
10番	10	**2**	22番	22	**3**
11番	11	**4**	23番	23	**3**
12番	12	**1**	24番	24	**1**
			25番	25	**2**
			26番	26	**4**
			27番	27	**2**

第4回 実戦問題 解答

聴読解			聴 解		
問	解答番号	正解	問	解答番号	正解
1番	1	**3**	13番	13	**1**
2番	2	**4**	14番	14	**2**
3番	3	**3**	15番	15	**4**
4番	4	**2**	16番	16	**4**
5番	5	**3**	17番	17	**1**
6番	6	**3**	18番	18	**3**
7番	7	**1**	19番	19	**4**
8番	8	**1**	20番	20	**2**
9番	9	**4**	21番	21	**3**
10番	10	**2**	22番	22	**4**
11番	11	**4**	23番	23	**1**
12番	12	**3**	24番	24	**1**
			25番	25	**4**
			26番	26	**2**
			27番	27	**3**

第5回　実戦問題　解答

聴読解			聴　解		
問	解答番号	正解	問	解答番号	正解
1番	1	**4**	13番	13	**4**
2番	2	**2**	14番	14	**4**
3番	3	**4**	15番	15	**4**
4番	4	**1**	16番	16	**4**
5番	5	**4**	17番	17	**2**
6番	6	**3**	18番	18	**2**
7番	7	**4**	19番	19	**3**
8番	8	**2**	20番	20	**3**
9番	9	**1**	21番	21	**3**
10番	10	**3**	22番	22	**1**
11番	11	**2**	23番	23	**3**
12番	12	**3**	24番	24	**3**
			25番	25	**1**
			26番	26	**3**
			27番	27	**4**

第6回　実戦問題　解答

聴読解			聴　解		
問	解答番号	正解	問	解答番号	正解
1番	1	**2**	13番	13	**4**
2番	2	**4**	14番	14	**2**
3番	3	**1**	15番	15	**2**
4番	4	**3**	16番	16	**3**
5番	5	**4**	17番	17	**2**
6番	6	**4**	18番	18	**2**
7番	7	**1**	19番	19	**2**
8番	8	**3**	20番	20	**2**
9番	9	**3**	21番	21	**2**
10番	10	**3**	22番	22	**1**
11番	11	**4**	23番	23	**3**
12番	12	**2**	24番	24	**3**
			25番	25	**1**
			26番	26	**2**
			27番	27	**4**

第7回　実戦問題　解答

聴読解			聴　解		
問	解答番号	正解	問	解答番号	正解
1番	1	**3**	13番	13	**3**
2番	2	**1**	14番	14	**3**
3番	3	**3**	15番	15	**4**
4番	4	**1**	16番	16	**4**
5番	5	**3**	17番	17	**2**
6番	6	**3**	18番	18	**4**
7番	7	**4**	19番	19	**3**
8番	8	**3**	20番	20	**4**
9番	9	**2**	21番	21	**3**
10番	10	**3**	22番	22	**3**
11番	11	**3**	23番	23	**3**
12番	12	**1**	24番	24	**1**
			25番	25	**4**
			26番	26	**2**
			27番	27	**4**

第8回　実戦問題　解答

聴読解			聴　解		
問	解答番号	正解	問	解答番号	正解
1番	1	**2**	13番	13	**3**
2番	2	**1**	14番	14	**4**
3番	3	**3**	15番	15	**4**
4番	4	**2**	16番	16	**1**
5番	5	**1**	17番	17	**1**
6番	6	**3**	18番	18	**2**
7番	7	**2**	19番	19	**3**
8番	8	**3**	20番	20	**1**
9番	9	**3**	21番	21	**3**
10番	10	**2**	22番	22	**4**
11番	11	**1**	23番	23	**2**
12番	12	**1**	24番	24	**2**
			25番	25	**3**
			26番	26	**3**
			27番	27	**1**

第 9 回　実戦問題　解答

聴読解			聴　解		
問	解答番号	正解	問	解答番号	正解
1番	1	**4**	13番	13	**3**
2番	2	**1**	14番	14	**2**
3番	3	**4**	15番	15	**1**
4番	4	**2**	16番	16	**3**
5番	5	**4**	17番	17	**1**
6番	6	**3**	18番	18	**2**
7番	7	**4**	19番	19	**1**
8番	8	**3**	20番	20	**4**
9番	9	**4**	21番	21	**1**
10番	10	**1**	22番	22	**1**
11番	11	**3**	23番	23	**3**
12番	12	**1**	24番	24	**4**
			25番	25	**3**
			26番	26	**1**
			27番	27	**3**

第 10 回　実戦問題　解答

聴読解			聴　解		
問	解答番号	正解	問	解答番号	正解
1番	1	**2**	13番	13	**4**
2番	2	**1**	14番	14	**1**
3番	3	**4**	15番	15	**2**
4番	4	**4**	16番	16	**3**
5番	5	**2**	17番	17	**2**
6番	6	**3**	18番	18	**3**
7番	7	**1**	19番	19	**1**
8番	8	**4**	20番	20	**3**
9番	9	**1**	21番	21	**3**
10番	10	**1**	22番	22	**1**
11番	11	**3**	23番	23	**2**
12番	12	**1**	24番	24	**4**
			25番	25	**1**
			26番	26	**4**
			27番	27	**1**

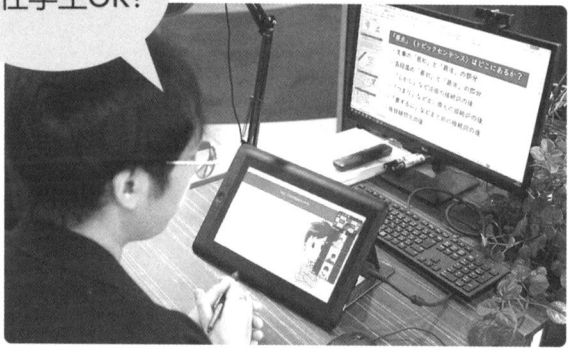 

HED발행 도서로
일본유학시험(EJU) 완전 정복

념서와 문제집, 기출문제집으로 실전 완벽 대비 가능!
러분의 고득점을 응원합니다!

EJU 기출문제집 시리즈

코치학원 모의시험 10회분 시리즈

코치학원 개념서&모의고사

EJU 대비 개념서 하이레벨 시리즈

메코시코주쿠 실전문제집 Vol.1

메코시코주쿠 실전문제집 Vol.2

메코시코주쿠 문법&단어·어휘

홈페이지 : www.hedgroup.co.kr   문의 : 02-736-1010

HED 글로벌 인재육성, 1984년설립
(주)해외교육사업단

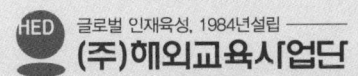

일본유학시험(EJU) 실전문제집
일본어 청독해 · 청해 Vol. 2

초판발행일 : 2022년 4월 15일(1쇄)
　　　　　　 2025년 3월 14일(2쇄)

저　　　자 : 메코시코주쿠 (名校志向塾)

발　행　인 : 송 부 영

발　행　처 : (주)해외교육사업단

출 판 등 록 : 제16-1456호

주　　　소 : 서울시 서초구 강남대로 381

전　　　화 : 02-736-1010

이　메　일 : song@hed.co.kr

홈 페 이 지 : www.hedgroup.co.kr